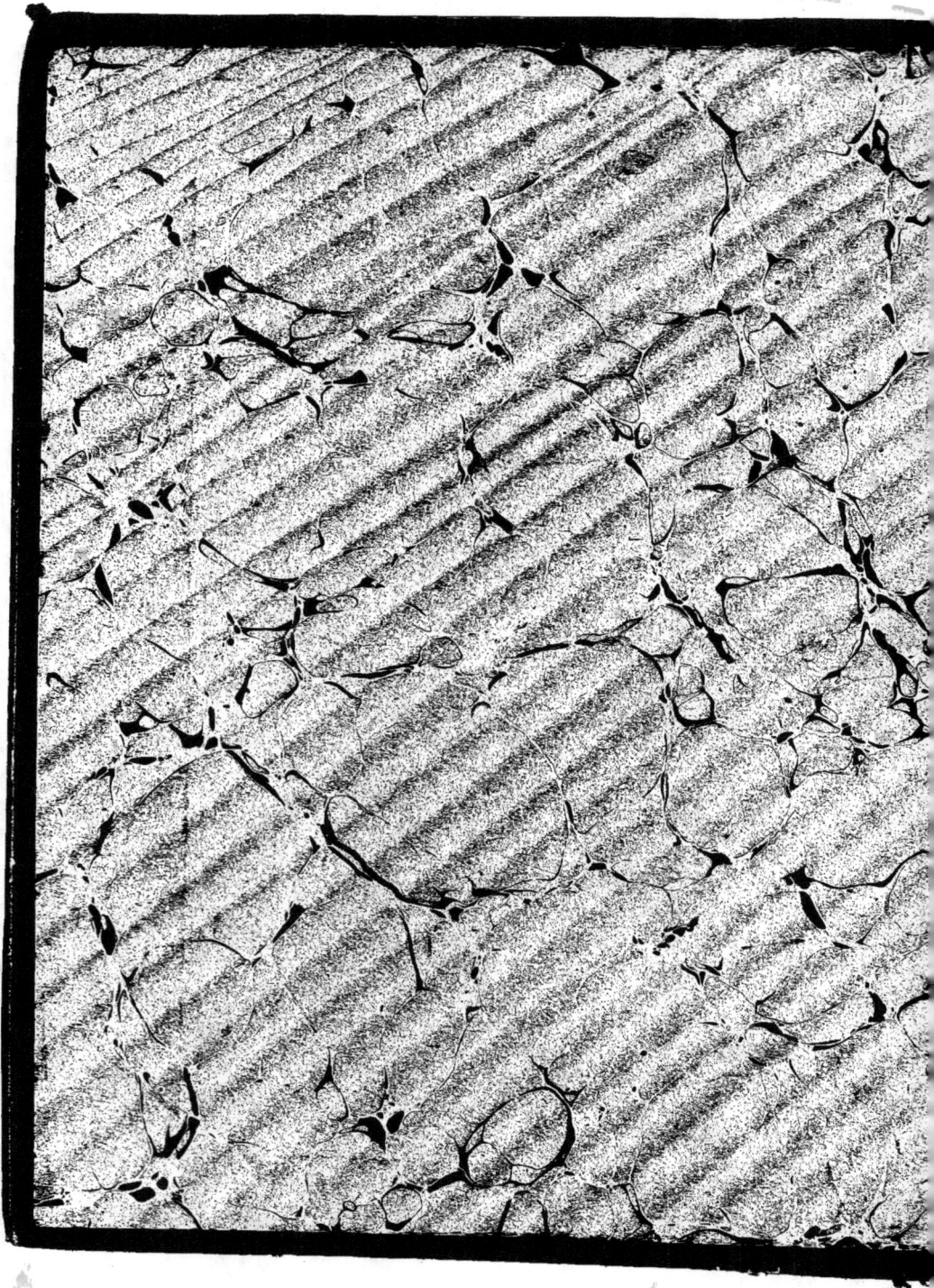

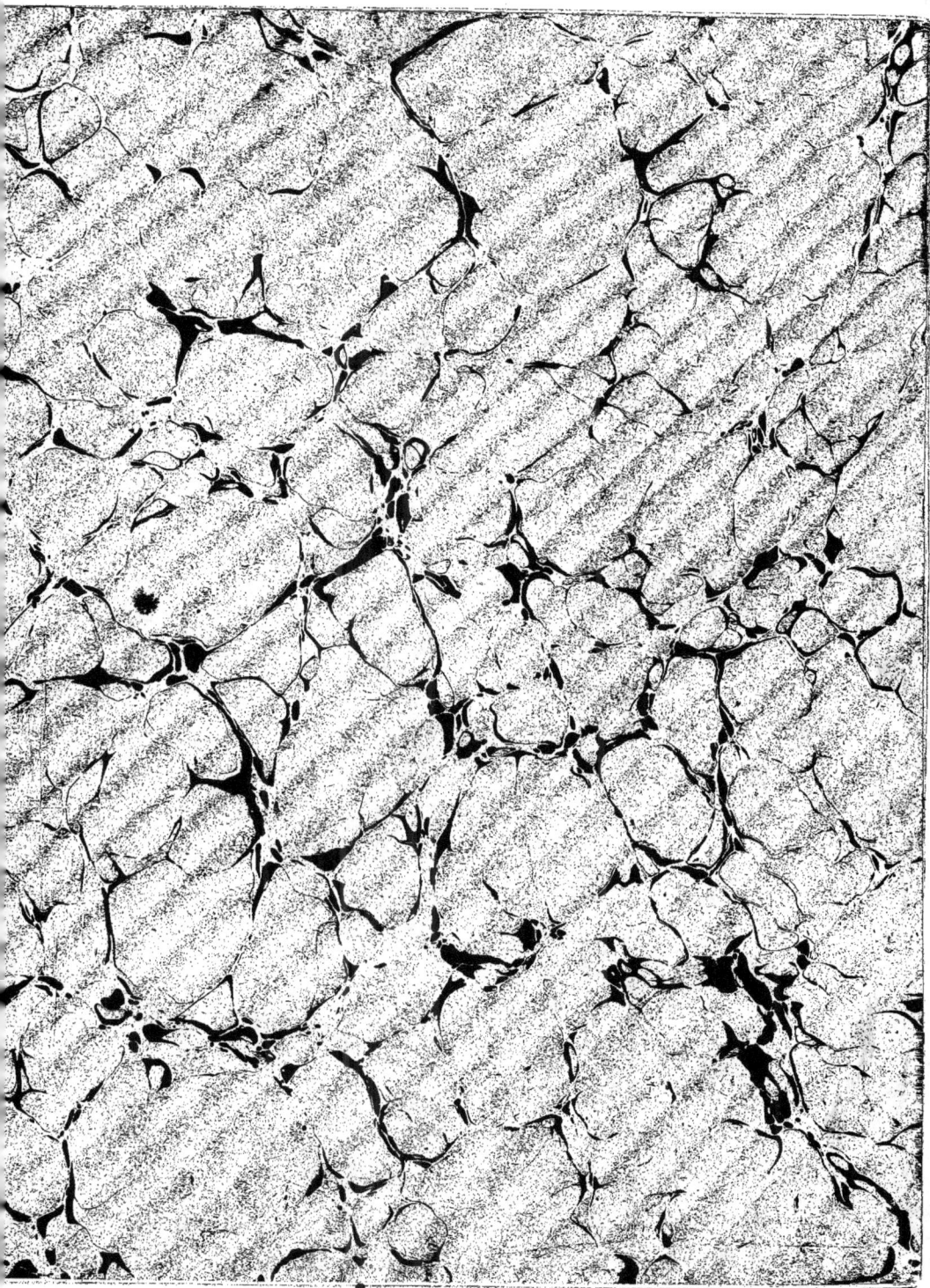

LES CAHIERS

DU

CAPITAINE COIGNET

ILLUSTRATIONS DE J. LE BLANT

DIX-HUIT GRANDS DESSINS

REPRODUITS EN HÉLIOGRAVURE PAR LES PROCÉDÉS DE DUJARDIN

66 DESSINS INTERCALÉS DANS LE TEXTE

REPRODUITS PAR LES PROCÉDÉS DE GUILLAUME FRÈRES

IL A ÉTÉ TIRÉ DE CETTE ÉDITION :

25 Exemplaires numérotés sur papier du Japon.
15   —   —   sur papier de Chine.

8369. — BOURLOTON. — Imprimeries réunies, **A**, rue Mignon, 2, Paris.

LES CAHIERS

DU

CAPITAINE COIGNET

(1776-1850)

PUBLIÉS D'APRÈS LE MANUSCRIT ORIGINAL

PAR

LORÉDAN LARCHEY

Illustrés par J. LE BLANT

PARIS

LIBRAIRIE HACHETTE ET Cie

79, BOULEVARD SAINT-GERMAIN, 79

—

1888

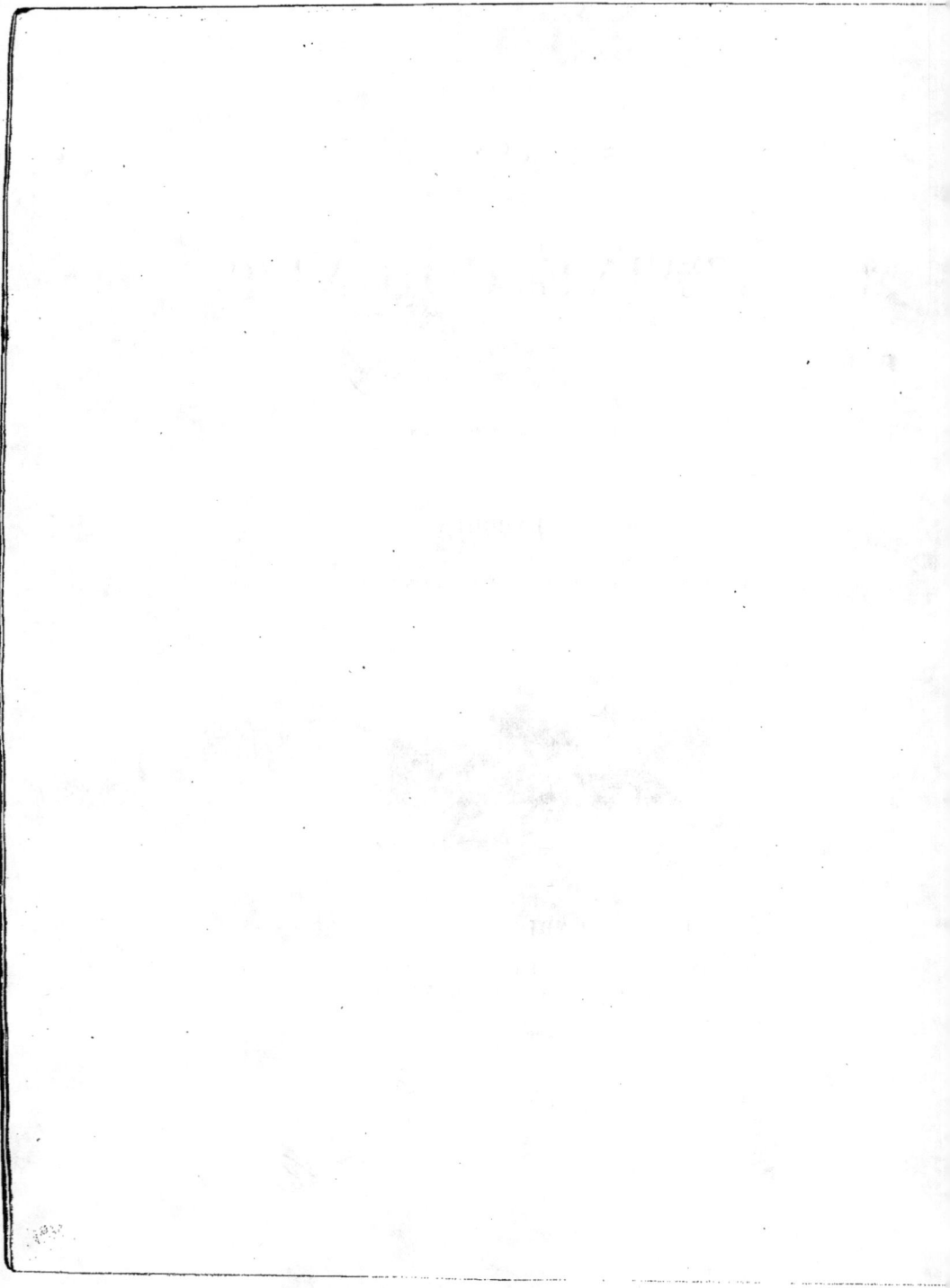

AVANT-PROPOS

Jean-Roch Coignet fut, par excellence, ce qu'on appelle un homme de bonne volonté. Berger ou charretier, écuyer ou laboureur, soldat ou capitaine, nous le voyons toujours prêt à bien faire. Il y met tout son esprit, toutes ses joies, toute sa gloire, qu'il s'agisse d'un coup de balai ou d'un coup de sabre. Aussi la lecture de sa vie repose-t-elle comme la compagnie de ces gens solides et bons sur le dévouement desquels on peut compter.

On verra que les aventures ne lui ont pas manqué, et qu'il sait les conter comme pas un. N'est pas conteur qui veut. C'est un don naturel comme le sentiment de la couleur chez les maîtres peintres, et tel personnage instruit ne saura rien dire du voyage qu'un illettré bien doué rendra le plus éloquemment du monde. Notre vieux capitaine compta parmi ces privilégiés. Illettré, il le fut, et il l'avoue sans honte. Il ne sut ni lire ni écrire, avant sa trente-cinquième année. C'est avec bien du mal qu'à l'âge de soixante-douze ans il traça les grandes lettres d'écolier qui couvrent les neuf cahiers de son manuscrit.

A soixante-douze ans, comment pouvait-il se souvenir de tant de menus détails? Le fait est moins surprenant qu'il n'en a l'air : d'abord parce que le souvenir des premiers temps revient plus vif avec l'âge, puis parce que Coignet conta ses mémoires toute sa vie avant de les écrire. Ainsi les bardes d'Homère récitaient son Iliade.

Les souvenirs de Coignet ont-ils la valeur d'un livre d'histoire? Ce n'est point là, pas plus que dans l'Iliade, que j'irai chercher ce qu'on appelle des vérités de faits. Non, je ne me suis pas même attardé à leur discussion ni à leur rectification! L'intérêt est ailleurs. Comme tous ceux qui se battent, notre soldat ne saurait vous faire le détail des opérations d'une armée, mais il

donne ce que ne saurait donner la précision d'un bulletin de grand état-major.
Avec lui, vous avez la physionomie du combattant, les incidents de la
marche, la couleur du champ de bataille, l'imprévu de l'action, le chaud de
la mêlée... Toutes choses vives, pittoresques, singulièrement émouvantes.

L'épopée, nous la connaissions sans doute, mais comme nous la voyons
mieux ici avec ses décors et ses acteurs! Nous les retrouvons à Montebello
lorsque, marchant au feu pour la première fois, notre héros s'incline sous une
volée de mitraille, et condamne aussitôt sa faiblesse en répondant *non!* au
sergent-major qui lui crie : *On ne baisse pas la tête!* Nous les retrouvons à
Marengo, lorsque, sabré, renversé, il n'a d'autre chance de salut que de se
cramponner tout sanglant à la queue du cheval d'un dragon pour rejoindre sa
demi-brigade, ramasser un fusil et tirer de plus belle ; — dans les fondrières
glacées de Pologne où il faut prendre chaque jambe à deux mains, et l'arracher
de la boue pour faire un pas en avant; — à Essling, lorsque la canonnade
autrichienne fait sauter les bonnets à poil de la vieille garde en éparpillant
les lambeaux de chair avec une telle force qu'on reste assommé de leur choc;
— sur la route de Witepsk, lorsque, sans autre formalité que celle d'un tirage
au sort, on voit fusiller soixante-dix maraudeurs, offerts comme un dernier
holocauste à la discipline expirante de la grande armée; — à Mayence,
pendant les horreurs du typhus, dernier deuil de la retraite, lorsqu'il faut
mettre des canons en batterie pour contraindre les forçats à corder
l'amoncellement des cadavres sur des voitures à fourrages, et à renverser
ensuite dans le grand trou cet épouvantable chargement. A côté de ces ombres
noires, nous avons de riantes lumières, des tableaux charmants de vie
champêtre, des scènes de bivac amusantes, des réflexions non moins
amusantes sur les pays parcourus, des détails infiniment précieux sur les
rapports des chefs avec leurs soldats. Là surtout on voit ce qu'on peut tirer
de nos troupes, quand on sait s'en faire estimer. Tant vaut l'homme, tant
vaut le grade. Et où l'homme ne vaut rien, l'indiscipline française arrive, d'un
bond, aux dernières limites.

C'est pourquoi les officiers payent de leur personne jusqu'au dernier,
veillant constamment sur le soldat, et faisant acte de fraternité sans diminuer
son respect. Au mont Saint-Bernard, ils déchireront leurs habits en s'attelant
aux canons dans les passages difficiles. Qu'un troupier fasse une belle action,
ils iront l'embrasser de bon cœur et le feront boire à leur gourde. On se
montre le premier par le courage comme par le grade. Aux heures critiques,

nous voyons des généraux poster eux-mêmes, en tirailleurs, des fuyards ralliés sous le feu de l'ennemi. Dorsenne, renversé par l'explosion d'un obus au milieu de ses grenadiers, se relève aussitôt, criant : « Votre général n'a point de mal. Comptez sur lui, il saura mourir à son poste. » S'il ne peut se dresser aussi haut que Dorsenne, il n'en est que plus grand, ce colonel placé à la tête de la célèbre batterie de Wagram qui, blessé dès le matin, ne se laisse porter que le soir à l'ambulance, et reste demi-couché à sa place de bataille. « Sur son séant, il commandait », dit Coignet en quatre mots qui valent un tableau de maître.

A Kowno, Coignet voit Ney saisir un fusil et faire face à l'ennemi avec cinq hommes. A Brienne, le prince Berthier charge quatre cosaques et leur reprend un canon. A Montereau, le maréchal Lefebvre s'élance au galop sur un pont coupé, et sabre une arrière-garde sans autre suite que des officiers d'état-major. Quand ils avaient des exemples de cette taille, croyez que les soldats ne restaient pas en arrière. C'est ainsi qu'à la déroute du Mincio la vue d'un petit voltigeur, resté seul à tirailler, suffit à ramener sa division. Les grenadiers d'Essling et de Wagram se disputent l'honneur de mourir comme canonniers volontaires dans un poste intenable. A Austerlitz, un mameluck, qui a déjà pris deux drapeaux dans une mêlée de cavalerie, s'y élance une troisième fois pour ne plus reparaître. N'oublions pas non plus ce fourrier qui voit sa jambe fracassée sur le champ de bataille d'Eylau, et marche seul à l'ambulance, avec deux fusils pour béquilles, disant qu'avec ses trois paires de bottes il en a pour longtemps. Nous tombons ici dans la facétie, mais, à l'heure où les plus gais ne rient plus, la facétie devient de l'héroïsme.

Tout cela est-il bien vrai? demandent ceux qui ne se sentent pas l'envie ou la force d'en faire autant. Je ne l'ai pas vu plus qu'eux, mais ce que je sais bien, c'est que Coignet est un narrateur de premier ordre, c'est qu'il a du style sans le savoir. Or j'ai toujours remarqué que le premier venu ne saurait offrir ce mérite sans en avoir deux autres : celui de sentir vivement, et celui d'exprimer ses sensations avec une sincérité absolue. La franchise la plus entière, je l'ai vu bien des fois, a le privilège de sacrer écrivain tel auteur qui tomberait au-dessous du médiocre, si vous lui demandiez de mentir, c'est-à-dire de faire œuvre d'imagination.

Coignet, pour moi, n'a donc rien inventé. Il n'en était pas capable. Mais ce Coignet lui-même, ce Coignet a-t-il existé réellement? Je sais que la question a été posée. Assurément, on peut douter de tout, et croire même que je me suis donné la peine de fabriquer un manuscrit original. Cela m'a été dit aussi. Ils auront toujours des yeux pour ne pas voir, ceux qui placent la fiction au-dessus de la vérité, sans se douter que l'imagination la plus riche n'arrivera jamais à l'imprévu du vrai.

Que les sceptiques prennent la route d'Auxerre! Qu'ils entrent à la bibliothèque municipale pour y interroger mon obligeant confrère Molard, auquel j'ai dû la possibilité d'acquérir le manuscrit autographe. Qu'ils voient son dernier possesseur, M. Lorin; qu'ils demandent un entretien à M. Henri Monceaux, qui a donné deux portraits du capitaine Coignet, qui dernièrement encore m'envoyait un extrait de son testament, daté du 2 novembre 1858 et fait en l'étude de Me Limosin. A Paris, je les adresse au ministère de la guerre, à la chancellerie de la Légion d'honneur, qui ont délivré les duplicata des états de services et des lettres de nominations de Coignet. Au mois de mai dernier, je revoyais encore le café Milon et cette épicerie du coin de la rue des Belles-Filles, où le capitaine en demi-solde alla faire moudre tout exprès sa livre de café pour lancer sa demande en mariage avec plus de délicatesse. J'avais pour guide M. Monceaux, qui connut Coignet comme il connaît, du reste, les hommes et les choses du vieil Auxerre; il pourrait en conter bien d'autres à ceux qui doutent.

On voit que les preuves abondent. Elles n'ont pu trouver place ici, parce qu'un livre illustré ne comporte point les développements, ni l'intégralité, qui sont de règle dans la publication d'un document historique. Le texte de notre première édition n'a pas été changé, mais il a été réduit pour les convenances d'une édition destinée à être mise dans toutes les mains. En revanche, les compositions d'un artiste aimé donnent à ce livre mille attraits de plus. Séduit comme nous par les aventures du brave Jean-Roch, M. Le Blant s'est identifié à son héros, ses types sont d'une vérité qui charme, et je dois l'en remercier avec le public.

LORÉDAN LARCHEY.

Paris, 30 août 1887.

LES

CAHIERS DU CAPITAINE COIGNET

PREMIER CAHIER

Mon enfance. — Je suis tour à tour berger, charretier, garçon d'écurie.
Je quitte pour la seconde fois mon village. — J'entre au service de M. Potier.

Je suis né à Druyes-les-Belles-Fontaines, département de l'Yonne, en 1776, le 16 août.

Mon père eut trois femmes : la première a laissé deux filles; de la seconde, il lui est resté quatre enfants (une fille et trois garçons). Le plus jeune avait six ans, ma sœur sept ans, moi huit, et mon frère aîné neuf ans, lorsque nous eûmes le malheur de perdre cette mère chérie. Mon père s'est remarié une troisième fois; il épousa sa servante, qui lui donna sept enfants. Elle avait dix-huit ans; on l'appelait *la belle*. Cette marâtre prit toute l'autorité. Voyez ces pauvres petits orphelins battus nuit et jour! Elle nous serrait le cou pour nous donner de la mine. Tous les jours, le père revenait de la chasse. « Ma mie, disait-il, et les enfants ? — Ils sont couchés, » répondait la marâtre.

Et tous les jours la même chose... Jamais nous ne voyions notre père ; elle prenait toutes ses mesures pour éviter que nous pussions nous plaindre. Cependant sa vigilance fut bien déçue lorsqu'un matin mon père nous trouvant moi et mon frère, les larmes sur nos figures : « Qu'avez-vous ? demanda-t-il. — Nous mourons de faim ; elle nous bat tous les jours. — Allons ! rentrez, je vais voir cela. »

Cette dénonciation fut terrible. Les coups de bâton ne se faisaient pas attendre, et le pain était retranché. Enfin, ne pouvant plus tenir, mon frère, l'aîné, me prit par la main, et dit : « Si tu veux, nous partirons. Prenons chacun une chemise, et nous ne dirons adieu à personne. »

De bon matin en route, nous arrivâmes à Étais, à une heure de nos pénates. C'était le jour d'une foire ; mon frère met un bouquet de chêne sur mon petit chapeau, et voilà qu'il me loue pour garder les moutons. Je gagnais vingt-quatre francs par an, et une paire de sabots.

J'arrive dans le village qui se nomme Charnois ; il est entouré de bois. C'est moi qui servais de chien à la bergère. « Passe par là ! » me disait cette fille. Comme je longeais le bois, en détournant mes chèvres, il sort un gros loup qui refoule mes moutons, et qui se charge d'un des plus beaux du troupeau. Moi, je ne connaissais pas cette bête ; la bergère se lamentait et me disait de courir. Enfin, j'arrive au lieu de la scène : le loup ne pouvait pas mettre le mouton sur son dos. J'ai le temps de prendre le mouton par les pattes de derrière. Et le loup de tirer de son côté, et moi du mien.

Mais la Providence vient à mon secours : deux énormes chiens, qui avaient des colliers de fer, tombent comme la foudre, et dans un moment le loup est étranglé. Jugez de ma joie d'avoir mon mouton, et ce monstre qui gisait sur le carreau !

Je servis de chien à la bergère pendant un an. De là, je pars pour la foire d'Entrains. Je suis loué pour trente francs, une blouse, une paire de sabots, au village des Bardins, près de Menou, chez deux vieux propriétaires qui exploitaient des bois sur les ports, et qui gagnaient de douze à quinze cents francs avec mes deux bras.

Il y avait douze bêtes à cornes, dont six bœufs. L'hiver, je battais à la grange, et couchais sur la paille. La vermine s'était emparée de moi ; j'étais dans la misère la plus complète.

Le 1ᵉʳ mai, je partais avec mes trois voitures pour mener de la moulée[1] sur les ports, et de là au pâturage. Tous les soirs, je voyais mon maître apporter ma miche, une omelette de deux œufs cuite avec des poireaux et

de l'huile de chènevis. Je ne rentrais à la maison que le jour de la Saint-Martin, où l'on me faisait l'honneur de me donner un morceau de salé.

En belle saison, je couchais dans les beaux bois de Mᵐᵉ de Damas. J'avais mon favori, c'était le plus doux de mes six bœufs. Aussitôt était-il couché, que j'étais vers mon camarade ; je commençais par ôter mes sabots et fourrer mes pieds dans ses jambes de derrière, et ma tête sur son cou.

Mais, vers deux heures du matin, mes six bœufs se levaient sans bruit, et mon camarade se levait sans que je le sentisse. Alors le pauvre pâtre restait sur la place. Ne sachant de quel côté trouver mes bœufs, dans l'obscurité,

1. Bois à brûler, qu'on faisait descendre par eau jusqu'à Paris.

je remettais mes sabots, et je prêtais l'oreille. Je m'acheminais du côté des jeunes bois, en rencontrant des ronces qui me faisaient ruisseler le sang dans mes sabots. Je pleurais, car mes cous-de-pied étaient fendus jusqu'aux nerfs.

Souvent je rencontrais des loups sur mon passage, avec des prunelles qui brillaient comme des chandelles, mais le courage ne m'a jamais abandonné.

Enfin, retrouvant mes six bœufs, je faisais le signe de croix. Combien j'étais heureux ! Je ramenais mes déserteurs vers mes trois voitures qui étaient chargées de moulée, et là j'attendais mon maître pour les atteler et partir sur le port. De là je revenais au pâturage; le maître me laissait là le soir. Je recevais ma miche, et toujours les deux œufs cuits avec des poireaux et de l'huile de chènevis. Et tous les jours la même chose pendant trois ans ; la marmite était renversée sous la maie[1]. Mais le plus pénible, c'était la vermine qui s'était emparée de moi.

Ne pouvant plus tenir, malgré toutes les instances possibles, je quittai le village. Je revins sur mon *lancé*[2] pour voir si l'on me reconnaîtrait; mais personne ne pensait à l'enfant perdu. Cela faisait quatre ans d'absence ; je n'étais plus reconnaissable.

J'arrive à Druyes le dimanche ; je vais voir ces belles fontaines[3] qui coulent auprès du jardin de mon père. Je me mets à pleurer; mais, étant plus fort que l'adversité, je prends mon parti. Je me débarbouille dans cette eau limpide, au lieu où naguère je me promenais avec mes frères et ma sœur.

Enfin, la messe sonne. Je m'approche près de l'église, mon petit mouchoir à la main, car j'avais le cœur bien gros. Mais je tiens bon. Je vais à la messe ; je me mets à genoux. Je fais ma petite prière, regardant en dessous. Personne ne faisait attention à moi. Cependant j'entends une femme qui dit : « Voilà un petit Morvandiau qui prie le bon Dieu de bon cœur. » J'étais si bien déguisé, que personne ne me reconnut; mais moi ce n'était pas la même chose. Je ne parle à personne ; la messe finie, je sors de l'église. J'avais bien vu mon père qui chantait au lutrin; il ne se doutait pas qu'il y avait près de lui un de ses enfants qu'il avait abandonné.

J'avais fait trois lieues, et j'avais grand besoin de manger à ma sortie

---

1. Mot à mot, la marmite restait vide sous la huche à pétrir. C'est-à-dire, le pain remplaçait la soupe.
2. Je revins à mon point de départ. — C'est une expression de chasseur.
3. D'où le nom du village : Druyes-les-Belles-Fontaines.

de la messe. Je me dirige chez ma sœur du premier lit, qui tenait une auberge; je lui demande à manger.

« Que veux-tu, mon garçon, à dîner?

— Madame, une demi-bouteille et un peu de viande, et du pain, s'il vous plaît. »

On me sert un morceau de ragoût; je mange comme un ogre; je me mets dans un coin pour voir tout le monde qui venait des campagnes faire comme moi. Enfin, mon dîner fini, je demande : « Combien vous dois-je, madame? — Quinze sous, mon garçon. — Les voilà, madame. — Tu es du Morvan, mon petit? — Oui, madame. Je viens pour tâcher de trouver une place. »

Elle appelle son mari. « Granger, dit-elle, voilà un petit garçon qui demande à se louer. — Quel âge as-tu? — Douze ans, monsieur. — De quel pays es-tu? — De Menou. — Ah! tu es du Morvan? — Oui, monsieur. — Sais-tu battre à la grange? — Oui, monsieur. — As-tu déjà servi? — Quatre ans, monsieur. — Combien veux-tu gagner par an? — Monsieur, dans mon pays, on gagne du grain et de l'argent. — Eh bien, si tu veux, tu resteras ici, tu seras garçon d'écurie; tous les profits seront pour toi. Tu es accoutumé à coucher sur la paille? — Oui, monsieur. — Si je suis content de toi, je te donnerai un louis par an. — Ça suffit, je reste. Alors, je ne paye pas mon dîner? — Non, me dit-il; je vais te mettre à la besogne. »

Il me mène dans son jardin, que je connaissais avant lui, et où j'avais fait toutes mes petites fredaines d'enfant. J'étais le plus turbulent de l'endroit; aussi mes camarades me couraient à coups de pierres, ils m'appelaient le *poil rouge*. J'étais toujours le plus fort, ne craignant pas les coups : notre belle-mère nous y avait accoutumés. Je me rappelle à ce propos que j'avais le nez sale. Elle prit la pincette pour me moucher, et fut assez méchante pour me faire souffrir. « Je te l'arracherai, » me dit-elle.

Aussi la pincette fut jetée dans le puits.

Mon beau-frère me mène donc dans son jardin, me donne une bêche. Je travaille un quart d'heure. Il me dit : « Ça suffit, c'est bien. On ne travaille pas le dimanche. — Eh bien, dit ma sœur, que va-t-il faire? — Il servira à la table; viens chercher du vin à la cave. »

Je prends un panier de bouteilles, et je sers tout le monde. Je courais comme un perdreau.

Le soir, on me donne du pain et du fromage. A dix heures, mon beau-frère me mène à la grange pour me coucher et me dit : « Il faut se lever du matin pour battre, la fournée[1], et puis nettoyer l'écurie bien propre. — Soyez tranquille, tout cela sera fait. »

Je dis à mon maître bonsoir, et je me fourre dans la paille. Jugez si j'ai pleuré! Je puis dire que si l'on m'avait regardé, l'on m'aurait vu les yeux rouges comme un lapin, tellement j'étais chagrin en me voyant chez ma sœur, et surtout son domestique, et à la porte de mon père.

Je n'eus pas de peine à me réveiller; je n'avais qu'à sortir de mon trou et secouer mes oreilles. Je me mets à battre le blé pour faire la fournée à huit heures. Je passe à l'écurie, et je mets tout en ordre, et à neuf heures je vois paraître mon maître. « Eh bien, Jean, comment va la besogne? — Mais, monsieur, pas mal. — Voyons la grange. Ce que tu as fait, dit-il, c'est bien travaillé. Ces bottes de paille sont bien faites. — Mais, monsieur, à Menou je battais tout l'hiver. — Allons, mon garçon, viens déjeuner. »

Enfin, le cœur gros, je vais chez cette sœur que ma mère avait élevée comme son enfant. J'ôte mon chapeau. « Ma femme, dit-il, voilà un petit garçon qui travaille bien, il faut lui donner à déjeuner. »

On me donne du pain et du fromage, et un verre de vin. Mon beau-frère dit : « Il faut lui faire de la soupe. — Eh bien, demain; je me suis levée trop tard. »

Le lendemain, je me mis à l'ouvrage, et, à l'heure, je fus manger. Ah! pour le coup, je trouvai une soupe à l'oignon et du fromage, et mon verre de vin. « Ne sois pas honteux, mon garçon, dit-il. Tu vas aller au jardin bêcher. — Oui, monsieur. »

A neuf heures, ma bêche sur l'épaule, je me mis à la besogne. Quelle fut ma surprise! je vois mon père qui arrosait ses choux.

Il me regarde; j'ôte mon chapeau, le cœur bien gros, mais je tiens ferme.

Il me parle : « Tu es donc chez mon gendre? — Oui, monsieur. Ah! c'est votre gendre? — Oui, mon garçon. D'où es-tu? — Du Morvan. — De quel endroit? — De Menou. Je servais au village des Bardins. — Ah! je connais tous ces pays. Connais-tu le village des Coignet? — Oui, oui, monsieur. — Eh bien, il a été bâti par mes ancêtres. — Ça se peut, monsieur. — Tu as vu de belles forêts qui appartiennent à Mme de Damas? — Je les connais toutes, car

---

1. C'est-à-dire, pour battre le blé, puis pour enfourner le pain pétri à l'auberge, et puis, etc.

j'ai gardé les bœufs de mon maître pendant trois ans ; je couchais toutes les nuits sous les beaux chênes, dans l'été. — Ah ! bien, mon garçon, tu seras mieux chez ma fille. — Ça se peut. — Comment te nommes-tu ? — Jean. — Et ton père ? — On le nomme dans le pays *l'Amoureux*. Je ne sais si c'est son véritable nom. — A-t-il beaucoup d'enfants ? — Nous sommes quatre. — Que fait-il, ton père ? — Il va dans les bois[1] ; il y a beaucoup de gibier par là ; on n'y voit que des cerfs et des biches, et du chevreuil. Et des loups, c'en est plein ; ils m'ont fait bien peur des fois. Oh ! j'avais trop de peine, et je suis parti. — C'est bien, mon garçon, travaille ! tu es bien chez mon gendre. »

Enfin, il me vient des voyageurs dans deux voitures ; je mets les chevaux à l'écurie, et le lendemain je reçois un franc pour boire. Combien j'étais content ! On me fit descendre à la cave pour rincer des bouteilles, et je m'en acquittais bien. Alors, le petit garçon d'écurie était propre à tout ; aussi on me faisait trotter ferme : « Jean par-ci ! Jean par-là ! » Je servais à table. C'était ensuite la cave, l'écurie, la grange, le jardin. Je voyais mon père, et je disais : « Bonjour, monsieur Coignet. (Je ne pouvais pas oublier ce nom, il était trop bien gravé dans mon cœur.) — Bonjour, Jean ; tu ne t'ennuies pas, mon garçon ? — Non, monsieur, pas du tout. »

1. Il y avait quelque malice dans ces réponses, car le père de Coignet n'était renommé ni pour sa fidélité conjugale, ni pour son respect de la loi sur la chasse.

Enfin, tous les jours, je gagnais de l'argent. Je finis par détruire la vermine ; au bout de deux mois, j'étais propre. Mes dimanches me rapportaient,
y compris les pourboires de l'écurie, six francs la semaine. Cette vie a duré
trois mois ; mon grand chagrin, c'était de ne plus retrouver mes deux plus
jeunes frère et sœur.

Je voyais tous les jours deux camarades d'enfance, qui étaient porte à
porte. Je les saluai ; le plus jeune des deux vint me voir. Je bêchais, et mon père
se trouvait dans le jardin.

« Bonjour, monsieur Coignet, lui dit le jeune Allard. — Ah ! te voilà,
Filine ! » C'était le nom de mon camarade. Et mon père s'en va.

Alors la conversation s'engage : « Tu es de bien loin d'ici ? me dit-il. — Je
suis du Morvan. — C'est donc bien loin le Morvan ? — Oh non ! cinq lieues.
M. Coignet connaît mon pays. Il y a dans les environs de chez nous un village
qui s'appelle le village des Coignet. — Ah ! ce vilain homme a perdu ses quatre
enfants ; nous avons pleuré, nous deux mon frère, de si bons camarades[1] ! Nous
étions toujours ensemble ; ils ont perdu leur mère bien jeunes ; ils eurent le
malheur d'avoir une belle-mère qui les battait tous les jours. Ils venaient chez
nous, et nous leur donnions du pain, car ils jeûnaient et pleuraient. Ça nous
faisait de la peine. Nous prenions du pain dans nos poches, et nous le leur
portions pour le partager à nous quatre. Ils dévoraient, c'était pitié à voir. Mon
frère me dit : « Allons voir les petits Coignet, il faut leur porter du pain. » Mais
quelle est notre surprise ! les deux plus vieux étaient partis sans qu'on puisse
les trouver. Le lendemain, point de nouvelles. Nous disons ça à papa, qui nous
dit : « Ces pauvres enfants, ils étaient trop malheureux, toujours battus. » Je
fus demander au petit et à sa sœur où étaient leurs deux frères : « Ils sont
partis, me dirent-ils. — Et où ? — Ah ! dame, je ne sais pas. » Mon père est
venu demander au père Coignet : « On dit que vos garçons sont partis ? »
Mais il a répondu : « Je crois qu'ils sont allés voir des parents du côté de la
montagne des Alouettes. C'est des petits coureurs. Je les rosserai à leur retour. »

Mais ce n'est pas tout, et voici ce que j'appris plus tard. Il restait encore le
petit Alexandre et la petite Marianne qui embarrassaient cette vilaine femme.

---

1. Il fallait que quatre ans passés dans les bois eussent en effet bien changé notre héros, pour qu'il ne fût reconnu
par aucun des siens. Mais il convient de faire remarquer qu'à la campagne, surtout dans une famille où la marmaille est
nombreuse, et où les parents sont indifférents, on ne se grave pas dans la mémoire aussi bien qu'à la ville les traits
d'un enfant. Puis, de huit à douze ans, l'enfant lui-même peut changer beaucoup.

Ne voulant pas perdre de temps, un beau jour que mon père était en campagne, elle fait descendre ces deux pauvres petits, les prend par la main le soir, à la nuit, et les mène dans le bois de Druyes, les enfonce le plus avant qu'elle peut et leur dit : « Je vais revenir. » Mais pas du tout, elle les abandonne à la merci de Dieu. Jugez quelle douleur ! ces pauvres petits au milieu des bois, dans les ténèbres, sans pain, ne pouvant retrouver leur chemin. Ils restèrent trois jours dans cette déplorable position, ne vivant que de fruits sauvages, pleurant et appelant à leur secours. Enfin, Dieu leur envoie un libérateur. Cet homme se nommait le père Thibault, meunier de Beauvoir. Je le sus en 1804.

Mes deux camarades me racontèrent ensuite que les deux plus jeunes n'étaient plus à la maison. « Ces pauvres petits, dirent-ils, on ne sait pas ce qu'ils sont devenus. Tout le monde crie après le père Coignet et sa femme. »

A ce récit, les larmes m'échappèrent des yeux. « Vous pleurez ? me dirent-ils. — Ça fait trop de mal d'entendre des choses comme cela. — Dame ! on les battait tous les jours, et leur père ne les a pas cherchés du tout. »

Il était temps que cette conversation finît, car j'étais au bout de mes forces, je ne pouvais plus tenir.... Je rentrai dans ma grange, ne sachant pas ce que je devais faire, si je rentrerais dans la maison accabler mon père de reproches, et tomber sur cette furie de belle-mère qui était la cause de notre malheur. Je délibère dans ma petite tête de ne pas faire de scandale : je prends ma bêche, et vais au jardin travailler. Quelle fut ma surprise de voir paraître ma belle-mère avec un petit marmot qu'elle tenait par la main ! Oh ! alors, je ne pus me retenir de voir cette furie de femme paraître devant moi. Je fus près de faire un malheur. Je quittai le jardin, la voyant s'approcher de moi ; je partis comme un trait du côté de l'écurie, pour pleurer à mon aise. J'avais pris le jardin en horreur. Toutes les fois que j'y allais, je trouvais toujours le père ou la mère, que j'évitais autant que je pouvais. Combien de fois j'ai été tenté de passer par-dessus la séparation des deux jardins pour aller asséner un coup de bêche sur la tête de la mère et de son enfant ! Mais Dieu retenait ma main, et je me sauvais.

Maintenant, la scène change de face ; la Providence vient à mon secours. Deux marchands de chevaux se présentèrent dans l'auberge de M. Romain, gros aubergiste, pour coucher ; mais le maître et la maîtresse se battaient à coups de fourche. Alors ces messieurs descendent chez ma sœur. Quelle joie pour moi de voir arriver deux beaux messieurs à la maison, et sur deux beaux chevaux !

Quelle aubaine ! « Mon petit, disent-ils, mets nos chevaux à l'écurie, et donne-leur du son. — Soyez tranquilles, vous serez contents ! »

Ces messieurs vont à la maison, se font servir un bon souper, et après ils viennent à l'écurie voir leurs bidets, qui étaient bien pansés et dans la paille jusqu'au ventre. « C'est bien, mon petit garçon, nous sommes contents de vous. »

Le plus petit me dit : « Mon jeune garçon, pourriez-vous venir nous conduire demain sur la route d'Entrains? Nous allons à la foire, mais il faudrait que nos chevaux soient prêts à trois heures du matin. — Eh bien, messieurs, ils seront prêts, je vous le promets. — Nous avons trois lieues à faire, n'est-ce pas? — Oui, messieurs, mais il faut demander la permission à madame, pour que je puisse vous conduire. — C'est vrai, nous la lui demanderons. »

Je donne l'avoine et le foin devant ces messieurs, et ils vont se coucher pour partir à trois heures du matin, pour la foire d'Entrains que l'on nomme *les Brandons*. A deux heures, les chevaux étaient sellés. Je vais réveiller ces messieurs, et leur dis : « Vos bidets sont prêts. »

Je vois sur la table de nuit deux pistolets et une montre; ils la font sonner. « Deux heures et demie…. C'est bien, mon petit, donne-leur l'avoine, et nous partirons. Dites à madame que nous voudrions manger des œufs à la coque. »

Je vais faire lever ma sœur, qui se dépêche.

Je retourne à l'écurie préparer mes deux bidets. Ces messieurs arrivent et montent à cheval. « Madame, vous nous permettez d'emmener votre domestique avec nous pour passer les bois? — Eh bien, va, me dit-elle, avec ces messieurs. »

Me voilà parti. Aussitôt hors de l'endroit, ces messieurs mettent pied à terre, me mettent entre eux deux, et me demandent combien je gagnais par an : « Je puis vous le dire : c'est de l'argent, des chemises, une blouse, des sabots. Et puis j'ai des profits; je ne puis pas dire au juste ce que je gagne. — Eh bien, ça vaut-il bien cent francs? — Oh oui! messieurs. — Comme vous paraissez intelligent, si vous voulez venir avec nous, nous vous emmènerons; nous vous donnerons trente sous par jour, et nous vous achèterons un bidet tout sellé. Nous vous prendrons en passant ici. Si vous vous ennuyez chez nous, votre voyage sera payé. — Messieurs, je le veux bien, mais vous ne me connaissez pas, et l'on ne me connaît pas non plus dans l'auberge où je suis. Eh bien, vous allez me connaître. Je suis le frère de la grande dame[1] chez qui

1. *Grande dame* est ici pour *grande femme.*

Quelle fut ma surprise de voir paraître ma belle-mère avec un petit marmot.

Quelle fut ma surprise de voir paraître ma belle-mère avec un petit marmot.

vous avez couché. — Ça n'est pas possible! — Oh! je vous le jure. — Comment
ça se fait-il? — Eh bien, si vous le permettez, je vais vous l'apprendre. »

Oh! alors, voilà qu'ils me serrent de près, ils me prennent par le bras. Je
vous promets qu'ils sont tout oreilles pour m'entendre : « Voilà quatre ans que
je suis perdu. Nous étions quatre enfants. Les mauvais traitements de notre
belle-mère nous ont fait quitter la maison paternelle, et pas un ne m'a reconnu.
Je suis domestique chez ma sœur du premier lit, vous pouvez vous en assurer
à votre premier passage. » Et me voilà à pleurer.

« Allons, ne pleurez pas, nous allons vous faire un mot d'écrit que vous
remettrez à madame, qui vous enverra à Auxerre pour aller chercher notre
cheval qui est tombé à l'auberge de M. Paquet, près la porte du Temple.
Voilà de l'argent et des assignats pour payer le vétérinaire et l'aubergiste : cela
fait trente francs. Vous le ramènerez tout doucement, vous lui ferez manger du
son à Courson; vous ne monterez pas dessus. — Non, messieurs. Il ne faut pas
parler de moi à ma sœur. — Soyez tranquille, mon jeune garçon. Remettez-lui
ce petit mot, et demain vous partirez pour Auxerre. Vous aurez bien soin de
notre cheval. Nous sommes à Entrains pour huit jours. Quand vous verrez
arriver nos chevaux, vous vous tiendrez prêt. Prenez seulement une chemise
dans votre poche. — Ça suffit. »

Je quittai ces messieurs, le cœur bien gros. On me dit en arrivant : « Tu as
été bien longtemps. — Dame! ils m'ont mené bien loin, ces messieurs-là. Voilà
une lettre qu'ils ont donnée pour vous, et de l'argent et des assignats pour aller
à Auxerre chercher un cheval qui est malade. — Ah! ils ne se gênent pas. —
Dame! voilà la lettre; ça vous regarde. »

Il lit la lettre. « Eh bien, tu partiras à trois heures du matin; tu as
quatorze lieues à faire demain. »

De la nuit je ne ferme l'œil; ma petite tête était bouleversée de tout
ce qui venait de m'arriver. Je fais mes sept lieues en cinq heures, j'arrive à
huit heures du matin chez M. Paquet; je trouve mon cheval bien portant, je
présente ma lettre, et l'on m'envoie chez le vétérinaire, qui donne un reçu de
son payement. Je reviens à l'hôtel, je règle avec M. Paquet, je pars pour Druyes,
et j'arrive à sept heures à la maison, bien fatigué. Faire quatorze lieues dans
un jour à douze ans, c'était trop pour mon âge. Enfin je soigne bien mon
cheval; je lui fais une bonne litière, et je vais souper. Je remets les reçus et

trois francs du reste de l'argent de ces messieurs, et je vais me fourrer dans ma paille. Oh! comme j'ai dormi! Je n'ai fait qu'un somme.

Le lendemain, j'ai pansé mon cheval le plus proprement possible, et j'ai déjeuné. « Tu vas battre à la grange, me dit mon beau-frère. — Ça suffit. »

Je bats jusqu'à l'heure du dîner. Il me dit alors : « Tu vas aller au jardin bêcher. »

Me voilà parti. Je trouve mon père et ma belle-mère. « Te voilà, Jean ! — Oui, monsieur Coignet. — Tu viens d'Auxerre? — Oui, monsieur. — Tu as bien marché. Connais-tu cette ville? — Non, monsieur, je n'ai pas eu le temps de la voir. — C'est vrai. »

Et comme j'allais me retirer, j'entends ma belle-mère qui disait à mon père : « La Granger a du bonheur d'avoir un petit jeune homme aussi intelligent. — C'est vrai, lui répondit mon père. Quel âge as-tu? — Douze ans, monsieur. — Ah! tu promets de faire un homme. — Je l'espère. — Allons, continue; l'on est content de toi. — Je vous remercie. »

Et je me retire, le cœur gros.

Tous les jours j'allais au jardin pour voir si je verrais venir ces marchands de chevaux; on pouvait les voir d'une demi-lieue.

Enfin, le huitième jour, je vois sur le grand chemin blanc beaucoup de chevaux descendre sur le bourg. Chaque homme ne menait qu'un cheval; ils n'étaient pas encore accouplés. Il y en avait quarante-cinq; ça n'en finissait pas. Je cours de suite à la maison pour prendre ma plus jolie veste, mettre une chemise, et en mettre une dans ma poche; je vais vite à l'écurie pour seller le cheval de ces messieurs.

Je n'ai pas sitôt fini que je vois passer tous ces beaux chevaux, tous gris pommelé. Je n'osais parler à ces Morvandiaux; je pétillais de joie. La queue n'était pas encore passée, que voilà ces messieurs qui arrivent dans la cour avec trois chevaux. « Eh bien, mon petit garçon, et notre bidet, comment va-t-il? — Il est superbe. — Mettons pied à terre, voyons cela.... Comment! il est bien guéri. Il faut le remettre à notre garçon pour qu'il l'emmène; il n'est pas encore passé. »

Et leurs chevaux défilaient toujours. Leur piqueur passe : « François, prenez votre bidet, suivez les chevaux ! »

Ma sœur paraît, ces messieurs la saluent : « Madame, combien vous est-il dû pour la nourriture de notre cheval? — Douze francs, messieurs. — Les voilà, madame. — N'oubliez pas le garçon. — Cela nous regarde. »

Ma sœur m'aperçoit pendant que je sortais le cheval.

« Tiens, dit-elle, tu es habillé en dimanche. — Comme tu vois. — Comment! à qui parles-tu? — A toi. — Comment? — Eh! oui, à toi. Tu ne sais donc pas que ton domestique est ton frère? — Par exemple! — C'est comme cela. Tu es une mauvaise sœur. Tu nous as laissés partir moi et mon frère, et mon petit frère, et ma petite sœur. Te rappelles-tu que tu as coûté trois cents francs à ma mère pour apprendre le métier de lingère chez Mme Morin? Tu n'as pas de cœur. Ma mère qui t'aimait comme nous, et nous avoir laissés partir! »

Voilà ma sœur à pleurer, à crier. « Eh bien, madame, c'est bien la vérité que ce jeune enfant vous dit? Si ça est, ça n'est pas beau. — Messieurs, ce n'est pas moi qui les ai perdus, c'est mon père. Ah! le malheureux, il a perdu ses quatre enfants! »

Aux cris et lamentations de ma sœur, il arrive des voisins qui accourent de toutes parts pour me voir : « C'est un des enfants du père Coignet. En voici un de retrouvé. » Et ma sœur, et moi, de pleurer.

Un de ces messieurs, qui me tenait par la main, me dit : « Ne pleure pas, mon petit, nous ne t'abandonnerons pas, nous. »

Mes petits camarades viennent m'embrasser. Mon père, qui entend ce brouhaha, accourt. On dit : « Le voilà, ce M. Coignet qui a perdu ses quatre enfants! » Et je dis de mon côté à ces messieurs : « C'est mon père que voilà, messieurs. — Voilà un de vos enfants, monsieur, et nous l'emmenons avec nous. — Eh bien, dis-je alors, père sans cœur, qu'avez-vous fait de mes deux frères et de ma sœur? Allez donc chercher cette marâtre de belle-mère qui nous a tant battus. — C'est vrai, crie tout le monde. C'est un mauvais père, et leur belle-mère est encore plus mauvaise. »

Enfin, tout le monde était autour de moi, et ces messieurs me tenaient par le bras. « Allons, à cheval! dit M. Potier (le plus petit des deux); en voilà assez! Partons, montez sur votre bidet. »

Et tout le monde de me suivre, criant : « Adieu, mon petit, bon voyage! » Mes petits camarades viennent m'embrasser tous, et moi, je pleurais à chaudes larmes en disant : « Adieu, mes bons amis! »

Ces messieurs me mettent au milieu d'eux, et nous traversons entre deux haies de monde. Les hommes avaient le chapeau bas, et les femmes de faire des révérences à ces messieurs.

Et moi de pleurer, mon petit chapeau à la main.

« Nous montons la montagne au trot, disent ces messieurs. Rattrapons nos chevaux! Allons, mon petit, tenez-vous bien! »

Nous dépassons les chevaux à la sortie des bois, et nous arrivons à Courson, à la grande auberge de M. Raveneau, où je visitai les écuries, et fis préparer tout ce qu'il fallait pour quarante-neuf chevaux. Ces messieurs commandent le souper pour quarante-cinq hommes, non compris les maîtres.

En arrivant, on forme les chevaux par quatre pour les accoupler le lendemain, et on les attache à deux longes. C'est la première fois que ces chevaux se trouvaient à côté l'un de l'autre. Il était temps que le foin et l'avoine fussent servis à ces gaillards; je crois que nous n'aurions pu les contenir; c'étaient comme des furibonds qui se cabraient. Et moi de taper dessus; je ne les quittais pas d'un instant. Et les maîtres de rire en me voyant frapper de l'un à l'autre.

A sept heures, ces messieurs viennent faire la visite et font souper tous leurs hommes, qui étaient quarante-cinq; ils payent leur journée et retiennent les hommes qu'il fallait pour le lendemain. Ils commandent des gardes d'écurie pour la nuit, et m'emmènent. « Allons souper, dirent-ils; venez avec nous, mon garçon, nous reviendrons, après, les voir. »

Quelle surprise de voir une table servie comme pour des princes : la soupe, le bouilli, un canard aux navets, un poulet, une salade, du dessert, du vin cacheté!

« Mettez-vous là, entre nous deux, et mangez! Comme vous êtes courageux! »

Le roi n'était pas plus content que moi.

« Ah çà! dit M. Potier, il faut mettre une cuisse de poulet dans du papier avec du pain pour le manger le long de la route, parce qu'on ne s'arrête qu'à la couchée. Vous trouverez des garçons d'auberge qui vous attendront avec de grands verres de vin qu'ils donneront à chaque homme en passant, sans arrêter, et tout sera payé. Vous vous tiendrez derrière autant que possible. »

Le matin, on met les chevaux par quatre, avec des *torches* et des *quenouilles*[1] pour maintenir tous ces chevaux (cela a demandé du temps); et puis en route!

Tous les jours j'étais traité de la même manière que le premier jour. Quel changement dans ma position! Comme je me trouvais heureux de coucher dans un bon lit! Ce pauvre orphelin ne couchait plus sur la paille.... Enfin tous les soirs j'avais à souper. Je considérais ces messieurs comme des envoyés de Dieu à mon secours.

Nous arrivâmes à Nangis-en-Brie le huitième jour avant la foire, et j'eus tout le temps de connaître mes deux maîtres. L'un se nommait M. Potier, et l'autre M. Huzé. Celui-ci était aimable, spirituel et poli; M. Potier était

1. C'est-à-dire avec un assemblage de perches et de coussins de paille.

petit et laid. Je me disais : « Si je pouvais être chez M. Huzé ! » Pas du tout, c'est chez M. Potier que l'heureux sort m'attendait.

Je pars donc de Nangis le vendredi pour Coulommiers. J'arrive à trois heures dans une grande cour, à cheval, comme un pacha à trois queues, monté sur mon joli bidet. Voilà madame qui paraît. « Eh bien, mon garçon, et votre maître ne vient pas ce soir? — Non, madame, il ne viendra que demain. — Que l'on mette le cheval à l'écurie ! venez avec moi. »

Comme je marchais à côté de madame, me voilà assailli par quatre grosses filles de la maison qui se mettent à crier : « Ah! le voilà! le voilà! le petit Morvandiau ! »

Combien ce nom me faisait de peine! Mon petit chapeau à la main, je suivais madame. « Allons, dit-elle, laissez cet enfant; allez à votre ouvrage. Venez, mon petit ! »

Comme elle était belle, Mme Potier! car c'était bien la femme du petit que je redoutais. Je ne l'appris que le lendemain. Quelle surprise pour moi de voir une si belle femme et un si vilain mari!

« Allons, continue-t-elle, il faut manger un morceau et boire un coup, car on ne soupe qu'à sept heures. »

Et voilà madame qui me fait parler de notre voyage, et je lui dis : « Madame, tous les chevaux sont vendus. — Êtes-vous content de votre maître? — Oh! madame, je suis enchanté. — Ah! c'est très bien ce que vous dites là. Aussi mon mari m'a écrit que vous étiez un bon sujet. — Je vous remercie, madame. »

Le soir, à sept heures, on soupe. C'était le vendredi. On me fait appeler pour me mettre à table. Je vois une table servie comme pour un grand repas, tout en argenterie, timbales d'argent, deux paniers de bouteilles. Quelle est ma surprise de voir douze domestiques : garde-moulin, charretiers, laboureur, fille de laiterie, femme de chambre, boulangère et femme de peine. Les six autres étaient à Paris avec des chariots qui menaient les farines pour les boulangers de Paris; ils faisaient le voyage toutes les semaines. Il y a quinze lieues de Coulommiers à Paris. Il y avait sur cette table deux plats de matelote ! Je croyais que l'on donnait un repas en ma faveur.

On me fait mettre à côté d'un grand gaillard, et madame lui recommande de me servir. Il me donne un morceau de carpe; j'en étais honteux de voir mon assiette pleine de poisson ; j'aurais pu en faire deux repas. Il s'aperçut que je mangeais peu; il mit un morceau de pain dans sa poche, et me le présenta à l'écurie en me disant : « Vous n'avez pas mangé, vous êtes trop timide! »

Comme je l'ai dévoré à mon aise, du pain blanc comme la neige !

A neuf heures, il vient une grosse fille faire mon lit dans l'écurie. J'étais bien couché : un lit de plumes, un matelas, des draps bien blancs.... Je me trouvais heureux.

Le matin, mon grand camarade me mène à la salle à manger pour déjeuner, avec ma demi-bouteille et du fromage. Dieu! quel fromage[1]! comme de la crème! Et du pain de Gonesse, avec le vin du pays. Je lui demandai ce

1. Le fromage de Coulommiers a conservé sa réputation.

CAPITAINE COIGNET. 3

que je ferais : « Il faut attendre que madame soit levée, elle vous le dira. — Eh bien, je vais panser mon bidet et le faire boire, et nettoyer l'écurie. »

Je pétillais du désir de travailler. Le garçon d'écurie était parti à la ville ; je profite de cette occasion pour nettoyer toutes les écuries.

Madame arrive, et me trouve habit bas, le balai à la main : « Qui vous a dit de faire cela? — Personne, madame. — Eh bien, ce n'est pas votre ouvrage, venez avec moi. Chacun fait son ouvrage dans notre maison ; mais vous avez bien fait. Quand mon mari sera venu, il vous dira ce que vous devrez faire. Allons au jardin, prenez ce panier, nous rapporterons des légumes. Savez-vous bêcher? — Oui, madame. — Ah! tant mieux. Je vous ferai travailler quelque fois dans notre jardin, car, chez nous, chacun fait son ouvrage, personne ne s'en dérange. »

Je rentre à la maison, et vais visiter les moulins de Chamois. De retour, quelle est ma surprise de voir mes deux maîtres qui cherchaient madame! « Te voilà, mon ami, » dit Mme Potier à son vilain mari, car c'était bien celui auquel je désirais le moins appartenir. Et c'était l'homme par excellence, tant par le cœur que par la fortune. M. Huzé salue et se retire. On me fait venir. « Ma femme, dit mon maître, voilà un enfant que je t'amène de la Bourgogne, c'est un bon sujet, je te le recommande ; je te conterai son histoire plus tard. » Et moi qui étais là, bien timide !

« Eh bien, dit-il, vous êtes-vous ennuyé, mon garçon? Allons voir nos chevaux ! »

Et le voilà à me faire voir toutes les écuries, les moulins. Et les domestiques à saluer leur maître. Ce n'était pas un maître, c'était un père pour tout le monde ; jamais il ne lui échappait une expression déplacée.

Il me dit : « Demain, nous monterons à cheval pour vous faire voir mes laboureurs et mes terres. Il faut que vous soyez à même de connaître tous les morceaux qui m'appartiennent. »

Je me disais : « Que va-t-il faire de moi? »

Il parle à ses laboureurs et à ses autres ouvriers toujours avec un ton affable. Puis il dit : « Allons voir mes prés! » Et toujours il me parlait avec bonté. « Faites attention à tout ce que je vous montre, et aux limites, car je pourrai vous envoyer faire une tournée quelquefois pour voir mes laboureurs et mes autres ouvriers, pour me rendre compte de ce qui est fait. — Soyez tranquille, je rendrai un fidèle compte de tout ce que vous me direz. — Il faut que je vous mette au fait de tout. Vous prendrez toujours votre bidet, car les routes sont longues. »

Nous fûmes bien trois heures dehors. « Allons, me dit-il, rentrons à la maison ! Demain nous irons ailleurs. »

Enfin il me mit au courant de tous les détails. Huit jours se passent ainsi en tournées de part et d'autre ; le neuvième jour, il vient un orage épouvantable. Voilà les eaux qui inondent la maison, arrivent de toutes parts ; tout le monde était bloqué. Il se trouvait encore des chevaux à l'écurie. Ni maître, ni garde-moulin ne pouvaient sortir. Et moi de courir d'une écurie à l'autre, car l'eau montait à vue d'œil. Enfin je barbotais comme un canard. Les chevaux en avaient au-dessus des jarrets, mais l'eau n'a pas pénétré dans la maison.

Il y avait trois étables où les porcs couraient grand risque d'être noyés, vu qu'ils étaient sous voûte. M. Potier me fait venir et me donne une pince de moulin, et me dit : « Tâchez de délivrer les cochons. — Soyez tranquille, je vais de suite. » Et me voilà dans l'eau. Je ne croyais pas pouvoir arriver, mais enfin, parvenu à la première porte, je fais une percée, et l'eau m'aide à ouvrir. Voilà mes six gaillards sortis, et nageant comme des canards. Je vais en faire autant aux deux autres étables ; mes dix-huit cochons étaient sauvés. Et tout le monde de la maison de me regarder par les croisées.

M. Potier, qui ne me perdait pas de vue, me guidait : « La petite porte de la cour est-elle fermée ?
— Non, monsieur. — Les cochons vont sortir, ils suivront le cours de l'eau ! »

Je me suis mis à tra-

verser la cour, dans l'eau qui était maîtresse de mes forces; je n'arrive pas assez à temps. Voilà un des cochons qui enfile la porte et suit le courant. M. Potier, qui s'aperçoit que j'ai un déserteur de parti, court à l'angle de sa maison, me crie : « Prenez votre bidet, tâchez de gagner le devant. »

Je cours à l'écurie, mets le bridon à mon bidet, et fais jaillir l'eau pour rattraper mon déserteur. M. Potier me crie : « Doucement! appuyez à droite. »

Ses paroles se perdent. Je prends trop à gauche : je me plonge dans un trou où l'on avait amorti de la chaux. Du même bond, mon cheval me sort du trou. Je ne voyais plus. Comme je tenais mon cheval ferme de la main droite, je m'essuyai la figure, et poursuivis ma bête, qui filait dans les prés. Enfin, en luttant contre l'eau, je gagne le devant de mon cochon. Lorsqu'il eut le nez tourné du côté de la maison, il revint comme je le désirais. Arrivé dans la cour, je lâche mon bidet, bien transi de froid. Mes maîtres m'attendaient sur le perron. Et les grosses filles de regarder ce pauvre petit orphelin trempé, pâle comme la mort.... Mais j'avais sauvé le cochon de mon maître.

. « Venez, mon ami, me disent monsieur et madame, venez vous changer. » Ils me mènent dans leur belle chambre où un bon feu était allumé, et les voilà à me déshabiller tout nu comme je suis venu au monde... » Buvez, disent-ils, ce verre de vin chaud. »

Les voilà qui m'essuient comme leur propre enfant, et m'enveloppent dans un drap. M. Potier dit à son épouse : « Ma chère amie, si tu lui donnais une de mes chemises neuves, il pourrait bien l'essayer. — Tu as raison, ce pauvre petit n'en a que deux. — Eh bien, il faut lui donner la demi-douzaine. Tiens! il faut lui payer sa bonne action : je vais lui faire cadeau du pantalon et du gilet rond que tu m'as fait faire; il sera habillé tout à neuf. — Bien, mon ami, tu me fais plaisir. »

M. Potier me dit : « Vous gagnerez dix-huit francs par mois et les profits : trois francs par cheval. — Monsieur et madame, combien je vous remercie! — Si vous vous étiez noyé en sauvant notre cochon! Vous avez mérité cette récompense. »

Je me vois habillé comme le maître de la maison. Dieu! que j'étais fier! Je n'étais plus le petit Morvandiau.

Comme ils se prêtaient à m'habiller, je dis : « Mais, monsieur, il ne faut pas m'habiller. Et les chevaux! et les cochons! Il faut que je retourne à mon poste, mes habits seraient perdus. — Tu as raison, mon enfant. »

Ils vont chercher des vêtements de leur neveu, et me voilà en petite tenue. Je me trouvais seul; le garçon d'écurie était à la ville, et les garde-moulins ne voulaient pas se mettre les pieds à l'eau. On me donne un grand verre de vin de Bourgogne bien sucré, et je me remets à l'eau. Je donne le foin aux chevaux. Je bloque mes dix-huit cochons dans une écurie qui était vide. Pour cela, je prends une grande perche et poursuis tous mes gaillards devant moi, et finis par être le maître. Je peux dire que j'ai barboté deux heures ce jour-là. Le soir, l'eau avait disparu, et les charretiers arrivent de toutes parts. Et moi, de rentrer à la maison, de changer de tout, et de me coucher de suite. Le vin sucré me fit dormir; le lendemain, je n'y pensais plus.

Monsieur et madame me firent demander de venir, et m'emmenèrent dans leur chambre; ils m'habillèrent tout à neuf. Après le déjeuner, M. Potier dit au garçon d'écurie : « Selle nos bidets ! » Et nous voilà partis pour voir des gros fermiers et acheter des blés. Mon maître fit des affaires pour dix mille francs, et nous fûmes traités en amis. Sans doute que M. Potier avait parlé à ces gros fermiers; on me fit beaucoup d'amitiés, et je fus mis à table près de mon maître.

Il faut dire que j'étais bien décrassé. J'avais l'air d'un secrétaire. S'ils avaient su que je ne savais pas la première lettre de l'alphabet !... Mais les habits de M. Potier me servaient de garantie auprès de ces messieurs. Et dame ! après dîner, nous partîmes au galop, nous arrivâmes à sept heures, et on me fit changer de place à table. Je vois mon couvert près de M. Potier, à sa gauche, et madame à sa droite. Et le premier garde-moulin près de madame, qui servait nos maîtres les premiers. Il faut dire que monsieur et madame étaient toujours au bout de la table; on pouvait dire que c'était une table de famille. Jamais on ne disait *toi* à personne, toujours *vous*. Le dimanche, monsieur demandait : « Qui veut de l'argent[1] ? »

Tous les domestiques étant réunis, M. Potier leur dit : « Je nomme ce jeune homme pour vous transmettre mes ordres. Je lui confie les clefs du foin et de l'avoine; c'est lui qui fera la distribution à tous les attelages. »

Tout le monde me regarde, et moi qui ne savais rien du tout de cet arrangement, j'étais tout confus, je n'osais lever la tête. Enfin mon maître me dit : « Vous allez venir avec moi à la ville. » J'étais content d'être hors de table.

1. C'est-à-dire « de l'argent d'avance sur ses gages ».

M. Potier me donne les clefs et me dit : « Partons ! nous allons voir des greniers à blé considérables. Eh bien, êtes-vous content de moi ? Ma femme aura soin de vous. — Monsieur, je ferai tout mon possible pour que vous soyez content de moi. »

Le lendemain, la sonnette m'appelle pour me donner l'ordre que je transmis à tous les domestiques. Le plus grand me dit : « Monsieur, que dites-vous ? — Je ne suis pas *monsieur*, je suis votre bon camarade, dites-le à tout le monde. Je suis aux gages comme vous ; je ferai mon service ; je n'abuserai jamais de la confiance de monsieur et de madame ; j'ai besoin de vos conseils. — Comme je suis le plus ancien de la maison, vous pouvez compter sur moi, » dit-il.

Je peux dire que tout le monde me fit bonne mine. Comme c'était moi qui faisais la distribution du son, de l'avoine et du foin, on me faisait la cour pour avoir la bonne mesure. M. Potier me grondait quand il trouvait du son dans les auges. « Mes chevaux sont trop gras, je vais y veiller pour que cela n'arrive plus ; il ne faut pas leur faire la ration aussi forte. — Donnez-moi la mesure du son et de l'avoine, je m'y conformerai. Ils prennent des corbeilles, et vont au moulin les remplir. Maintenant ils n'y mettront pas les pieds ; toutes les distributions seront à leur place. — C'est très bien, » dit mon maître.

Voilà tous les charretiers et laboureurs rentrés. Se voyant servir, ils me disent : « On nous a donc fait notre part ? — Vous m'avez fait gronder, c'est monsieur qui a mesuré le son et l'avoine, et m'a dit : Ne tolérez personne. Je veillerai à tout cela, soyez-en sûrs. »

Le lendemain, il arrive deux gros fermiers qui déjeunent. M. Potier me sonne et dit : « Passez dans mon cabinet. Vous m'apporterez dix sacs. »

Je les apporte.... Dieu ! que de piles d'écus dans ces sacs !... Je reste le chapeau à la main. « Jean, dit-il, faites seller nos bidets ; nous partirons avec ces messieurs. » Madame me dit : « Habillez-vous proprement. Voilà un mouchoir et une cravate. »

Elle a la bonté de m'arranger : « Allez, mon petit garçon, vous voilà propre ! »

Comme j'étais fier ! Je présentai le cheval à mon maître, et je tins l'étrier. Cela l'a flatté beaucoup devant ces messieurs, car il me l'a dit depuis. Les voilà tous trois à cheval. Je suivais en arrière, plongé dans mes petites réflexions. Arrivés à une belle ferme, on met nos chevaux à l'écurie, et moi, je me

tiens dans la cour à voir ces belles meules de blé et de foin. Un domestique
vient me chercher pour me faire mettre à table. Je refusai, disant : « Je vous
remercie. » Le maître de la maison me prend par le bras, et dit à mon maître :
« Faites-le mettre à table près de vous. »

Je n'étais pas à mon aise; enfin je mangeai du premier plat servi, et je
me levai de table. « Où allez-vous? me dit le maître de la maison. — M. Potier
m'a permis de me retirer. — C'est différent. »

J'étais flatté de
me voir à une table
servie comme celle-
là. Je me la rappelle
toujours. Madame la
fermière, après le
dîner, m'invite à voir
sa laiterie. Je n'ai
jamais rien vu de si
propre : des robinets
partout.

« Tous les quinze
jours, me dit-elle, je
vends une voiture de
fromages. J'ai quatre-
vingts vaches! »

Elle me ramène au réfectoire pour me faire voir sa batterie de cuisine;
tout était reluisant de propreté. La table, les bancs, tout était ciré. Ne sachant
que dire à cette aimable dame, je lui dis : « Je conterai tout ce que j'ai
vu à Mᵐᵉ Potier. — Nous y allons trois fois l'hiver dîner et passer la soirée.
Comme l'on est bien reçu chez M. et Mᵐᵉ Potier ! »

Ces messieurs arrivent. Je me retire. M. Potier me fait signe et me met
vingt-quatre sous dans la main. « Vous donnerez cela au garçon d'écurie; faites
brider, nous partirons. »

On amène nos deux bidets; la belle fermière dit à M. Potier : « Le bidet
de votre domestique est charmant, il me conviendrait. Si mon mari était galant,
il me l'achèterait, car le mien est bien vieux. — Eh bien, voyons cela, dit
celui-ci; veux-tu l'essayer? Fais mettre ta selle et monte-le. Tu verras
comme il va. »

On apporte la selle de côté. Je lui dis : « Madame, il est très doux, vous pouvez le monter sans crainte. »

Voilà madame à cheval, et qui part au trot, va en tous sens, à droite et à gauche, disant : « Il a le trot très doux. Je t'en prie, mon mari, fais-moi cadeau de ce bidet. — Eh bien, monsieur Potier, il faut le lui laisser, dit le mari. Nous nous arrangerons. Combien me le vendrez-vous ? — Trois cents francs. — Ça suffit ! Te voilà contente. Maintenant, c'est toi qui donneras le pourboire au garçon. — Oh ! de suite. Venez ! » me dit-elle.

Elle me mit six francs dans la main, et me fait seller son vieux cheval. Et nous voilà partis au bon trot. Quelle bonne journée pour moi !... M. Potier me dit : « Je suis content de vous. — Je vous remercie, monsieur. Cette dame m'a fait voir sa laiterie et sa batterie de cuisine. Que tout cela est beau ! Ce sont de vrais amis ; madame n'est pas fière. »

Le lendemain, on vient chercher le vieux bidet, et M. Potier me dit : « Vous prendrez celui que nous avons amené de votre pays. Demain, nous allons ensacher de la farine : il nous en faut cent sacs pour Paris. C'est vous qui prendrez le boisseau, je vous montrerai cela. Demain vous boirez un coup à sec, il faut que vous appreniez à tout faire ; chez nous, vous n'aurez jamais d'ouvrage comme les autres. Je vous mettrai au courant de bien des ouvrages ; il faut que vous sachiez tout faire. »

Le lendemain matin, il me présenta au garde-moulin, et lui dit : « Baptiste, voilà Jean que je vous amène, il faut lui montrer à manier le boisseau ; il sera à votre disposition toutes les fois que vous en aurez besoin, il est rempli de bonne volonté. — Mais, monsieur, sera-t-il assez fort pour manier le boisseau avec moi ? — Soyez tranquille, je vais présider à tout cela. »

Voilà M. Potier qui prend le boisseau, et me montre : « Faites comme cela. » Je voulais lui prendre la mesure des mains. « Non, me dit-il, laissez-moi finir ce sac ! »

Je m'empare du boisseau et je le manie comme une plume. A mon premier sac, Baptiste dit à M. Potier : « Nous en ferons un homme. — Je vais rester près de vous, dit mon maître. — C'est inutile, dit Baptiste, nous nous tirerons d'affaire tous les deux. »

Enfin je m'en acquittai de mon mieux, avec cet homme un peu dur. Cela dura toute la journée. Comme j'avais mal aux reins ! Nous n'en avions fait que cinquante bâches, il fallut recommencer le lendemain. Enfin, j'en vins à bout à mon honneur.

Monsieur et madame s'aperçurent d'une petite pointe de jalousie de la part des domestiques à mon sujet, et ils profitèrent du moment de mon absence pour leur compter mes malheurs. Ils leur dirent que je n'étais pas destiné à faire un domestique, que mon père avait beaucoup de bien, et qu'il avait perdu ses quatre enfants. « C'est moi, dit Potier, qui ai retrouvé celui-ci, les autres sont perdus. Je veux qu'il sache tout faire. — Je lui montrerai à tenir la charrue, lui dit le premier laboureur. — Ah! c'est bien, je vous reconnais là. — Je le mènerai avec moi quand vous voudrez. — Eh bien, prenez-le sous votre protection, je vous le confie; ne le fatiguez pas, car il est plein de courage. — Soyez tranquille, je lui montrerai à semer, je lui donnerai mes trois chevaux. »

J'arrive le soir de porter des invitations à trois lieues, et je rapportais les réponses. Je me mis à table : monsieur et madame me firent des questions sur les personnes à qui j'avais remis les lettres. Je répondis que partout l'on avait voulu me faire rafraîchir, que je n'avais rien pris. Je vois tous les domestiques qui me regardent.

Le premier laboureur dit à table : « Jean, si vous voulez, je vous mènerai avec moi demain; je vous ferai faire un sillon avec ma charrue. — Ah! vous me faites bien plaisir, mon père Pron (c'est le nom de ce brave homme); si monsieur le permet, je partirai avec vous. — Non, dit M. Potier, nous irons ensemble. »

En route, monsieur me dit que ce brave homme s'était offert de me montrer de tenir la charrue. Et il ajoutait : « Il faut en profiter, car c'est le plus fort de notre pays. »

Une fois arrivés : « Voilà votre élève, dit monsieur, tâchez d'en faire un bon laboureur. — Je m'en charge, monsieur. — Voyons, faites-lui faire un enrayage. »

Voilà le père Pron qui dresse sa charrue et place ses trois chevaux sur une ligne droite, et me fait prendre des points de vue très loin, et des points intermédiaires de place en place. Il me dit : « Regardez, entre les deux oreilles de votre cheval de devant, les points que je vous montre; ne faites pas attention à votre charrue, tenez vos guides et fixez bien vos trois points. Aussitôt que le premier sera dépassé, vous en ressaisirez un autre. »

De suite, j'arrive au bout de mon rayage, je regarde ma première raie, elle était droite. « C'est bien, me dit M. Potier, ça n'est pas tremblé. Je suis content; ça va bien; continuez. »

Il eut la complaisance de rester deux heures et il me ramena à la maison, où madame l'attendait. « Eh bien, lui dit-elle, et la charrue, comment s'en est-il tiré? — Très bien. Je t'assure que Pron est content de lui; ça fera un bon laboureur. — Ah, tant mieux! Ce pauvre enfant. — Pron a eu une bonne idée de se charger de lui montrer à tenir la charrue. Je veux qu'il apprenne à semer; il commencera par semer des vesces, et puis du blé. »

Le lendemain, je m'aperçus que tous les domestiques me faisaient une mine gracieuse. Je ne savais ce que cela voulait dire. C'était monsieur et madame qui leur avaient conté mon histoire. Enfin, je fus l'ami de tout le monde. M. Potier avait sept enfants; c'est moi qui allais les chercher dans les pensions, et les ramenais. C'étaient des fêtes pour eux et pour moi. J'étais de toutes les parties, à pied et en voiture. C'est moi qui réglais tous les petits différends entre les demoiselles et leurs frères.

M. Potier me dit : « Nous partirons demain pour la foire de Reims. Il me faut des chevaux pour Paris; il m'en faut qui soient bien appareillés, c'est pour des pairs de France[1]. Ils les veulent tout dressés, et de quatre à cinq ans. Vous aurez le temps de vous exercer. »

Il fait appeler son garçon marchand de chevaux : « Je vous emmène avec nous à cinq heures du matin, à cheval, pour la foire de Reims. Il nous faut cinquante chevaux. Voilà les tailles et les couleurs. Je n'ai pas besoin de vous en dire davantage; vous connaissez votre affaire. »

On fait prévenir M. Huzé de venir s'entendre pour le départ, et prendre un domestique avec lui pour mener le cheval qui portait les valises. Nous voilà partis à midi; nous arrivâmes à Reims trois jours avant la foire. Le vieux piqueur de M. Potier eut tout le temps de parcourir toutes les campagnes pour signaler tous les chevaux qui nous convenaient, et il revient avec le signalement de trente, et des arrhes avaient été données. Le vieux piqueur dit : « Je crois avoir fait une bonne affaire. J'ai une liste de cent chevaux que j'ai tenus; j'ai tous les noms des particuliers. »

La foire fut terminée en trois jours; le total fut de cinquante-huit chevaux.

1. Il n'y avait point de pairs alors; mais la suite montrera qu'il s'agissait du Directoire, qu'on connaissait plus ou moins bien dans les campagnes.

Le père Pron me dit :

« Regardez entre les deux oreilles de votre cheval les points que je vous montre. »

Le père Pron me dit :

« Regardez entre les deux oreilles de votre cheval les points que je vous montre. »

Nous eûmes le bouquet de la foire; ces messieurs étaient contents de leur voyage, et tout fut réglé dans deux jours. Et en route pour Coulommiers, où nous arrivâmes sans accidents.

C'est là que je fus mis à l'épreuve pour dresser tant de chevaux. Au bout de deux jours on les met au manège : vingt par jour avec des caparaçons sur le nez. Comme ils faisaient des sauts ! On finit par les réduire et les rendre dociles. Pas un jour de repos, pendant un mois de manège. Et puis, au char à bancs, au cabriolet, à la selle. Comme ils s'allongeaient sur la paille ! ils dormaient comme un pauvre qui a sa besace pleine de pain. Nous les menions dans les plaines, et ils étaient sots dans les terres labourées. Je montais sur l'un, sur l'autre; je tenais la discipline sévère avec tous ces gaillards-là. Je corrigeais

les mutins et flattais les dociles. Cette manœuvre dura deux mois sans relâche ; j'étais fatigué, j'avais la poitrine brisée, j'en crachais le sang, mais j'en vins à bout à mon honneur.

M. Potier écrivit à ces gros matadors de Paris que ses chevaux étaient prêts. Au lieu de répondre, ils arrivent avec de belles calèches et des domestiques tout galonnés. On met leurs chevaux à l'écurie ; M. Potier, le chapeau bas, les conduit au salon, et madame paraît. Comme elle avait un port majestueux !

Ces gros ventres se lèvent pour la saluer. Elle se retire et fait apporter des rafraîchissements ; elle fait demander si ces messieurs lui feraient l'honneur d'accepter son dîner : ils répondirent qu'ils acceptaient avec plaisir. Le dîner fut magnifique. M. Potier me fit appeler : « Dites à tous les palefreniers de tenir les chevaux prêts ; je vais mener ces messieurs visiter les chevaux. »

Je donne les ordres, et tout fut prêt. Ces messieurs voulurent voir l'établissement, dont ils furent enchantés, et passèrent aux écuries pour visiter les chevaux et les faire sortir. « Les voilà tous par ordre, leur dit M. Potier. Faites-les sortir. »

On demande le numéro 1 avec bridon et couverture. On me présente le cheval, je le fais trotter. Monsieur me dit : « Montez-le ! » Je le fais marcher au pas en tenant mon bridon, et là, la main bien placée, je saute. Ils n'eurent pas le temps de me voir monter. Je le fais trotter et le présente devant ces messieurs, qui le flattent en disant : « C'est bien. »

« Numéro 2 ! » dit mon maître. On me présente le cheval : « Montez-le ! » Ces messieurs disent : « Au pas !... au trot !... Ça suffit. A un autre ! »

Et ainsi de suite, jusqu'à douze. On me demande alors : « Sont-ils tous dressés comme ces douze-là ? — Je vous l'assure. — Ça suffit. Ce petit jeune homme monte bien un cheval. — Il est bien hardi, dit mon maître. — Demain nous les mettrons au char à bancs. Vous avez des harnais pour cela ? — Tout est prêt. — En voilà assez pour aujourd'hui ; nous voudrions voir la ville. — Voulez-vous que l'on mette les chevaux à votre voiture ? — Ça serait mieux. Nous vous demanderons la permission de vous amener deux convives. — Tout ce qui peut vous être agréable. Jean, fais mettre les chevaux à la calèche ! »

Et les voilà partis. Mon maître était content. « Jean, me dit-il, nous ferons une bonne journée, ça va bien ; vous vous en êtes bien tiré. C'est vous qui servirez à table, faites un peu de toilette. Voyez ma femme ; il faut aller à la ville faire apporter ce que j'ai commandé, vous faire donner un coup de peigne, et vous mettre en dimanche. »

Me voilà de retour, bien poudré. Madame me met au courant de mes fonctions, et, la table servie, elle va faire une toilette magnifique. Comme elle était belle!

Ces messieurs arrivent à six heures; ils étaient six. Monsieur va les recevoir, le chapeau à la main. « Eh bien, monsieur, nous sommes de parole, nous vous amenons deux convives. — Soyez les bienvenus. »

Monsieur reconnaît le sous-préfet et le procureur de la République. On se met à table. Madame fit les honneurs; rien n'y manquait, ni moi, la serviette sous le bras, ni les laquais des messieurs, qui étaient derrière leurs maîtres.

Tous mangeaient sans parler au premier service; l'un des laquais était découpeur, et présentait les morceaux tout coupés que nous présentions à ces messieurs, qui en refusaient souvent. Au second service, paraît un brochet monstre et des écrevisses superbes. « Ah! madame, dit un convive, voilà une pièce rare. — C'est vrai, » disent-ils tous. Mais le sous-préfet ajoute : « M. Potier a un réservoir superbe, il prend des anguilles magnifiques. »

Enfin les louanges pleuvent de toutes parts; le champagne arrive; voilà tout le monde en gaieté! Monsieur leur dit : « J'ai passé par Épernay, et j'en ai fait une petite provision. — Il est parfait, » dit le sous-préfet.

Le dessert servi, on nous fit retirer, et madame demande la permission de s'absenter pour un moment. On lui répond : « Toute liberté, madame! »

Madame donne ses ordres et dit à son mari : « Ces messieurs prendront du punch pour finir la soirée? — Ça va, sans inconvénient. »

Le sous-préfet dit : « Je vous prie de prendre ma maison pour votre hôtel, et j'invite monsieur et madame à me faire l'amitié de venir dîner chez moi. Demain, nous viendrons voir vos beaux chevaux. »

Ces messieurs arrivent à midi pour voir atteler. Tout était prêt. On voit en suivant la liste. « Prenez le char à bancs et la calèche, ça ira plus vite. Amenez par ordre, quatre par quatre. »

Les voilà attelés, moi conduisant le char à bancs; et le piqueur, la berline. « Faites un tour devant la maison pour que nous puissions voir. — Ils sont très beaux, disent ces messieurs. Sont-ils tous dressés comme ces quatre-là?— Oui, messieurs! répond M. Potier. Si ces messieurs désiraient voir un beau cheval ? C'est une folie que j'ai faite à Reims. — Voyons-le. — Jean, allez le chercher ! »

Il était tout prêt ; je le présente devant ces messieurs. « Oh ! s'écrièrent-ils, qu'il est beau ! faites-le monter ! »

Je dis au piqueur : « Prenez-moi le pied pour l'enjamber, il est trop haut. » Lorsque je fus sur ce fier animal, je le fais marcher au pas, au trot, et je le présente. « C'est bien, dit le maître au laquais, montez-le, que je le voie mieux. »

Le jeune homme était plus leste que moi. Comme il le manœuvrait ! « Ramenez-le, en voilà assez. » Le piqueur le présente devant son maître, le chapeau bas. « Monsieur, dit-il, les mouvements sont très doux. — J'ai trouvé sa place, dit le pair de France. Il conviendra au président de l'Assemblée, mettez-le en tête de vos comptes, tous vos chevaux sont acceptés. Vous recevrez mes ordres du départ pour Paris ; vous les accompagnerez, et ce jeune garçon viendra pour les conduire. S'il veut rester à mon service, je le prendrai. — Je vous remercie, monsieur, je ne quitte pas mon maître. — C'est bien ! je vous donnerai votre pourboire. »

Ils montèrent en voiture, et saluèrent tous monsieur et madame. « A six heures, dit le sous-préfet, sans manquer ! »

Mon maître dit : « Que la voiture soit prête à cinq heures ! Jean, faites votre toilette, vous nous conduirez. »

Mon maître et madame furent reçus avec affabilité par tous ces messieurs. Toutes les autorités étaient au dîner, et le couvert de ma maîtresse était auprès de monseigneur. La soirée finit à minuit, et le lendemain ils partirent pour Paris. M. Potier reçut l'ordre de partir le vendredi pour arriver le dimanche à l'École militaire, où ils se trouvaient à midi précis pour recevoir les chevaux. Mon maître fait prévenir M. Huzé que tous les chevaux étaient vendus. « Ça n'est pas possible ! » disait-il.

Nous partons le lendemain à six heures avec quatre-vingt-treize chevaux, et une voiture de son pour la route ; je menais le beau cheval en main tout seul. Nous arrivons à dix heures à l'École militaire, où nous trouvons un aide de camp et des écuyers. On distribue le son de suite, et on fait le pansement ; les pieds des chevaux furent bien noircis. A midi tout était prêt.

L'aide de camp fait manger tout le monde, et met les domestiques de garde. M. Huzé va déjeuner avec l'aide de camp, et mon maître part pour prévenir ces gros messieurs que ses chevaux étaient prêts. A deux heures précises, tous les gros ventres descendent de voiture et vont visiter les chevaux, les font sortir appareillés par quatre. « Voilà de beaux chevaux, dit le président, vous pouvez renouveler vos équipages. Et celui dont vous m'avez parlé, faites-le sortir. »

Je le présente à l'aide de camp, qui monte le fier animal, qui le manœuvre, et le présente. On dit : « C'est un beau cheval ! faites-le rentrer. »

L'aide de camp se retire avec M. Potier et M. Huzé pour nous faire dîner ; et il arrive un homme par quatre chevaux pour les panser. Ces messieurs réformèrent vingt chevaux de leurs écuries, que mon maître prit, au prix de l'estimation par des marchands de chevaux. Après cette brillante affaire, il me renvoie avec les beaux chevaux de carrosse de ces messieurs. MM. Potier et Huzé restèrent huit jours à Paris pour régler leur compte. Ils furent invités chez le gros pair de France qui avait été reçu à Coulommiers. Pour mettre d'accord ces messieurs sur le choix des attelages des chevaux neufs, il fut décidé qu'ils seraient tirés au sort par quatre, et que chacun donnerait son pourboire pour les domestiques.

Ces messieurs furent si contents

de la loyauté de mon maître, que le président en fit part au ministre de la guerre. Celui-ci fit appeler M. Potier pour lui proposer une commande de deux cents chevaux pour le train d'artillerie : « Voilà le prix et les tailles. A quelle époque pouvez-vous les fournir? — Monsieur, je puis les livrer dans deux mois. — Je vous fais observer que l'on est sévère pour les recevoir; les chevaux qui ne sont pas reçus sont pour votre compte. — C'est juste, vous m'en donnerez avis. — Ils seront reçus à l'École militaire. Vous savez l'âge : quatre à cinq ans, et point de chevaux entiers. Pouvez-vous faire les avances? — Oui, monsieur. — D'où les tirez-vous? — De Normandie et du Bas-Rhin. — Ah! c'est cela; c'est de bonne race. »

M. Potier arrive à Coulommiers, enchanté, et trouve ses vingt chevaux dans le meilleur état possible. « Ils ne sont pas reconnaissables; il faut les mener à la foire de Nangis; nous pourrons les vendre. Ils sont pour rien, on peut gagner moitié dessus. Tenez-les prêts pour demain, et en route à six heures! ça presse. Il faut partir pour la Normandie; j'ai un marché de passé avec le ministre de la guerre. »

La foire de Nangis était si bonne, que les chevaux furent vendus. M. Potier dit : « J'ai doublé mon prix. » Quatre jours après, il partit pour Caen en Normandie, où il trouva une partie de son emplette. Il les envoie à la maison, et nous partons pour Colmar, où il fit de bonnes affaires, qu'il finit à Strasbourg complètement. M. Huzé fut chargé de ramener tous les chevaux. Mon maître part pour Paris, et rend compte au ministre que dans quinze jours ses chevaux seraient arrivés. « Eh bien, dit le ministre, faites-les diriger sur Paris, vous épargnerez de grands frais. Donnez de suite vos ordres pour qu'ils arrivent; vous avez mis beaucoup d'exactitude. Vous me donnerez avis, ne perdez pas de temps! »

M. Potier prend la diligence, fait diriger les trois cents chevaux sur Paris, en écrivant à son épouse de me faire partir pour Saint-Denis avec une voiture de son, ses chevaux devant rester quatre jours pour se rafraîchir. J'eus le bonheur d'arriver à Saint-Denis le premier, et tout fut prêt; les quatre jours furent suffisants pour referrer tous les chevaux, et arriver à l'École militaire comme si nos chevaux sortaient d'une boîte, tant ils étaient frais.

La voiture de son fut bien payée : tous les chevaux furent reçus. Devant les officiers d'artillerie, des inspecteurs, un général, on fut quatre heures à faire trotter, mais le pourboire fut nul pour moi. Je fus bien désappointé de ce contretemps. Monsieur me dit : « Vous ne perdrez rien, je vous ferai cadeau d'une montre. » Aussi il m'en donna une belle, et deux cents francs pour les chevaux des représentants, et deux louis pour le beau cheval. Quel bonheur pour moi ! En arrivant, je donne tout mon argent à madame, et le dimanche suivant elle me fit cadeau de six cravates. Monsieur dit : « Mes deux voyages me valent trente mille francs. » Il avait de plus placé cinq cents sacs de farine.

Nous reprîmes nos travaux habituels. Je devins fort et intelligent. Je montais les chevaux les plus fougueux, je les rendais dociles. Je repris aussi la charrue ; je fis présent à mon maître laboureur d'une blouse bien brodée au collet ; il était content. A seize ans, je portais un sac comme un homme ; à dix-huit ans, je portais le sac de trois cent vingt-cinq ; je ne rebutais à rien ; mais l'état de domestique commençait à devenir pour moi un fardeau pesant. Ma tête se portait vers l'état militaire ; je voyais souvent de beaux militaires avec de grands sabres et de beaux plumets ; ma petite tête travaillait toute la nuit. Enfin je finis par me le reprocher, moi qui étais si heureux ! Ces militaires m'avaient tourné la tête, je les maudissais ; l'amour du travail avait repris ses droits, et je n'y pensais plus.

Les fermiers arrivaient de toutes parts pour livrer les blés vendus à M. Potier. Chaque fermier avait un échantillon de son blé à la maison. « Jean, disait mon maître, allez chercher dix sacs. » Que de sacs de mille francs sortaient de son cabinet ! Cela dura jusqu'à Noël.

Je finis une grosse pile de cent sacs dans deux mois. Puis monsieur dit à son épouse : « Fais tes invitations pour aujourd'hui en huit. Je pars pour Paris. Je prends le cabriolet ; nous irons voir nos enfants, et Jean emportera des sacs vides, car il m'est dû beaucoup. Nous serons de retour samedi. A dimanche ton grand repas. — Il faut m'apporter de la marée, dit madame, et ce que tu voudras pour me faire deux plats, et des huîtres. — Ça suffit, madame. »

Les recettes se trouvèrent toutes faites le jeudi, et employées à des placements considérables. « C'est, dit mon maître, que vous me portez bonheur. Voilà un voyage complet. Faisons nos emplettes, nous partirons demain matin. »

Nous arrivons à cinq heures. Quelle joie pour madame de nous voir arriver de bonne heure ! Le lendemain, à cinq heures, cabriolets et carrioles arrivaient de tous les côtés, je ne savais auquel entendre : « Jean, allez à la ville chercher M. et Mme Brodart et sa demoiselle !... Jean, repartez de suite

chercher mon gendre et ma fille ! » Et je faisais ronfler la voiture, toujours
au galop. « Jean, il faut servir à table ! » Et le pauvre Jean se multipliait.

La soirée fut magnifique, et ma part de friandises fut mise de côté par
madame. A onze heures, on me dit de me tenir prêt pour reconduire tout le
monde. A minuit je commence : je fis trois voyages qui me valurent dix-huit
francs. Mon maître et madame me firent appeler pour me rafraîchir. « Prenez
un bon verre de vin de votre pays et un morceau de brioche ; nous sommes
contents de vous ! — Ah ! j'ai mis sa petite part de côté, » dit madame.

Le lendemain, je reçus mes petites provisions que je partage avec mes
camarades, et je repris le boisseau avec le garde-moulin, pour ensacher de
la farine pour Paris, pendant huit jours. Enfin, j'étais de tous les métiers.

Madame me prie de donner tous mes soins à son jardin. Je lui fis d'abord
un joli berceau au fond, en face de la porte, et je tirai au cordeau deux belles
plates-bandes. Je creusai l'allée de quatre pouces pour relever mes deux
plates-bandes, et je remplaçai la terre enlevée avec du sable.

Mon maître et madame viennent me voir. «Eh bien, Jean, dit monsieur,
vous nous allez donc faire une route dans notre jardin ? — Non, monsieur, mais
une belle allée. — Vous ne pouvez pas faire cela tout seul, je vais faire venir
le jardinier. — Monsieur, le plus difficile est fait. — Comment l'entendez-vous ?
— Voyez mes trois lignes faites, mes piquets plantés ; voilà le milieu de mon
allée. — Vous avez donc pris tous les cordeaux de mes charretiers ? — Je ne
pouvais pas tirer ma ligne sans cela. — C'est juste. — Mon dernier piquet, vers
le berceau, c'est pour faire une corbeille pour madame. — Ah ! c'est bien pensé,
Jean. Vous avez une bonne idée de me faire une jolie corbeille. — Il me faut
du buis pour faire une belle allée, et beaucoup de sable, et des planches pour
faire des bancs dans le berceau de madame. — Et pour votre maître, que
faites-vous ? — Le maître reste à côté de madame. — A la bonne heure ! Mais,
Jean, où prendrez-vous le sable ? — Monsieur, je l'ai trouvé. — Et où ? — Sous
le petit pont près de l'abreuvoir. Je l'ai visité tout à l'heure ; j'en ai trouvé
trois pieds de hauteur. — Il faudra le faire tirer. — Non, monsieur, on le
chargera sous le pont cet été ; vous savez que toute la fausse rivière est à sec,
et nous sortirons par l'abreuvoir. — C'est cela ! — Il nous en faut bien vingt
tombereaux ; vous savez que l'allée a huit pieds de large. — Ma femme, dit
mon maître, fais venir ton jardinier, car Jean va nous faire une route dans
notre jardin. — Je prie madame de faire venir du buis et des rosiers, pour
planter le long de l'allée. »

Le jardinier arrive le soir, et madame le mène au jardin, disant : « Jean, venez faire voir votre ouvrage. »

Le jardinier fut surpris. « Eh bien, dit-elle, que dites-vous de la folie de Jean? — Mais, madame, c'est superbe pour le tracé. Vous pourrez vous promener quatre de front, et, comme vous avez des enfants, ils ne gâteront pas votre jardin. — C'est vrai, dit-elle. Eh bien, il faut venir demain, car il se tuerait; il a mis cela dans sa tête pour me faire plaisir. — Madame, il a du goût; il s'y est bien pris. Nous vous ferons un beau jardin; il nous faut quarante rosiers à hautes tiges, et du buis pour l'allée et la corbeille. Il faut quinze jours pour mettre votre jardin en état. Le sable est à votre portée. — Surtout ne laissez pas Jean tout seul; il se dépêche trop, il tomberait malade. — Je le connais; je le ménagerai. — Et vous ferez bien. Je l'ai trouvé avec sa chemise toute trempée. »

Madame part; le jardinier me dit : « Je vous sais bon gré du commencement de votre travail. Nous lui ferons une petite surprise devant son berceau : nous ferons quatre pans coupés, et nous mettrons quatre lilas de Perse, et du chèvrefeuille autour, et nous peindrons les bancs en vert. Ça sera joli. Il faut prier madame de ne pas venir de huit jours voir son jardin. »

Je lui dis le soir : « Madame, le jardinier m'a prié de vous dire de ne pas venir voir votre jardin de huit jours. — Eh bien, dit M. Potier, je vais aller à Paris placer de la farine et voir nos enfants. — Ah! c'est bien aimable de ta part. — Je serai de retour samedi; et je verrai la folie de Jean et du jardinier, après avoir vu si mon gros représentant est content de ses chevaux. »

Il revient satisfait de la réception du représentant, qui a dit : « Je compte vous voir au printemps avec mon épouse; je lui ai parlé de votre dame, et elle désire la connaître. — Je vous prie de m'en donner avis. — C'est juste; il ne faut pas surprendre madame, qui fait si bien les honneurs de chez elle. »

Monsieur et madame viennent nous retrouver, et sont surpris de voir la grande allée terminée. « Ah! c'est joli; je suis content, c'est bien travaillé. Tu pourras te promener et t'asseoir, voilà de beaux bancs. Jean va nous ruiner avec ses folies. — Ne te dérange pas de huit jours pour qu'il finisse mon jardin. Je t'en prie. Je voudrais que ça soit sablé. — Eh bien, je vais surprendre Jean; nous allons faire détourner l'eau qui passe sous le petit pont, et il pourra prendre du sable à son aise. Il ne sera pas toujours le plus fin. — Il va rire, » dit madame.

Les huit jours suffirent pour finir tout le jardin, et je vins annoncer : « Monsieur et madame, votre jardin est fini. Vous pouvez venir le voir. Ah! si j'avais du sable, ça serait joli. — Eh bien, Jean, vous en aurez demain; mon mari a mis le sable à sec, et a fait passer l'eau de l'autre côté du pont. Et demain vous aurez deux tombereaux et des hommes pour charger; vous n'aurez qu'à le rentrer. — Ah! madame, nous sommes sauvés. Dans quatre jours, tout sera fini. »

Monsieur et madame nous regardaient de leurs croisées sans venir nous voir. Le jardinier va leur dire : « Tout est terminé. — Voyons cela, ma femme. »

Me voilà le râteau sur l'épaule, à côté de la porte, le chapeau à la main. M. Potier me prit par le bras et me frappa sur l'épaule. « Jean, me dit-il, vous rendez votre maîtresse heureuse, et moi content; c'est plus joli que l'herbe qui était dans le jardin. — C'est charmant, dit madame; si ton monde de Paris vient te voir, tu pourras les promener à présent. — Vous ne verrez plus d'herbe pousser dans vos allées. »

Je me remis au moulin, à la charrue et à tout faire, surtout à dresser des chevaux. Monsieur reçoit une lettre de Paris pour se rendre de suite au Luxembourg, chez son représentant, pour affaires. « Jean, mon garçon, il faut partir demain matin pour Paris. Je crois que c'est des chevaux que l'on demande. — Si cela est, ils payeront votre folie de jardin. »

Nous partîmes à cinq heures; à onze heures, nous étions à Paris. Mon maître se présente à l'adresse indiquée; le chef du Directoire[1] lui dit : « Il nous

---

1. C'est-à-dire, un principal fonctionnaire de l'administration du Directoire.

faut vingt chevaux de première taille, tout noirs, sans aucune tache; les prix
sont de quarante-cinq louis. Où les prenez-vous? — Monseigneur, dans le pays
de Caux et à la foire de Beaucaire. C'est là que je trouverai ces tailles-là. —
Cela suffit. Partez de suite! A quelle époque livrez-vous? — Il me faut trois
mois, et je ne réponds pas d'être prêt à cette époque; ces tailles sont difficiles
à trouver. »

Le voilà de retour à Coulommiers. « Allons, dit-il, partons pour la
Normandie, et nous reviendrons par la foire de Beaucaire. Je vais faire
venir François de suite, lui donner mes ordres, et faire part de notre voyage
à ma femme. »

Nous arrivons à Caen; on nous indique quelques chevaux. Dans tous les
environs, nous trouvons quatre chevaux, on en voulait cinquante louis. « Eh
bien, vous les mènerez à la foire, nous verrons cela! »

Nous visitons tout le pays de Caux; nous trouvons des fermes magnifiques
et de beaux élèves; nous pûmes en choisir quatre très beaux. La foire de Caen
fut bonne pour nous. Mon maître en acheta six superbes; il nous en fallait
encore dix. Quant au peuple du pays de Caux, il est magnifique; les femmes
surtout, avec leur coiffure belle, haute, large. Les petites femmes paraissent
grandes, car leur bonnet a bien un pied de haut! ça leur fait paraître la figure
petite. Le monde et les bestiaux, tout est magnifique.

Nous partîmes pour Beaucaire, où nous trouvâmes nos dix chevaux. Je
n'ai jamais vu de si belles foires, tous les étrangers de toutes les puissances[1] s'y
trouvent. On dirait une ville bâtie dans une plaine : des cafés, des traiteurs,
tout ce que l'on peut voir de plus beau. Il se fait des affaires pour des millions;
la foire dure six semaines.

Les affaires de mon maître terminées, nous partîmes après avoir réuni
nos chevaux et les avoir dirigés sur Coulommiers. Ce voyage fut long; nous
fûmes deux mois dehors de la maison. Quelle joie pour madame de nous
voir arriver!

Mon maître me dit : « Il faut que je fasse une dépense pour nos chevaux,
je vais leur faire faire de belles couvertures et des oreillères; ça les parera; je
veux qu'elles soient à raies. Allons chez M. Brodart de suite; c'est une
dépense nécessaire pour les présenter. » Tout fut terminé dans huit jours.

1. C'est-à-dire, de tous les pays du monde.

J'étais fier de voir mes beaux chevaux parés de si belles couvertures. Aussitôt M. Potier part pour Paris, va rendre compte de son emplette à son représentant[1], annonce que les vingt chevaux étaient chez lui, et que, si monseigneur voulait les voir, il venait le prévenir. « Sont-ils beaux ? dit-il. Dimanche nous serons chez vous à deux heures ; un de mes amis et son épouse, et la mienne. Nous serons quatre ; prévenez madame Potier que je lui mène deux dames. »

Leur belle chaise de poste arrive à deux heures devant la maison. Monsieur et madame les reçoivent, et les mènent tout de suite au salon, où se trouvait une collation superbe. Ces dames furent satisfaites du bon accueil de madame ; M. Potier avait invité les amis du représentant. Le dîner fut superbe ; madame invita à faire un tour de jardin qui fit plaisir à ces dames, et les messieurs visitèrent les beaux chevaux ; les couvertures firent merveille. « Ils sont très beaux, vos chevaux ; nos gardes vont être bien montés, les tailles sont superbes. Je vous fais mon compliment, je vais écrire de suite au président du Directoire ; ils seront reçus au Luxembourg ; vous pouvez les faire partir dans les vingt-quatre heures. Deux jours de repos suffiront pour les présenter ; nos messieurs seront satisfaits de les voir. Laissez-leur leurs couvertures ; ils sont bien couverts comme cela, on vous payera vos couvertures à part. Combien vous coûtent-elles ? — Quatre cents francs. — Bien ! Tout cela vous sera remboursé. Faites-les sortir, que nous les voyions dehors. Ils surpassent les chevaux de nos grenadiers ; ça montera nos sous-officiers ; ce sont de belles bêtes. Faites-les partir demain ; il vous faut trois jours, et deux jours de repos ; je serai à Paris pour les présenter à ces messieurs. »

Nous arrivâmes au Luxembourg le quatrième jour ; tout était prêt pour nous recevoir. Les beaux sous-officiers et grenadiers nous entourent, prennent nos chevaux, et les placent, on peut dire, dans un palais. Je n'avais jamais vu de si belles écuries. M. Potier nous fit ôter les couvertures pour les panser, et les grenadiers s'en chargèrent. « Vous pouvez les laisser à nos soins, dit un officier, cela nous regarde ; vous leur mettrez les couvertures après. »

Le lendemain, M. Potier reçut l'ordre de présenter ses chevaux à une heure dans l'allée des beaux marronniers du jardin. A deux heures, arrivent une vingtaine de messieurs qui admirent nos chevaux, et les font trotter. Un

---

1. Toutes les qualifications de *chef du Directoire, représentant, pair de France, gros ventres*, etc., ne concernent en réalité que le même personnage dans la pensée du brave Coignet.

Nous trouvons quatre chevaux ; on en voulait cinquante louis.

Nous trouvons quatre chevaux ; on en voulait cinquante louis.

officier vient près de moi, et me dit : « Jeune homme, on dit que vous savez
monter à cheval. — Un peu, monsieur. — Eh bien, voyons cela. Montez le
premier venu. — Ça suffit. »

Il me mène près d'un maréchal des logis, et lui dit : « Donnez votre cheval
à ce jeune garçon pour qu'il le monte. — Merci, » lui dis-je.

Comme j'étais content ! Me voilà parti au pas ; mon maître me dit : « Au
trot ! » Et je reviens de même. « Repartez au galop. » Je fendais le vent.

Je présentai mon cheval devant tous ces messieurs, et les quatre pieds sur
la même ligne : « Qu'il est beau, ce cheval ! dit-on. — Ils sont tous de même,
messieurs, dit M. Potier. Si vous voulez, mon jeune garçon vous les montera
tous. »

Ils se consultent tous ensemble, et s'arrêtent devant un cheval qui avait
eu peur. Ils me firent appeler. « Jeune homme, dit le représentant qui me
connaissait de Coulommiers, faites voir ce cheval à ces messieurs ; montez-le ! »

Je le fais trotter sur tous les sens, et au galop encore une fois. Je reviens
le présenter. On dit : « C'est bien monter ; il est hardi, votre jeune homme. »
M. Potier leur dit : « C'est lui qui a dressé le beau cheval de Mᵍʳ le
président ; personne ne pouvait le monter, il a fallu le mener en plaine,
et il l'a rendu docile comme un mouton. » Le président dit à un officier :
« Donnez un louis à ce jeune homme pour le cheval qu'il m'a dressé, et cent
francs pour ceux-ci ; il faut l'encourager. »

L'officier dit aux gardes : « Voyez ce garçon comme il manœuvre
un cheval. » Je fus bien récompensé par tout le monde ; les militaires me
pressaient les mains en disant : « C'est un plaisir de vous voir à cheval. —
Ah ! je les fais obéir, je corrige les mutins et flatte les dociles ; il faut qu'ils
plient sous moi. »

Enfin, M. Potier livre ses vingt chevaux, qui furent tous acceptés, avec
les couvertures sur un mémoire à part, et tous les frais de voyage à leur
compte. « Sans cela, leur dit M. Potier, je serais en perte. » On lui répond :
« Vous êtes connu, les remontes que vous avez fournies ne laissent rien à
désirer. — Je vous remercie, dit M. Potier. — Vous ferez trois mémoires :
on vous fera trois mandats que vous toucherez au Trésor ; ils seront signés par
le trésorier du Gouvernement et seront payés à vue. Maintenant, je vous
nomme pour recevoir six cents chevaux qui arrivent d'Allemagne ; taille de
chasseurs et hussards. Cela vous convient-il ? Il vous faut huit à dix jours
pour les recevoir. Vos appointements seront de trois francs par cheval, y

compris votre garçon, qui les montera tous ; et surtout soyez sévère, avec les chevaux allemands. Vous recevrez des ordres aussitôt l'arrivéè. —Vous pouvez compter sur moi. — Les officiers seront là pour recevoir leurs chevaux. »

M. Potier finit ses affaires, et nous partîmes pour Coulommiers, où monsieur fut bien fêté à son arrivée de ce voyage de trois mois. Toutes les affaires de la maison étaient comme monsieur le désirait. « Eh bien, mon ami, es-tu content de ton voyage? dit Mme Potier. — Je suis enchanté de ces messieurs. Tout s'est passé pour le mieux du monde. Jean s'est surpassé d'adresse ; il s'est fait remarquer de tout le monde ; de plus, il est invité à venir avec moi pour recevoir six cents chevaux de remonte pour la cavalerie, et c'est lui qui est nommé pour les monter ; tous ces messieurs l'ont compris dans les émoluments qui me sont alloués. Tu peux faire ton cadeau. Il le mérite. Il a soufflé le pion aux grenadiers du Directoire pour manier un cheval. »

Madame me mène le dimanche à la ville, et me fait cadeau d'un habillement complet. « Vous enverrez tout cela à mon mari, avec la facture acquittée. »

Combien je fus flatté de ce procédé! M. Potier me présente le paquet : « Voilà le cadeau que vous avez mérité! Il faut lui faire faire son habillement de suite. Demain nous reprendrons nos travaux au moulin ; il nous faut deux cents sacs de farine pour Paris. »

Toute la semaine fut employée au moulin. Le dimanche, nous passâmes nos chevaux en revue; monsieur et madame allèrent dîner en ville. Et moi de régaler tous les domestiques de nos voyages, racontant tout ce que j'avais vu à Paris. Le soir, j'allai chercher mes maîtres sans leur permission. Ils furent contents de cette attention, et je les ramenai à minuit. Le lendemain, je reçus mes habillements; tout était complet. « Allons, Jean! Il faut voir si tout cela va bien. » Ils me mènent dans leur chambre et président à ma toilette, disant : « On ne vous reconnaîtra plus!... Tenez, ajoute madame, voilà des cravates et des mouchoirs de poche. Je vous ai acheté une malle pour mettre toutes vos affaires. — Monsieur et madame, je suis confus de toutes vos bontés. »

Le dimanche je m'habille et parais devant tout le monde de la maison, comme si je sortais d'une boîte. Tous mes camarades de me toiser de la tête aux pieds, et tout le monde de me faire des compliments. Je les remerciai par une poignée de main, et je fus rempli d'attentions pour tous.

Les années se passaient dans une servitude douce, quoique pénible, car je me multipliais, je veillais à tous les intérêts de la maison. Des souvenirs s'étaient glissés dans ma tête, je pensais à mes frères et à ma sœur, et surtout aux deux disparus de la maison à un âge si tendre. Je n'étais pas maître de retenir des larmes sur le sort de ces deux pauvres innocents; je me disais : « Que sont-ils devenus? Les a-t-elle détruits, cette mauvaise femme? » Cette idée me poursuivait partout, je voulais m'en assurer, et je n'osais en demander la permission, par crainte de perdre ma place. Ma présence était nécessaire à la maison. Il fallut patienter et me résigner à attendre tout du sort. Les années se passaient sans ne pouvoir rien apprendre de leurs nouvelles; ma gaieté s'en ressentait, je n'avais personne à qui je pouvais conter mes peines.

Je me fortifiai dans l'agriculture, où je devins très fort, et je fus reconnu

tel. A vingt et un ans, je pouvais me passer de maître pour mener une charrue et conduire un chariot à huit chevaux.

Les ordres arrivèrent de Paris, et il fallut partir de suite pour nous rendre à l'École militaire, où nous trouvâmes un général et les officiers de hussards et de chasseurs. Mon maître fut reçu par le général pour passer les chevaux en revue; on lui remet sa nomination d'inspecteur de la remonte. Le lendemain, les chevaux étaient amenés dans le Champ de Mars, au nombre de cinquante. J'avais acheté une culotte de peau de daim et une ceinture large pour soutenir les reins; cela me coûtait trente francs.

Mon maître se promenait avec le général, qui me fit appeler : « C'est vous, me dit-il, qui êtes désigné pour monter ces chevaux; nous allons voir cela. Je suis difficile. — Soyez tranquille, général, lui dit M. Potier, il connaît son affaire. — Eh bien, à cheval ! les chevaux de chasseurs les premiers ! — Laissez-le faire, vous serez content de lui ; seulement il est très timide. — Eh bien, laissez-le, commençons par la droite, et ainsi de suite. »

Je monte le premier; personne n'eut le temps de me voir monter. Ce cheval veut faire quelques écarts; je lui allonge deux coups de cravache sous le poitrail, et lui fais faire une pirouette sous lui, et le rends docile. Je le mène au trot, je reviens au galop; je recommence au pas, c'est la marche essentielle pour la cavalerie... Je mets pied à terre, je dis à l'officier : « Marquez ce cheval *numéro* 1; il est bon. » Je dis au vétérinaire : « Voyez la bouche de tous les chevaux, et surtout les dents. Je les visiterai après. »

Je continue, je fais trois lots, et les fais marquer par le capitaine de chasseurs. Arrivé au trentième, je demande un verre de vin, que le général me fait apporter, disant : « Je vous laisse faire, jeune homme ! Dites-moi, pourquoi ces trois lots? — Le premier pour vos officiers, le deuxième pour vos chasseurs, et le troisième, réformé. — Comment réformé? — Eh bien, général, je vais me faire comprendre. Les quatre chevaux du troisième lot sont des chevaux refaits qui ne peuvent être acceptés sans une visite des experts. Voilà la sévérité que j'y mets. Cela vous regarde. Maintenant faut-il que je continue de faire mon devoir? — Oui, je vous approuve : sévère et juste. »

Je continuai toute la journée... J'avais monté cinquante chevaux; six du premier lot et quatre du second étaient mauvais; il en restait quarante pour les chasseurs. Lorsque les officiers connurent mon opération, ils me prirent la main : « Vous savez faire votre devoir, nous ne serons pas trompés. — Vous avez, dis-je, six chevaux parfaits, ils peuvent monter des officiers. »

Le général me fit venir près de lui, il était près de M. Potier avec son aide de camp : « Vous avez bien opéré, je vous ai suivi de l'œil, je suis content de vous. Continuez... Vous devez être fatigué ; demain nous prendrons les chevaux de hussards, vous opérerez de même. A onze heures ! — Ça suffit, général. — Savez-vous écrire ? — Non, général. — J'en suis fâché, je vous aurais pris avec moi. — Je vous remercie ; je ne quitte pas mon maître ; c'est lui qui m'a élevé. — Vous êtes un fidèle garçon. »

Il fit appeler les officiers, et leur dit : « Vous allez vous emparer de ce jeune homme. Faites-le dîner avec vous ; il travaille dans vos intérêts. Que les fournisseurs ne lui parlent pas ! Vous le ramènerez chez moi à neuf heures. Monsieur l'inspecteur vient dîner avec moi. »

Je fus fêté de tous les officiers : le dîner fut très gai. A neuf heures, nous arrivâmes chez le général, et le café fut servi ; je reçus l'accueil le plus aimable de la part du général : « Demain nous visiterons les chevaux que vous devez monter, et je vous ferai seconder par un maréchal des logis qui monte bien, cela vous avancera. — Je lui ferai monter les juments. — Pourquoi cela ? — Général, la jument est meilleure que le cheval hongre ; elle résiste mieux à la fatigue ; je l'examinerai avant de faire monter. — Ah ! pour le coup, je suis content de votre observation. Je l'approuve. — Si votre militaire est content de sa jument, il la mettra au premier lot, et ainsi de suite ; moi, de même. — Eh bien, messieurs, que dites-vous de cela ? Nous sommes bien tombés. On ne nous donnera plus de ces mauvais chevaux qui ne durent pas six mois. — — Je puis me tromper, mais je ferai de mon mieux. — Allons, messieurs, à demain, onze heures précises ! »

Nous prîmes congé du général ; mon maître me mit en voiture pour gagner notre hôtel. « Jean, le général est content de vous ; il est enchanté. Tâchons de faire une bonne journée demain. Comme vous serez deux, il faudrait pouvoir recevoir cent chevaux. Ça nous avancerait beaucoup. — Je ferai mon possible. »

Le lendemain, à dix heures, nous reçûmes la visite du capitaine de hussards ; mon maître lui dit : « Faites-moi l'amitié d'accepter une côtelette et une tasse de café. Nous partons de suite. Le fiacre est prêt. — Dépêchons-nous ! Le général ne plaisante pas. »

A dix heures et demie, nous étions près du Champ de Mars à voir les chevaux; mon maître me dit : « Préparez encore cinquante chevaux. »

A onze heures, le général arrive; nous passons les chevaux en revue, et nous montâmes à cheval deux à la fois.

Ces chevaux étaient charmants; je fus content, je le dis au général, qui fut content aussi. Il n'en fut réformé que deux sur cent. Ces pauvres marchands de chevaux n'étaient plus si chagrins que la veille. Enfin, nous reçûmes cent chevaux par jour, et tout fut terminé en neuf jours. Je fus bien remercié de tous les officiers et du général, qui me fit remettre trente francs pour les dix chevaux réformés. Je fus avec mon maître remercier le général, qui nous dit : « J'ai fait mon rapport du soin que vous avez mis dans le choix des chevaux pour les officiers, et de la réforme que vous avez faite. C'est ce qui a fait donner trente francs de récompense à votre jeune homme. »

Je remercie, et nous allâmes finir nos affaires; mon maître toucha dix-huit cents francs pour son voyage, et nous partîmes le lendemain pour Coulommiers. Mon maître me dit : « Nous avons mené notre affaire grand train, et tout le monde est content. »

Je lui dis : « Si jamais je suis soldat, je ferai mon possible pour être dans les hussards; ils sont trop beaux! — Il ne faut pas penser à cela; nous verrons plus tard; ce sera mon affaire : le métier de soldat n'est pas tout rose, je vous en préviens. — Je le crois; aussi je ne suis pas parti; il faudrait que je fusse forcé de partir pour vous quitter. — Eh bien, je suis content de votre réponse. »

Nous arrivâmes à la maison le samedi, et le dimanche fut une fête pour tout le monde; monsieur ne tarissait pas sur mon compte. Je me remis à mes occupations habituelles; mais un jour je fus invité à passer à la mairie. Là, on me demande mes nom et prénoms, ma profession, mon âge.

« Je me nomme Jean-Roch Coignet, né à Druyes-les-Belles-Fontaines, département de l'Yonne. — Quel âge avez-vous? — Je suis né le 16 août 1776. — Vous pouvez vous retirer. »

Ça me mit martel en tête : « Que diable me veulent-ils? Je n'ai pourtant rien fait. » Je dis cela de suite à mes maîtres, qui me disent : « C'est pour vous enregistrer pour la conscription. — Je vais donc être soldat? — Pas encore, mais c'est une mesure qu'ils prennent. Si vous voulez, nous vous achèterons un homme. — Je vous remercie; nous verrons cela plus tard. »

Je me trouvais accablé de cette nouvelle; j'aurais voulu être parti de suite; mais cela se prolongea jusqu'au mois d'août, où j'eus tout le temps de faire toutes mes réflexions. Ma tête travaillait nuit et jour; je me voyais sur le point de quitter cette maison où j'avais passé des jours si heureux, avec de si bons maîtres et de bons camarades.

Je termine la première partie de mon ouvrage, pour ne pas faire trop de répétitions qui pourraient ennuyer. Je vais commencer mon état militaire. J'ai fini la première partie de mes peines; celles-là ne sont que des roses.

DEUXIÈME CAHIER

Départ pour l'armée. — Ma vie militaire jusqu'à la bataille de Montebello.

Le 6 fructidor an VII, deux gendarmes se présentèrent pour me donner une feuille de route pour partir le 10 fructidor pour Fontainebleau. Je fis de suite mes préparatifs pour partir; on voulait me faire remplacer; je remerciai en pleurant : « Je vous promets que je reviendrai avec un fusil d'argent, ou je serai tué! » Mes adieux furent tristes; je fus comblé d'égards par tout le monde, conduit un bout de chemin, et bien embrassé. Mon petit paquet sous le bras, je viens coucher à Rozoy, première étape militaire. J'allai chercher mon billet de logement, que je présente à mon hôte, qui ne fait pas attention à moi. Je sors, et vais acheter un pot-au-feu, que le boucher me mit dans la main. Je fus blessé de voir cette viande dans le creux de ma main. Je la présente à ma bourgeoise pour qu'elle ait la complaisance de me la faire cuire, et je vais lui chercher des légumes. On finit par mettre mon petit pot-au-feu; j'eus alors les bonnes grâces de mes hôtes, qui voulurent bien m'adresser la parole; mais je ne leur en tins aucun compte.

Le lendemain, j'arrive à Fontainebleau, où des officiers peu ardents au service nous reçurent et nous mirent dans une caserne en très mauvais état. Notre beau bataillon s'est formé dans la quinzaine; il était de 1800 hommes. Comme il n'y avait pas de discipline, il se forma tout de suite une révolution, et la moitié s'en allèrent chez eux. Le chef de bataillon en fit son rapport à Paris, et il fut accordé quinze jours pour rejoindre le bataillon, sans quoi on serait porté déserteur et poursuivi comme tel.

Le général Lefebvre fut envoyé de suite pour nous organiser. On fit former les compagnies, et tirer les grenadiers; je fus du nombre de cette compagnie qui se montait à cent vingt-cinq hommes, et nous fûmes habillés de suite. Nous reçûmes tout au grand complet, et de suite à l'exercice deux fois par jour!... Les retardataires furent ramenés par les gendarmes, et l'on nous mit à la raison.

Le dimanche, c'était le décadi[1] pour tout le bataillon. Il fallait chanter *la Victoire*, et les officiers brandissaient leurs sabres, l'église en retentissait. Et puis on criait : « Vive la République! » Tous les soirs, autour de l'arbre de la liberté, qui était dans la belle rue, il fallait chanter : *Les aristocrates à la lanterne!* Comme c'était amusant!

Cette vie dura à peu près deux mois, lorsque la nouvelle circula, dans les journaux, que le général Bonaparte était débarqué, qu'il venait à Paris, et que c'était un grand général. Nos officiers en devenaient fous, parce que le chef de bataillon le connaissait, et ce fut une joie dans le bataillon. On nous passait des revues de propreté; on faisait porter et présenter les armes, croiser la baïonnette; on voulait nous faire soldats dans deux mois. Nous en avions des durillons dans les mains à force de taper sur la crosse de nos fusils. Toute la journée sous les armes! Nos officiers nous colletaient, ajustaient nos habillements; ils se mettaient en quatre pour que rien n'y manquât.

Enfin, il nous arrive un courrier que Bonaparte passerait à Fontainebleau, et qu'il devait passer la nuit. On nous mit sous les armes toute la journée, et rien ne venait. On ne voulait pas nous donner le temps de manger; les boulangers et les traiteurs de la grande rue firent une bonne recette. Des vedettes furent placées dans la forêt; à chaque instant on criait : *Aux*

---

1. Le décadi remplaçait le dimanche comme jour consacré au repos; mais il n'arrivait que tous les dix jours. *Chanter la Victoire* veut dire ici *chanter le Chant du Départ*, qui commence par ces mots : « La victoire en chantant... », etc.

armes! et tout le monde au balcon, mais en pure perte, car Bonaparte n'arriva qu'à minuit.

Dans la grande rue de Fontainebleau, où il mit pied à terre, il fut enchanté de voir un si joli bataillon. Il fit venir les officiers autour de lui, et leur donna l'ordre de partir pour Courbevoie[1]. Il remonte dans sa voiture, et nous de crier : « Vive Bonaparte! » et de rentrer dans nos casernes faire nos sacs, faire lever les blanchisseuses, et payer partout.

Nous venons coucher à Corbeil; nous y fûmes reçus en enfants du pays par tous les habitants, et le lendemain nous partîmes pour Courbevoie, où nous trouvâmes une caserne dépourvue de tout le nécessaire; même pas de paille pour nous coucher! Nous fûmes obligés d'aller chercher les paisseaux dans les vignes pour nous chauffer et faire bouillir nos marmites.

Nous ne restâmes que trois jours, et nous reçûmes l'ordre de partir pour l'École militaire, où l'on nous mit dans des chambres qui ne contenaient que des paillasses, et au moins cent hommes dans chaque chambre. Puis on nous fit la distribution de trois paquets de cartouches (de quinze par paquet); et trois jours après, l'on nous fit partir pour Saint-Cloud, où nous vîmes des canons partout, des cavaliers enveloppés dans leurs manteaux. On nous dit que c'étaient des *gros talons*[2], que c'était la foudre quand ils chargeaient sur l'ennemi, qu'ils étaient couverts de fer. Tout cela n'était pas; ils avaient seulement de vilains chapeaux à trois cornes et deux plaques de fer en croix sur la forme de leurs chapeaux. Ces hommes ressemblaient à de gros paysans, avec des chevaux gros, pesants à faire trembler la terre, et des sabres de quatre pieds. Voilà les hommes de notre grosse cavalerie qui furent plus tard nos beaux cuirassiers, qui se nommèrent les *gilets de fer*. Enfin, ce régiment était à Saint-Cloud. Les grenadiers du Directoire et des Cinq-Cents, dans la première cour, formaient la haie; une demi-brigade d'infanterie était près de la grande grille, et quatre compagnies de grenadiers derrière la garde du Directoire.

On entend crier : « Vive Bonaparte! » de tous côtés, et il paraît. Les

1. Cette visite dut être faite, non au retour d'Égypte, mais un peu avant le coup d'État, qui lui fut postérieur d'un mois. A une époque où les soldats ne lisaient point les journaux, il ne faut pas s'étonner de telles erreurs. On avait dit à Coignet que le général arrivait d'Égypte, et il en a conclu qu'il n'était pas allé à Paris. De même, l'ordre de départ dut être transmis seulement, et non donné par Bonaparte.

2. Des cuirassiers, ainsi appelés à cause de leurs bottes fortes. On les appela ensuite *gilets de fer*, à cause de leurs cuirasses.

tambours battent aux champs : il passe devant le beau corps de grenadiers, salue tout le monde, nous fait mettre en bataille, et parle aux chefs. Il était à pied, il avait un petit chapeau et une petite épée; il monte les degrés seul.

Tout à coup nous entendons des cris, et Bonaparte de sortir et de tirer sa petite épée, et de remonter avec un peloton de grenadiers de la garde. Et puis on crie encore plus fort; les grenadiers étaient sur le perron et dans l'entrée. Et puis nous voyons de gros messieurs[1] qui passaient par les croisées; les manteaux, les beaux bonnets et les plumes tombaient par terre; les grenadiers arrachaient les galons de ces beaux manteaux[2].

A trois heures, on nous donne l'ordre de partir pour Paris, mais les grenadiers ne partirent pas avec nous. Nous mourions de faim; en arrivant, on fit la distribution d'eau-de-vie. Les Parisiens nous serraient de tous les côtés pour savoir des nouvelles de Saint-Cloud; nous ne pouvions pas passer dans les rues pour arriver au Luxembourg, où l'on nous mit dans une chapelle, en entrant dans le jardin (il fallait monter des marches). Et puis, à gauche, c'était une grande pièce voûtée que l'on dit être la sacristie, où l'on nous fit établir de grandes marmites pour quatre cents grenadiers. Devant le corps de bâtiment, il y avait de beaux tilleuls, mais cette belle place devant le palais, ce n'étaient que des masures démolies. Il n'existait dans ce beau jardin que les vieux marronniers qui y sont encore, et une sortie derrière, au bout de notre chapelle. C'était pitié de voir ce beau jardin avec des démolitions.

Voilà qu'il nous arrive un beau grenadier qui se présente avec le chef de bataillon qui fait prendre les armes pour recevoir M. Thomas (ou Thomé) pour lieutenant dans la 96e demi-brigade; et là, sur-le-champ, il nous dit : « C'est moi qui ai sauvé la vie avec mon camarade à Bonaparte. La première fois qu'il est entré dans la salle, deux ont *foncé* sur lui avec deux poignards, et c'est moi et mon camarade qui avons paré les coups. Et puis il est sorti; ils lui criaient : *Hors la loi!* C'est là qu'il a tiré son épée, et nous a fait croiser la baïonnette, et leur a crié : *Hors la salle!* en appelant son frère. Tous les *pigeons pattus* se sont sauvés par les croisées, et nous avons été maîtres de la salle[3]. »

Il nous dit encore que Joséphine lui avait donné une bague qui valait bien

<hr />

1. Les *gros messieurs* étaient les représentants de la nation.
2. Le manteau et la toque à plume faisaient alors partie de la tenue parlementaire.
3. Le récit pèche par l'exactitude. C'est sur la réquisition du président de l'Assemblée que la force armée est survenue. Mais un grenadier qui se fait valoir n'est pas toujours un historien. Son mot de *pigeons pattus* fait sans doute allusion aux bouffettes des souliers.

quinze mille francs, avec défense de la vendre, disant qu'elle pourvoirait à tous ses besoins.

Tout notre beau bataillon fut définitivement incorporé dans la 96ᵉ demi-brigade de ligne, vieux soldats à l'épreuve qui avaient des officiers distingués qui nous menaient ferme. Notre colonel se nommait M. Lepreux, natif de

Paris, bon soldat et doux à ses officiers. Notre capitaine se nommait Merle, il possédait tous les talents militaires. Sévère, juste, toujours avec ses grenadiers aux distributions, à l'exercice deux fois par jour, sévère pour la discipline, il assistait aux repas; il nous faisait apprendre à tirer des armes. Tout notre temps se trouvait employé; dans trois mois, nos compagnies pouvaient manœuvrer devant le premier Consul.

Je devins très fort dans les armes; j'étais souple, j'avais deux bons maîtres d'armes qui me poussèrent. Ils m'avaient tâté, et ils avaient senti ma ceinture; ils me faisaient la cour. Je leur payais la goutte; il fallait cela à ces deux ivrognes. Je n'eus pas lieu de m'en plaindre, car, au bout de deux mois, ils me mirent à une forte épreuve; ils me firent chercher une querelle (et je puis dire, sans sujet). « Allons! me dit ce *crâne*[1], prends ton sabre! Et que je te tire une petite goutte de sang! — Eh bien, voyons, monsieur le faquin. — Prends un témoin. — Je n'en ai pas. » Et mon vieux maître, qui était du complot, me dit : « Veux-tu que je sois ton témoin? — Je le veux bien, mon père Palbrois. — En route, dit-il, pas tant de raisons! »

Et nous voilà partis tous les quatre : nous ne fûmes pas loin dans le jardin du Luxembourg, il s'y trouvait de vieilles masures, et ils me mènent entre deux vieux murs. Là, habit bas, je me mets en garde. « Eh bien, attaque le premier, lui dis-je. — Non, me dit-il. — Eh bien, en garde! »

Je fonce sur lui; je ne lui donnais pas le temps de se reconnaître. Voilà mon maître qui se met en travers, le sabre à la main. Je le repoussais, disant : « Otez-vous, que je le tue! — Allons! c'est fini, embrassez-vous! Et nous allons boire une bouteille. » Je disais : « Et cette goutte de sang, il n'en veut donc plus? — C'est pour rire, » me dit mon maître.

Je fus reconnu pour un bon grenadier. Je vis où ils voulaient en venir, c'était une épreuve pour me faire payer l'écot; c'est ce que je fis de bonne grâce, et ils m'en tinrent bon compte. Le grenadier qui voulait me tuer le matin, fut le meilleur de mes amis, il eut tous les égards pour moi, il me rendait de petits services.

Mes deux maîtres me poussèrent ferme : quatre heures d'exercice, deux heures de salle d'armes, ce qui faisait six heures par jour. Cette vie dura trois mois, et je payais bien des gouttes à ces ivrognes. Heureusement que M. et Mme Potier avaient garni ma ceinture. Je m'en sentis longtemps.

Nous passâmes l'hiver à Paris. La revue du premier Consul eut lieu au mois de février aux Tuileries; les trois demi-brigades (24ᵉ légère, 43ᵉ de ligne et 96ᵉ de ligne) formaient une division de quinze mille hommes, dont il donna le commandement au général Chambarlhac. Le premier Consul nous fit manœuvrer, passa dans les rangs et fut content; il fit appeler les colonels, et voulut voir les conscrits à part. On lui présenta la compagnie de grenadiers du bataillon de Seine-et-Marne; il dit à notre capitaine Merle de nous faire manœuvrer devant lui. Il fut surpris : « Mais ce sont des vieux que vous faites manœuvrer. — Non, lui dit le capitaine, c'est la compagnie du bataillon

---

1. On appelait *crânes* les fiers-à-bras de ce temps-là. En disant *ce crâne*, bien qu'il n'en ait pas encore parlé, Coignet use d'une tournure familière dans le peuple.

auxiliaire qui a été formé à Fontainebleau. — Je suis content de cette compagnie. Faites-la rentrer au bataillon. Tenez-vous prêts à partir. »

Nous reçûmes l'ordre de partir pour le camp de Dijon qui n'existait pas, car je ne l'ai pas vu. Nous partîmes, toute la division ensemble, pour Corbeil, où Chambarlhac nous fit camper dans les vignes de ce brave département de Seine-et-Marne qui avait fait tant de sacrifices pour notre bataillon. Tout le long de la route nous avons ainsi campé. D'Auxerre, il nous amène à Saint-Nitasse; les citoyens voulaient nous loger, ils nous amenaient des voitures de bois et de paille. Tout cela fut inutile; il fallut brûler leurs paisseaux et couper leurs peupliers. On nous appelait les *brigands de Chambarlhac;* cependant il ne couchait pas au bivouac avec ses soldats. Cette vie dura jusqu'à Dijon, où l'on nous logea chez le bourgeois; nous y restâmes près de six semaines.

Le général Lannes forma son avant-garde, et il partit pour la Suisse. Nous ne partîmes que les derniers de Dijon pour Auxonne, où nous logeâmes. Le lendemain à Dôle, où nous ne fîmes que coucher, et de là à Poligny. De là à Morez; le lendemain nous fûmes coucher aux Rousses; de là à Nyon, où nous fîmes toute notre petite réunion dans une belle plaine. Nous passâmes la revue du premier Consul assisté de ses généraux, dont Lannes faisait partie. On nous fit manœuvrer et former des carrés. Le Consul nous tint toute la journée; il nous fit défiler, et le lendemain nous partîmes pour Lausanne, une très jolie ville. Le Consul y coucha, et nous fûmes bien reçus.

De ces côtés, on arrive sur une hauteur boisée qui domine toute l'étendue du pays, on découvre Genève à droite, de l'autre côté du lac; on aperçoit le rivage boisé à perte de vue qui longe ce lac majestueux bordé de rochers, avec une eau bleue, dans toute sa longueur. On prend à gauche le chemin qui longe cette belle côte, cultivée en amphithéâtre. Ce ne sont que des murs garnis d'espaliers jusqu'au sommet. Cette côte est une richesse pour tout le pays; c'est un chef-d'œuvre de la nature. Dans tous les villages de la Suisse, pays de montagnes et de bois, il faut des guides pour conduire. C'est un bon peuple pour le soldat; nous ne partions pas sans un bon morceau de jambon dans du papier. On nous reconduisait sur notre route, car il y avait de quoi se perdre.

De Lausanne, après avoir tourné le lac de Genève, on remonte la vallée du Rhône, et l'on arrive à Saint-Maurice. De là nous partîmes pour Martigny.

Tous ces villages sont tout ce que l'on peut voir de plus malheureux. On prend une autre vallée que l'on peut dire la vallée de l'Enfer ; là on quitte la vallée du Rhône, pour prendre la vallée qui conduit au Saint-Bernard, et l'on arrive au bourg de Saint-Pierre, situé au pied de la gorge du Saint-Bernard. Ce village n'est composé que de baraques couvertes de planches, avec des granges d'une grandeur immense où nous couchâmes tous pêle-mêle.

Là on démonta tout notre petit parc, le Consul présent. On mit chacune de nos pièces de canon dans une auge ; au bout de cette auge, il y avait une grande mortaise pour conduire notre pièce gouvernée par un canonnier fort et intelligent, qui commandait quarante grenadiers. Avec le silence le plus absolu, il faut lui obéir, à tous les mouvements que sa pièce pourrait faire. S'il disait : *Halte!* il ne fallait plus bouger ; s'il disait : *En avant!* il fallait partir. — Enfin il était maître.

Tout fut prêt pour le lendemain matin au petit jour, et l'on nous fit la distribution de biscuits. Je les enfilai dans une corde pendue à mon cou (le chapelet me gênait beaucoup). Et l'on nous donna deux paires de souliers. Le même soir, notre canonnier forma son attelage, qui se montait de quarante grenadiers par pièce ; vingt pour traîner la pièce (dix de chaque côté, tenant des bâtons en travers de la corde qui servait de prolonge), et les vingt autres portaient les fusils, les roues et le caisson de la pièce. Le Consul avait eu la précaution de faire réunir tous les montagnards pour ramasser toutes les pièces qui pourraient rester en arrière, leur promettant six francs par voyage et deux rations par jour. Par ce moyen, tout fut rassemblé au lieu du rendez-vous, et rien ne fut perdu.

Le matin, au point du jour, notre maître nous place tous les vingt à notre pièce : dix de chaque côté. Moi, je me trouvais le premier devant, à droite ; c'était le côté le plus périlleux, car c'était le côté des précipices. Et nous voilà partis avec nos trois pièces. Deux hommes portaient un essieu ; deux portaient une roue ; quatre portaient le dessus du caisson ; huit, le coffre ; huit autres, les fusils. Tout le monde était occupé, chacun à son poste.

Ce voyage fut des plus pénibles. De temps en temps, on criait : *Halte!* ou *En avant!* Et personne ne disait mot. Tout cela n'était que pour rire ; mais, arrivés aux neiges, ça devient tout à fait sérieux. Le sentier était couvert de glace qui coupait nos souliers, et notre canonnier ne pouvait être maître de sa pièce

qui glissait; il fallait la remonter. Il fallait le courage de cet homme pour y
tenir : *Halte!... En avant!...* criait-il à chaque instant. Et tout le monde
restait silencieux.

Nous fîmes une lieue dans ce pénible chemin; il fallut nous donner un

moment de
répit pour mettre des
souliers (les nôtres étaient en
lambeaux) et casser un morceau de biscuit. Comme je
détachais ma corde autour de
mon cou pour en prendre un,
ma corde m'échappe; et tous
mes biscuits dégringolent dans le précipice. Quelle douleur pour moi de me
voir sans pain ! Et mes quarante camarades de rire comme des fous ! « Allons,
dit notre canonnier, il faut faire la quête pour mon cheval de devant, qui
entend à la parole [1]. »

Cela fit rire tous mes camarades. « Allons, dirent-ils tous, il faut donner
chacun un biscuit à notre cheval de devant. »

Et la gaieté reparaît en moi-même. Je les remerciai de tout mon cœur,
et je me trouvais plus riche que mes camarades. Nous voilà partis bien
chaussés de souliers neufs. « Allons, mes chevaux, dit notre canonnier, à vos
postes, en avant! Gagnons les neiges, nous serons mieux, nous n'aurons
pas tant de peine. »

1. C'est-à-dire, qui comprend le commandement dès le premier mot.

Nous atteignîmes ces horreurs de neiges perpétuelles, et nous étions mieux, notre canot glissait plus vite. Voilà que le général Chambarlhac passe et veut faire allonger le pas; il va vers le canonnier et prend le ton de maître, mais il fut mal reçu.

« Ce n'est pas vous qui commandez ma pièce, dit le canonnier, c'est moi qui en suis responsable. Aussi, passez votre chemin! Ces grenadiers ne vous appartiennent pas dans ce moment, c'est moi seul qui les commande. »

Il voulut venir vers le canonnier; mais celui-ci fit faire halte. « Si vous ne vous retirez pas de vers ma pièce, dit-il, je vous assomme d'un coup de levier. Passez, ou je vous jette dans le précipice! »

Il fut contraint de passer son chemin, et nous arrivâmes avec des efforts inouïs au pied du couvent. A quatre cents pas, la montée est très rapide, et là nous vîmes que des troupes avaient passé devant nous. Le chemin était frayé; pour gagner le couvent, on avait formé des marches. Nous déposâmes nos trois pièces, et nous entrâmes quatre cents grenadiers, avec une partie de nos officiers, dans la maison de Dieu où ces hommes dévoués à l'humanité sont pour secourir tous les passagers et leur donner l'assistance. Leurs chiens sont toujours en faction pour guider les malheureux qui pourraient tomber dans les avalanches de neige, et les reconduisent dans cette maison où l'on trouve tous les secours dus à l'humanité.

Pendant que nos officiers et notre colonel étaient dans les salles avec de bons feux, nous reçûmes de ces hommes vénérables un seau de vin pour douze hommes, un quarteron de fromage de Gruyère et une livre de pain. On nous mit dans des corridors très larges. Ces bons religieux nous firent tout ce qui dépendait d'eux, et je crois qu'ils furent bien traités.

Pour notre compte, nous serrâmes les mains de ces bons pères en les quittant, et nous embrassions leurs chiens qui nous caressaient comme s'ils nous connaissaient. Je ne puis trouver d'expressions dans mon intelligence pour pouvoir exprimer toute la vénération que je porte à ces hommes.

Nos officiers décidèrent de prendre nos pièces pour les descendre, et notre tâche fut terminée là. Notre brave capitaine Merle fut désigné pour conduire les trois compagnies. On passe sur le lac qui est au pied du couvent, où nous vîmes, en une place, que la glace était trouée. Le bon religieux qui nous fit faire le tour nous dit que c'était la première fois depuis quarante ans qu'il avait vu l'eau. Il serra la main de notre capitaine et nous salua tous.

On redescend à pic, on arrive à Saint-Rémy. Ce village est tout à fait dans des enfers de neige ; les maisons sont très basses et couvertes en laves très larges; nous y passâmes la nuit. Je me fourrai dans le fond d'une écurie où je trouvai de la paille, et je passai une bonne nuit avec une vingtaine de mes camarades; nous n'eûmes pas froid. Le matin, rappel, et départ pour faire trois lieues plus loin. Enfin nous sortîmes de l'enfer pour descendre au paradis. « Ménagez vos biscuits, nous dit notre capitaine, nous ne sommes pas dans le Piémont. Nous avons de mauvais passages pour arriver en Italie. »

Nous arrivâmes au rendez-vous du rassemblement de tous les régiments, qui était une longue gorge et un village adossé à cette montagne. A droite, une pente rapide qui montait à un rocher très élevé. Dans cette plaine, tout notre matériel se réunit dans deux jours. Nos braves officiers arrivèrent sans bottes, n'ayant plus de drap aux manches de leurs redingotes; ils faisaient pitié à voir.

Mais ce rendez-vous, c'était le bout du monde, il n'y avait pas de chemin pour passer. Le premier Consul arrive, et fait de suite apporter des pièces de bois très fortes; il se présente avec tous ses ingénieurs, et fait faire un trou dans ce rocher qui était au bord d'un précipice. Cette roche était comme si on l'avait sciée [1]. Une première pièce de charpente est posée dans le trou. Il en fit mettre une autre en travers (ce fut le plus difficile à faire), et un homme au bout.

Lorsque la deuxième pièce fut posée, avec des poutres sur les deux premières, il ne fut plus difficile d'établir notre pont. On fit mettre des garde-fous du côté du précipice, et ce chef-d'œuvre fut terminé dans deux jours. Durant ce temps, tout notre matériel fut remonté, et rien ne fut perdu.

De l'autre côté, on pouvait descendre facilement dans la vallée qui conduit au fort de Bard, qui est entouré de rochers. Ce fort est imprenable; il ne peut être battu en brèche; ce n'est qu'un roc et des rochers tout autour qui le dominent et que l'on ne peut franchir. Là le Consul prit bien des prises de tabac, et eut fort à faire avec tout son grand génie. Ses ingénieurs se mirent à l'œuvre pour passer à portée des canons. Ils découvrirent un sentier dans des murgers [2] de pierres, qui avaient plus de deux cents toises de long, et il le fit aplanir. Ce sentier arrivait vers le pied d'une montagne; il fit fabriquer un

1. C'est-à-dire, cette roche était à pic, aussi droite que si elle était sciée.
2. Amoncellements de pierres. (Expression usitée dans l'est de la France.)

sentier dans le flanc de cette montagne à coups de masses de fer, pour pouvoir faire passer un cheval. Mais ce n'était pas le plus difficile à faire. Le matériel était là, dans un petit enfoncement à l'abri, mais il ne pouvait monter le sentier, il fallait passer près du fort. Et voilà qu'il prend toutes ses mesures; il commence par placer deux pièces sur la route en face du fort, et fait tirer dessus. Il fallut les retirer tout de suite, car un boulet entra dans une de nos pièces. Il envoya un parlementaire pour sommer le chef du fort de se rendre, mais la réponse ne fut pas en notre faveur; il fallut agir de finesse. Il choisit de bons tirailleurs et leur donna des vivres et des cartouches, les plaça dans des fentes, leur fit faire des niches dans des roches qui dominaient le fort. Leur feu tombait sur le dos des soldats; ils ne pouvaient faire aucun mouvement dans leur cour. Le même jour, il découvrit, à gauche du fort, une roche plate très large. Il en fit de suite faire la reconnaissance pour y monter deux pièces. Les hommes, les cordages, tout fut mis à l'œuvre, et les deux pièces placées sur cette plate-forme qui dominait de cent pieds le fort. Elles le foudroyaient à mitraille, et ils ne pouvaient sortir, dans le jour, de leurs casemates; mais il restait nos pièces et nos caissons qu'il fallait passer.

Dès que Bonaparte apprit que les chevaux du train étaient passés, il fit ses préparatifs pour faire passer son artillerie sous les murs du fort; il fit empailler les roues et tout ce qui pouvait faire du bruit, jusqu'à nos souliers, pour ne pas éveiller l'attention. Tout fut prêt à minuit. Les canonniers de notre demi-brigade demandèrent des grenadiers pour le passage de leur artillerie, et l'on nomma vingt hommes qui avaient monté le mont Saint-Bernard. Je fus du nombre avec le même canonnier qu'au passage du Saint-Bernard; il me mit à la tête de la première pièce, et tout le monde à son poste. Nous eûmes le signal du départ; il ne fallait pas souffler. Nous passâmes sans être aperçus.

Arrivés de l'autre côté, on tourne à gauche tout court; en longeant le chemin de quarante pas, on se trouve garanti par le rocher qui tend la tête sur le chemin et masque le fort. Nous trouvâmes les chevaux tout prêts; ils furent de suite attelés et partis. Nous revînmes par le même chemin sur la pointe du pied, *à la queue au loup* [1]; mais ils nous entendirent et nous lancèrent des grenades par-dessus le rempart. Comme elles tombaient de l'autre côté du chemin, nous ne fûmes pas atteints, personne; nous en fûmes quittes pour la peur, et nous revînmes prendre nos fusils. On fit là une faute; il fallait mettre

1. Un à un, en se tenant l'un à l'autre par le pan de l'habit.

Le Consul fit fabriquer un sentier dans le flanc de la montagne

pour pouvoir faire passer un cheval.

Le Consul fit fabriquer un sentier dans le flanc de la montagne

pour pouvoir faire passer un cheval.

nos fusils sur les caissons, et nous faire continuer *notre chemin*; on nous a exposés, mais on ne pense pas à tout.

En arrivant de notre pénible corvée, le colonel nous fit compliment de notre bon succès. « Je vous croyais perdus, mes braves. » Notre capitaine nous fit former le cercle autour de lui, et nous dit : « Mes grenadiers, vous venez de remplir une belle mission. C'est une bonne épreuve pour la compagnie ! » Il nous serra la main à tous, et me dit : « Je suis content de votre premier début, je vous noterai. » Et il me serra fortement le bras, en répétant : « Je suis content ! »

Et nous de répondre : « Capitaine, nous vous aimons tous. — Ah ! c'est bien, je m'en rappellerai, je vous remercie. »

Nous remontâmes ce sentier si rapide, et, arrivés au sommet de cette montagne, on découvrit les belles plaines du Piémont. La descente est praticable, et nous nous trouvâmes descendus dans le paradis, à marches forcées jusqu'à Turin, où les habitants furent surpris de voir arriver une armée avec son artillerie.

C'est la ville la mieux bâtie de l'Europe ; elle est bâtie sur un même modèle ; toutes les maisons sont pareilles, avec des ruisseaux d'une eau limpide ; toutes les rues sont droites, des rues magnifiques. Nous partîmes le lendemain pour Milan ; nous n'eûmes point de séjour ; la marche fut forcée. Nous fîmes notre entrée dans la belle ville de Milan, où tout le monde formait la haie pour nous voir. Ce peuple est magnifique. La rue qui va à la porte de Rome est tout ce que l'on peut voir de plus beau. En sortant de cette porte, à droite, nous trouvâmes un camp tout formé, et les baraques toutes faites ; nous vîmes qu'il y avait une armée devant nous. On nous fit former les faisceaux ; on commande des hommes de corvée pour aller aux vivres, et je fus du nombre ; personne ne pouvait rentrer en ville. Je me détachai durant la distribution pour voir la cathédrale : l'œil ne peut voir rien de pareil, tout n'est que colonnes en marbre blanc. Je revins porter mon sac de pain, et l'on nous fit une bonne distribution.

Nous partîmes le lendemain matin, et nous prîmes à droite pour descendre sur le Pô, qui est un fleuve très profond. Là nous trouvâmes un pont volant qui pouvait contenir cinq cents hommes, et, au moyen d'une grosse corde qui traversait le fleuve, on parvenait de l'autre côté en tirant la corde. Cela demanda beaucoup de temps, surtout pour notre artillerie. Nous arrivâmes fort tard sur des hauteurs toutes ravagées, où nous couchâmes. On fit partir notre division pour Plaisance, une superbe ville. Le général Lannes battait les Autrichiens, et les rabattait sur le Pô. Et nous, de nous porter sur tous les points sans nous battre ; on nous faisait marcher de tous les côtés au secours des divisions d'avant-garde, et nous ne brûlâmes pas une cartouche. Ce n'étaient que des manœuvres.

Nous redescendîmes sur le Pô. Là les Autrichiens s'emparèrent des hauteurs, avant d'arriver à Montebello. Leur artillerie ravageait toutes nos troupes qui montaient ; il fallut faire marcher la 24ᵉ et la 43ᵉ demi-brigade pour être maîtres de ces positions. Enfin le général Lannes les renversa sur Montebello, et les poursuivit jusqu'à la nuit. Le lendemain, il leur souhaitait le bonjour, et notre demi-brigade occupa les hauteurs qui coûtèrent tant de peine à prendre, vu qu'ils étaient le double de nous. Nous partîmes le matin pour suivre le mouvement de cette grosse avant-garde, et l'on nous plaça à une demi-lieue en arrière de Montebello, dans une belle plantation de mûriers, dans une allée très large. On nous fit former les faisceaux par bataillon.

Nous étions à nous régaler de mûres (les arbres en étaient chargés), lorsque, sur les onze heures, nous entendîmes la canonnade. Nous la croyions très loin. Pas du tout! Elle se rapprochait de nous. Il arrive un aide de camp pour nous faire avancer le plus vite possible. Le général était forcé de tous les côtés. « Aux armes ! dit notre colonel, allons, mon brave régiment ! c'est notre tour aujourd'hui de nous signaler ! » Et nous de crier : « Vive notre colonel, vivent nos bons officiers ! »

Notre capitaine, avec ses cent soixante-quatorze grenadiers, dit : « Je réponds de ma compagnie. Je serai le premier à la tête. »

On nous met par sections sur la route, on nous fait charger nos armes en marchant, et c'est là que je mis ma première cartouche dans mon fusil. Je fis le signe de la croix avec ma cartouche, et elle me porta bonheur. Nous arrivons à l'entrée du village de Montebello, où nous voyons beaucoup de blessés, et voilà la charge qui bat...

Je me trouvai à la première section, au troisième rang, par mon rang de

taille. En sortant du village, une pièce de canon fit feu à mitraille sur nous, et ne fit de mal à personne. Je baissai la tête à ce coup de canon. Mais mon sergent-major me donne un coup de sabre sur mon sac : « On ne baisse pas la tête! me dit-il — Non, non! » lui répondis-je.

Le coup parti de cette pièce, le capitaine Merle crie, pour prévenir le second coup : « A droite et à gauche dans les fossés! »

Comme je n'avais pas entendu le commandement de mon capitaine, je me trouvai tout à fait à découvert. Je cours sur la pièce, je dépasse nos tambours, et tombe sur les canonniers. Ils finissaient de charger, ils ne me virent pas ; je les passai à la baïonnette tous les cinq. Et moi de sauter sur la pièce, et mon capitaine de m'embrasser en passant ! Il me dit de garder ma pièce, ce que je fis, et nos bataillons se jetèrent sur l'ennemi. C'était un carnage à la baïonnette, avec des feux de peloton ; les hommes de notre demi-brigade étaient devenus des lions.

Je ne restai pas longtemps. Le général Berthier vint au galop, et me dit : « Que fais-tu là ? — Mon général, vous voyez mon ouvrage. C'est à moi cette pièce, je l'ai prise tout seul. — Veux-tu du pain ? — Oui, mon général. »

Il parlait du nez, et dit à son piqueur : « Donne-lui du pain. » Puis, il tire un petit calepin vert et me demande comment je m'appelle : « Jean-Roch Coignet. — Ta demi-brigade ? — Quatre-vingt-seizième. — Ton bataillon ? — Premier. — La compagnie ? — Première. — Ton capitaine ? — Merle. — Tu diras à ton capitaine qu'il t'amène à dix heures près du Consul. Va le trouver, laisse là ta pièce ! »

Et il part au galop. Moi, bien content, je pars à toutes jambes rejoindre ma compagnie qui avait pris dans un chemin à droite. Ce chemin était creux, bordé de haies, et encombré de grenadiers autrichiens. Nos grenadiers les attaquaient à la baïonnette ; ils étaient dans un désordre complet, sur tous les points. Je me présente à mon capitaine, et lui dis qu'on m'avait mis en écrit.

« C'est bien, dit-il. Passons par ce trou pour gagner le devant de la compagnie ; ils pourraient être coupés, ils vont trop vite. Suivez-moi ! »

Je passe par le même trou ; à deux cents pas de l'autre côté du chemin, il se trouvait un gros poirier sauvage, et derrière, un grenadier hongrois qui attendait que mon capitaine fût en face de lui pour l'ajuster. Mais comme il le vit, il me cria : « A vous, grenadier ! »

Comme j'étais en arrière, je le mets en joue à dix pas ; il tombe raide mort. Et mon capitaine de m'embrasser : « Ne me quittez pas de la journée, dit-il, vous m'avez sauvé la vie ! » Et nous voilà à courir pour gagner le devant de la compagnie qui était trop avancée.

Voilà un sergent qui passe de l'autre côté comme nous ; il est enveloppé par trois grenadiers. Moi de courir pour le délivrer : ils le tenaient, et me disaient de me rendre. Je leur tends mon fusil de la main gauche, et je lui fais faire bascule de la main droite, en plongeant ma baïonnette dans le ventre d'un, et ainsi de suite à son camarade ; le troisième fut jeté par terre par le sergent, qui le prit par le haut de la tête et le mit sous ses pieds. Le capitaine finit la besogne.

Le sergent reprit sa ceinture et sa montre, et les dépouilla à son tour. Nous le laissâmes se remettre et se rhabiller ; nous courûmes pour gagner le devant de la compagnie qui débouchait dans une grande prairie où le capitaine prit la tête pour la réunir au bataillon qui marchait toujours au pas de charge.

Nous étions embarrassés de trois cents prisonniers qui s'étaient rendus dans le chemin creux ; on les remit à des hussards de la mort qui avaient échappé, car ils avaient été massacrés le matin ; il n'en restait pas deux cents de mille. On faisait des prisonniers ; on ne savait qu'en faire, personne ne voulait les conduire, et ils s'en allaient tout seuls. C'était une déroute complète. Ils ne faisaient plus feu sur nous ; ils se sauvaient comme des lapins, surtout la cavalerie, qui avait mis l'épouvante dans toute leur infanterie... Le Consul arriva pour voir la bataille gagnée et le général Lannes couvert de sang (il faisait peur), car il était partout au milieu du feu, et c'est lui qui fit la dernière charge. Si nous avions eu deux régiments de cavalerie, toute leur infanterie était prise.

Le soir, le capitaine me prit par le bras, me présente au colonel, et lui dit ce que j'avais fait dans ma journée. Il répond : « Mais, capitaine, je n'en savais rien du tout. »

Il vient me serrer la main et dit : « Il faut le noter. — Le général Berthier veut le présenter au Consul à dix heures ce soir, dit mon capitaine ; je le mène. — Ah ! c'est bien, mon grenadier. »

En arrivant près de Berthier, mon capitaine lui dit : « Voilà mon grenadier qui a pris la pièce, puis il m'a sauvé la vie, et a délivré mon premier sergent ; il a tué trois grenadiers hongrois. — Je vais le présenter au Consul. »

Le général Berthier et mon capitaine vont près du Consul, et lui parlent un peu de temps. On me fait approcher. Le Consul vint et me prit par l'oreille. Je croyais que c'était pour me gronder. Pas du tout ! c'était de l'amitié. Me tenant l'oreille, il dit : « Combien as-tu de services ? — C'est le premier jour que je vais au feu. — Ah ! c'est bien débuter. Berthier, lui dit-il, marque-lui un fusil d'honneur. Tu es trop jeune pour être dans ma garde ; il faut quatre campagnes. Berthier, marque-le de suite, et porte-le dans le portefeuille des notes... Va, me dit-il, tu viendras dans ma garde. »

Et mon capitaine me prit, et nous vînmes bras dessus, bras dessous, comme si j'étais son égal. « Savez-vous écrire? me dit-il. — Non, mon capitaine. — Oh! c'est fâcheux pour vous; votre carrière serait ouverte. Mais c'est égal; vous serez bien noté. — Je vous remercie, mon capitaine. »

Tous les officiers me serrèrent la main, et le brave sergent que j'avais délivré vint m'embrasser devant toute la compagnie, qui me fit compliment... Comme j'étais heureux!

Ainsi finit la bataille de Montebello!

TROISIÈME CAHIER

La journée de Marengo. — Pointe en Espagne.

Le lendemain, nous couchâmes sur le champ de bataille. Le 19, au matin, on bat le rappel. Lannes et Murat partirent avec leur avant-garde pour souhaiter le bonjour aux Autrichiens, mais ils ne les trouvèrent pas. Ils n'avaient pas dormi, et avaient marché toute la nuit. Notre demi-brigade finit de ramasser les blessés autrichiens et français que nous n'avions pas trouvés la nuit; nous les portâmes à l'ambulance, et nous ne partîmes du champ de bataille que très tard.

Nous fûmes toute la nuit en marche dans des chemins de traverse. Sur le minuit, M. Lepreux, notre colonel, fit faire halte et passa dans les rangs, disant : « Faites le plus grand silence, un silence absolu. » Et il fit commencer le mouvement par notre premier bataillon. Nous passâmes dans les défilés où l'on ne se voyait pas. Les chefs qui étaient à cheval avaient mis pied à terre, et le plus grand silence régnait dans les rangs. Nous sortîmes, et l'on nous mit dans des terres labourées. Il fut encore défendu de faire du bruit et de faire du feu : il fallut se coucher entre de grosses mottes de terre, la tête sur le sac, et attendre le jour.

Le matin, on nous fit lever, et rien dans le ventre! On part pour descendre dans des villages tout ravagés; on traverse des fossés, des marécages, un gros ruisseau et des villages remplis de bosquets. Pas de vivres, toutes les maisons étaient désertes; nos chefs étaient accablés de fatigue et de faim. Nous partîmes de ces bas-fonds pour remonter à gauche, dans un village entouré de vergers et d'enclos; nous y trouvâmes de la farine, un peu de pain, quelques bestiaux. Il était temps : nous serions morts de faim.

Le 12, nos deux demi-brigades vinrent appuyer notre droite, et voilà notre division réunie; on nous dit que ce village se nommait le village de Marengo. Le matin, on fit battre la breloque. Quelle joie! Il venait d'arriver dix-sept fourgons de pain. Quel bonheur pour les affamés! tout le monde voulait aller à la corvée. Mais quel fut notre désappointement! il se trouvait tout moisi et tout bleu... Enfin, il fallut s'en contenter.

Le 13, au point du jour, on fit marcher en avant dans une grande plaine, et à deux heures on nous mit en bataille; on forma les faisceaux. Il arrive des aides de camp qui venaient de notre droite, et qui volaient de tous côtés. Voilà un mouvement qui se fait partout; on détache la 24ᵉ demi-brigade en avant à la découverte. Elle marcha très loin, découvrit les Autrichiens et eut une affaire sérieuse; ils perdirent du monde. Elle fut obligée de se former en carré pour résister à l'effort des ennemis. Bonaparte l'abandonna dans cette position terrible. On prétendit qu'il voulait la laisser écraser. Voici pourquoi. Lors de la bataille de Montebello, cette demi-brigade, ayant été poussée au feu par le général Lannes, commença par fusiller ses officiers. Les soldats n'épargnèrent qu'un lieutenant. Je ne sais au juste quel pouvait être le motif de cette terrible vengeance. Le Consul, averti de ce qui s'était passé, cacha son indignation. Il ne pouvait sévir en face de l'ennemi. Le lieutenant qui avait survécu au désastre de ses camarades fut nommé capitaine; l'état-major, recomposé immédiatement. Mais néanmoins on conçoit que Bonaparte n'avait rien oublié.

Vers les cinq ou six heures du soir, on nous envoya pour dégager la 24ᵉ. Quand nous arrivâmes, soldats et officiers nous accablèrent d'injures, prétendant que nous les avions laissé égorger de gaieté de cœur, comme s'il dépendait de nous de marcher à leur secours. Ils avaient été abîmés. J'estime qu'ils avaient perdu la moitié de leur monde : ce qui ne les empêcha pas de se battre encore mieux le lendemain [1].

---

1. Cet alinéa et le précédent ont été ajoutés pendant l'impression de la première édition, faite à Auxerre sous les yeux de l'auteur. On ne les retrouve point sur son manuscrit.

Il n'y eut plus de doute que les Autrichiens étaient devant nous, dans la ville d'Alexandrie. Toute la nuit, on fut sous les armes ; on plaça les avant-postes le plus loin possible, et des petits postes avancés. Le 14, à trois heures du matin, ils surprirent deux de nos petits postes de quatre hommes, et les égorgèrent. Ce fut le signal du réveille-matin. A quatre heures, fusillade sur notre droite. On bat la générale sur toute la ligne, et les aides de camp vinrent nous faire prendre nos lignes de bataille. On nous fit rétrograder un peu en arrière, derrière une belle pièce de blé qui se trouvait sur une petite éminence qui nous masquait, et nous attendîmes un peu de temps. Tout à coup, leurs tirailleurs sortirent de derrière des saules et des marais, et puis l'artillerie commence. Un obus éclate dans la première compagnie et tue sept hommes ; il arrive un boulet qui tue le gendarme en ordonnance près du général Chambarlhac, qui se sauve à toute bride [1]. Nous ne le revîmes pas de la journée.

Arrive un petit général qui avait de belles moustaches ; il vient trouver notre colonel et demande où est notre général. On lui répond : « Il est parti. — Eh bien, je vais prendre le commandement de la division. »

Et il prit de suite la compagnie de grenadiers dont je faisais partie, et nous mena pour l'attaque, sur un rang. Nous commençâmes le feu. « Ne vous arrêtez pas en chargeant vos armes, dit-il. Je vous ferai rentrer par un rappel. »

Et il court rejoindre sa division. Il ne fut pas sitôt à son poste que la colonne des Autrichiens débusque de derrière des saules, se déploie devant nous, fait feu de bataillon, et nous crible de mitraille. Notre petit général répond, et nous voilà entre deux feux, sacrifiés...

Je cours derrière un gros saule ; je m'appuie contre, et tirai dans cette colonne, mais je ne pus y tenir... Les balles venaient de toutes parts, et je fus contraint de me coucher la tête par terre, pour me garantir de cette mitraille qui faisait tomber les branches sur moi ; j'en étais couvert. Je me voyais perdu.

Heureusement, toute la division avance par bataillon. Je me relevai et me trouvai dans une compagnie du bataillon ; j'y restai toute la journée, car il ne restait plus que quatorze de nos grenadiers sur cent soixante-quatorze ; le reste fut tué ou blessé. Nous fûmes obligés de venir reprendre notre première position, criblés par la mitraille. Tout tombait sur nous qui tenions la gauche

---

1. En octobre 1793, le *Moniteur* cite pourtant ce Chambarlhac, alors chef de bataillon, comme ayant contribué par son courage à l'occupation du territoire du Mont-Blanc. Mais tel brille au second rang qui s'éclipse au premier.

de l'armée, contre la grande route d'Alexandrie, et nous avions la position la plus difficile à soutenir. Ils voulaient toujours nous tourner, et il fallait toujours appuyer pour les empêcher de nous prendre par derrière.

Notre colonel se multiplie partout derrière la demi-brigade pour nous maintenir ; notre capitaine, qui avait perdu sa compagnie et qui était blessé au bras, faisait les fonctions d'aide de camp près de notre intrépide général. On ne se voyait plus dans la fumée. Les canons mirent le feu dans la grande pièce de blé, et ça fit une révolution dans les rangs. Des gibernes sautèrent ; on fut obligé de rétrograder en arrière, pour nous reformer le plus vite possible. Cela nous fit beaucoup de tort, mais ça fut rétabli par l'intrépidité des chefs qui veillaient à tout.

Au centre de la division, se trouvait une grange entourée de grands murs, où un régiment de dragons autrichiens était caché ; ils fondirent sur un bataillon de la 43ᵉ demi-brigade et l'entourèrent ; il fut fait prisonnier tout entier, et conduit à Alexandrie. Heureusement, le général Kellermann est accouru avec ses dragons pour rétablir l'ordre. Ses charges firent faire silence à la cavalerie autrichienne.

Cependant leur nombreuse artillerie nous accablait, et nous ne pouvions plus tenir. Nos rangs se dégarnissaient à vue d'œil ; de loin, on ne voyait que blessés, et les soldats qui les portaient ne revenaient pas dans leurs rangs ; ça nous affaiblit beaucoup. Il fallut céder du terrain. Leurs colonnes se renouvelaient ; personne ne venait à notre secours. Nous recommençâmes à battre en retraite, mais en ordre. Les cartouches allaient manquer, et nous avions déjà perdu une ambulance, lorsque la garde consulaire arriva avec huit cents hommes chargés de cartouches dans leurs sarraux de toile ; ils passèrent derrière les rangs, et nous donnèrent des cartouches. Cela nous sauva la vie.

Alors le feu redoubla, et le Consul parut ; nous fûmes une fois plus forts. Il fit mettre sa garde en ligne au centre de l'armée, et la fit marcher en avant. On arrêta l'ennemi de suite, formant le carré et marchant en bataille. Les beaux grenadiers à cheval arrivèrent au galop, chargèrent de suite l'ennemi, culbutèrent leur cavalerie. Ah ! ça nous fit respirer un moment, ça nous donna de la confiance pour une heure.

Mais ne pouvant pas tenir contre les grenadiers à cheval consulaires, ils rabattent sur notre demi-brigade, et enfoncent les premiers pelotons, qu'ils sabrent. Je reçus un coup de sabre si fort sur le cou, que ma queue fut coupée à moitié; heureusement que j'avais la plus forte de tout le régiment. Mon épaulette fut coupée avec l'habit, la chemise; et la chair, un peu atteinte. Je tombai à la renverse dans un fossé.

Les charges de cavalerie furent terribles; Kellermann en fit trois de suite avec ses dragons; il les menait et les ramenait. Toute cette cavalerie sautait par-dessus moi, étourdi dans le fossé. Je me débarrassai de mon sac, de ma

giberne et de mon sabre; je pris la queue du cheval d'un dragon qui était en retraite, laissant tout mon fourniment dans le fossé. Je faisais des enjambées derrière ce cheval qui m'emportait, et je tombai raide, ne pouvant plus souffler... Mais, Dieu merci! j'étais sauvé. Sans ma chevelure, que j'ai encore à soixante-douze ans, j'avais la tête à bas.

J'eus le temps de retrouver un fusil, une giberne et un sac (la terre en était couverte); je repris mon rang dans la deuxième compagnie de grenadiers qui me reçurent avec amitié. Le capitaine vint me serrer les mains : « Je vous croyais perdu, mon brave, dit-il; vous avez reçu un fameux coup de sabre, car vous n'avez plus de queue, et votre épaule a bien du mal. Vous devriez vous mettre en serre-file. — Je vous remercie, j'ai une giberne pleine de cartouches, et je vais bien me venger sur les cavaliers que je pourrai joindre, ils m'ont trop fait de mal; ils me le payeront. »

Nous battions en retraite en bon ordre, mais les bataillons se dégarnissaient à vue d'œil, tous prêts à lâcher pied, si ce n'avait été la bonne contenance des chefs. Nous arrivâmes à midi sans être ébranlés. Regardant derrière nous, nous vîmes le Consul assis sur la levée du fossé de la grande route d'Alexandrie, tenant son cheval par la bride, faisant voltiger de petites pierres avec sa cravache. Les boulets qui roulaient sur la route, il ne les voyait pas. Quand nous fûmes près de lui, il monte sur son cheval et part au galop derrière nos rangs : « Du courage, soldats! dit-il, les réserves arrivent. Tenez ferme! »

Et il fut sur la droite de l'armée. Les soldats de crier : « Vive Bonaparte! » Mais la plaine était jonchée de morts et de blessés, car on n'avait pas le temps de les ramasser; il fallait faire face partout. Les feux de bataillon, par échelons en arrière, arrêtaient les ennemis, mais ces maudites cartouches ne voulaient plus descendre dans nos canons de fusil. Ça nous faisait perdre du temps.

Mon brave capitaine Merle passe derrière le deuxième bataillon, et le capitaine lui dit : « J'ai un de vos grenadiers, il a reçu un fameux coup de sabre. — Où est-il? faites-le sortir que je le voie!... Ah! c'est vous, Coignet? — Oui, mon capitaine. — Je vous croyais au rang des morts, je vous avais vu tomber dans le fossé. — Ils m'ont donné un fameux coup de sabre; tenez, voyez, ils m'ont coupé ma queue. — Allons, tâtez dans mon sac, prenez mon sauve-la-vie[1] et vous boirez un coup de rhum pour vous remettre. Ce soir, si nous y sommes, je viendrai vous chercher. — Me voilà sauvé pour la journée, mon capitaine, je vais joliment me battre. »

L'autre capitaine dit : « J'ai voulu le mettre en serre-file, il n'a pas voulu. — Je le crois, il m'a sauvé la vie à Montebello. »

Ils me prirent la main. Que c'est donc beau, la reconnaissance! j'en sentirai le prix toute ma vie.

En attendant, nous avions beau faire, nous baissions l'oreille. Il était deux heures : « La bataille est comme perdue, » dirent nos officiers, lorsque

---

1. C'est-à-dire mon flacon. On avait donné au récipient le nom du contenu.

arrive un aide de camp ventre à terre. Il crie : « Où est le premier Consul ?
Voilà la réserve. Du courage! vous allez avoir du renfort de suite, dans une
demi-heure. » Et voilà le Consul qui arrive : « Tenez ferme, dit-il en passant,
voilà ma réserve! » Nos pauvres petits pelotons regardaient du côté de la
route de Montebello, à tous les demi-tours que l'on nous faisait faire.

Enfin, cris de joie : « Les voilà! les voilà! »

Cette belle division venait l'arme au bras. C'était comme une forêt que
le vent fait vaciller. La troupe arrivait sans courir, avec une belle artillerie
dans les intervalles des demi-brigades, et un régiment de grosse cavalerie
qui fermait la marche.

Arrivés à leur hauteur[1], ils se trouvaient comme si on l'avait choisie pour
se mettre en bataille. Sur notre gauche, à gauche de la grande route, une haie
très élevée les masquait : on ne voyait même pas la cavalerie. Et nous
battions toujours en retraite; le Consul donnait ses ordres, et les
Autrichiens venaient comme s'ils faisaient route pour aller chez eux, l'arme
sur l'épaule; ils ne faisaient plus attention à nous, ils nous croyaient tout à
fait en déroute.

Nous avions dépassé la division du général Desaix de trois cents pas, et
les Autrichiens étaient prêts aussi à dépasser la ligne, lorsque la foudre part
sur leur tête de colonne... Mitraille, obus, feux de bataillon pleuvent sur eux.
Et l'on bat la charge partout; tout le monde fait demi-tour; et de courir
en avant! On ne criait pas, on hurlait...

Les hommes de l'intrépide 9e demi-brigade passent comme des lapins au
travers de la haie; ils fondent à la baïonnette sur les grenadiers hongrois, et
ne leur donnent pas le temps de se reconnaître. Les 30e et 59e fondent à leur
tour sur l'ennemi, et font quatre mille prisonniers. Le régiment de grosse
cavalerie tombe sur la masse. Tout le monde fit son devoir, mais la 9e
par-dessus tout. Notre autre cavalerie se réunit à celle-là, et se jette comme
une masse sur la cavalerie autrichienne, qu'ils mirent dans une telle déroute
qu'ils se sauvèrent à toute bride dans Alexandrie. Une division autrichienne
venant de l'aile droite vient sur nous à la baïonnette. Nous courûmes aussi
baïonnette croisée; nous les renversâmes, et je reçus une petite incision dans
les cils de l'œil droit, en parant le coup que me portait un grenadier. Je ne
le manquai pas, mais le sang me bouchait l'œil (ils en voulaient à ma tête ce

1. C'est-à-dire à hauteur de leur rang de bataille, au point où ils devaient entrer en ligne.

jour-là). C'était peu de chose. Je continuai de marcher, et je ne sentais pas mon mal. Nous les poursuivîmes jusqu'à neuf heures du soir; nous les jetâmes dans des fossés pleins d'eau. Leurs corps servaient de pont pour laisser passer les autres. C'était affreux de voir ces malheureux se noyer, et le pont tout embarrassé. On n'entendait que des cris; ils ne pouvaient plus rentrer en ville, et nous prenions les voitures, les canons. A dix heures, mon capitaine m'envoie chercher par son domestique pour me faire souper avec lui, et mon œil fut pansé, ma chevelure fut remise en état.

Nous couchâmes sur le champ de bataille, et le lendemain à quatre heures du matin, il sort de la ville des parlementaires : ils demandaient une suspension d'armes, et ils allaient au quartier général du premier Consul; ils furent bien escortés.

La joie renaissait par tout le camp. Je dis à mon capitaine : « Si vous vouliez me permettre d'aller au quartier général? — Pourquoi faire? — J'ai des connaissances dans la garde. Donnez-moi un camarade. — Mais c'est bien loin. — C'est égal, nous serons de retour de bonne heure, je vous le promets. — Eh bien, allez! »

Nous voilà partis, le sabre au côté. Arrivé à la grille du château de Marengo, je fais demander un maréchal des logis qui soit ancien dans le corps, et voilà un bel homme qui se présente. « Que me voulez-vous? dit-il. — Je désire savoir depuis combien de temps vous êtes dans la garde du Directoire. — Il y a neuf ans. — C'est moi qui ai dressé vos chevaux, et qui les ai montés au Luxembourg. Si vous vous rappelez, c'est M. Potier qui vous les a vendus. — C'est vrai, me dit-il, entrez, je vais vous présenter à mon capitaine. »

Il dit à mon camarade d'attendre, et m'annonce ainsi : « Voilà le jeune homme qui a dressé nos chevaux à Paris. — Et qui montait si bien à cheval, dit le capitaine. — Oui, capitaine. — Mais vous êtes blessé. — Ah, c'est un coup de baïonnette d'un Hongrois; je l'ai puni. Mais c'est ma queue qu'ils m'ont coupée à moitié. Si j'avais été à cheval, ça ne me serait pas arrivé. — J'en réponds pour vous, dit-il, je vous connais sur cet article. Maréchal des logis, donnez-lui la goutte. — Avez-vous du pain, mon capitaine? — Allez lui chercher quatre pains. Je vais vous faire voir vos chevaux, si vous les reconnaîtrez! »

Je lui en montrai douze. « C'est cela, me dit-il, vous les reconnaissez très

Je reçus une petite incision dans le cil de l'œil droit,
en parant le coup que me portait ce grenadier. Je ne le manquai pas,
mais le sang me bouchait l'œil.

Je reçus une petite incision dans le cil de l'œil droit,

en parant le coup que me portait ce grenadier. Je ne le manquai pas,

mais le sang me bouchait l'œil.

bien. — Je suis content, capitaine. Si j'avais été monté sur un de ces chevaux, ils ne m'auraient pas coupé ma chevelure ; mais ils me le payeront. Je viendrai dans la garde du Consul. Je suis marqué pour un fusil d'argent[1], et, lorsque j'aurai quatre campagnes, le Consul m'a promis de me faire entrer dans sa garde. — C'est possible, mon brave grenadier. Si jamais vous venez à Paris, voilà mon adresse. Comment se nomme votre capitaine? — Merle, première compagnie de grenadiers de la 96ᵉ demi-brigade de ligne. — Voilà cinq francs pour boire à ma santé, je vous promets d'écrire à votre capitaine. Il faut lui donner de l'eau-de-vie dans une bouteille. — Je vous remercie de votre bonté, je m'en vais ; j'ai mon camarade à la grille qui m'attend, il faut lui porter du pain de suite. — Je ne le savais pas, allez. Prenez un pain de plus, et partez rejoindre votre corps. — Adieu, capitaine, vous avez sauvé l'armée avec vos belles charges. Je vous ai bien vus. — C'est vrai, » dit-il.

Il vient me reconduire avec son maréchal des logis jusqu'à la grille. Dans la cour, les blessés de la garde étaient étendus sur la paille, et l'on faisait des amputations. C'était déchirant d'entendre des cris partout. Je sortis le cœur navré de douleur, mais il se passait un spectacle plus douloureux dans la plaine. Nous vîmes le champ de bataille couvert de soldats autrichiens et français qui ramassaient les morts et les mettaient en tas, et les traînaient avec les bretelles de leurs fusils. Hommes et chevaux, on mettait tout pêle-mêle dans le même tas, et l'on y mettait le feu pour nous préserver de la peste. Pour les corps éloignés, on jetait un peu de terre dessus pour les couvrir.

Je fus arrêté par un lieutenant, qui me dit : « Où allez-vous? — Je vais porter du pain à mon capitaine. — Vous l'avez pris au quartier général du Consul. Peut-on en avoir un morceau? — Oui. » Je dis à mon camarade : « Vous en avez un morceau, donnez-le au lieutenant. — Je vous remercie, mon brave grenadier, vous me sauvez la vie. Passez à gauche de la route. »

Et il eut l'obligeance de nous conduire un bon bout de chemin, crainte de nous voir arrêtés. Je le remerciai de son obligeance, et j'arrive près de mon capitaine, qui rit en me voyant un paquet. « Est-ce que vous venez de la maraude? — Oui, mon capitaine, je vous apporte du pain et de l'eau-de-vie. — Et comment avez-vous pu trouver cela? »

Je lui contai mon aventure. « Ah, dit-il, vous êtes né sous une bonne

---

1. Les armes d'honneur avaient une garniture d'argent.

étoile. — Allons, voilà un pain et une bouteille de bonne eau-de-vie. Mettez-en dans votre *sauve-la-vie*. Si vous voulez prendre un pain pour le colonel et le général, vous leur partagerez ; ils ont peut-être bien faim. — C'est une heureuse pensée, je vais faire votre commission avec plaisir, et je vous remercie pour eux. — Allons, mangez d'abord et buvez de cette bonne eau-de-vie. Je suis bien content de pouvoir me venger [1] de celle que vous m'avez donnée, et du bon repas que vous m'avez fait faire. — Vous me conterez tout cela plus tard ; je vais porter ce pain au colonel et au général. »

Tout cela fut mis en ligne de compte [2] de la part du capitaine. Le 16, l'armée eut l'ordre de porter des lauriers, et les chênes n'eurent pas bon temps [3]. A midi, nous défilâmes devant le premier Consul, et notre excellent général défila à pied devant les débris de sa division. Le général Chambarlhac avait paru à cheval devant la division ; mais il fut salué de coups de fusil de notre demi-brigade, et il disparut. Nous ne l'avons jamais revu, et tout cela reste secret pour nous [4]. Mais nous criâmes : « Vive notre petit général! » pour celui qui s'était si bien conduit le jour de la bataille.

Le 16 au matin, le général Mélas renvoie nos prisonniers (il pouvait y en avoir douze cents), et ce fut une grande joie pour nous. On leur avait donné des vivres, et ils furent bien fêtés à leur arrivée. Le 26, la première colonne autrichienne défila devant nous, et nous la regardâmes passer. Cette superbe colonne, il y en avait assez pour nous battre pour le moment, vu le peu que nous étions. C'était effrayant de voir autant de cavalerie, d'artillerie ; et trois jours

---

1. *Venger* signifie ici offrir la revanche, *rendre le même service.*
2. C'est-à-dire, fut noté en ma faveur.
3. On avait dépouillé les chênes pour faire jouer à leurs feuilles le rôle du laurier.
4. C'est-à-dire, on ne nous dit pas quelle suite eut cette affaire.

de même. Ce n'était que bagages. Ils nous laissèrent la moitié de tous leurs magasins ; nous eûmes des vivres et munitions considérables. Ils nous donnèrent quarante lieues de pays ; ils se retirèrent derrière le Mincio. Nous fermions la marche de la dernière colonne. Nous faisions route ensemble ; nos éclopés montaient sur leurs chariots ; ils tenaient le côté gauche, et nous le côté droit de la route. Personne ne se rencontrait, et nous étions les meilleurs amis du monde.

Nous arrivâmes dans cet ordre jusqu'au pont volant sur le bord du Pô.

Comme on ne pouvait passer que cinq cents hommes à la fois sur ce pont volant, nous ne perdîmes pas de temps, et nous poursuivîmes notre marche sur Crémone, lieu de notre garnison pendant trois mois de trêve convenue. Crémone est une grande ville qui peut se défendre d'un coup de main. De beaux remparts et des portes solides. La place est considérable, il y a une belle cathédrale, un cadran d'une grande dimension ; une flèche en fait le tour tous les cent ans. Sur les marchés, on pèse tout : oignons et herbages ; c'est rempli de melons délicieux que l'on nomme pastèques ; on y trouve des cabarets de lait. Mais c'est la plus mauvaise garnison d'Italie : nous étions couchés sur de la paille en poussière, remplie de vermine ; culottes, vestes et tricots étaient dans un état déplorable. L'idée me prit de tâcher de détruire la vermine qui me rongeait. Je fis une cendrée dans une chaudière et j'y mis ma veste. Quel malheur pour moi ! Il ne me resta que la doublure ; le tricot était fondu comme du papier. Me voilà tout nu, et rien dans mon sac pour me changer.

Mes bons camarades vinrent à mon secours. Sur-le-champ, je fis écrire à mon père et à mon oncle ; je leur faisais part de ma détresse et les priais de m'envoyer un peu d'argent. Cette réponse fut longue, mais elle arriva. Je reçus les deux lettres à la fois (pas affranchies) ; elles coûtaient chacune un franc cinquante, en tout trois francs de port. Mon vieux sergent se trouve là. « Faites-moi ce plaisir de les lire. »

Il prend mes deux lettres. Mon père me disait : « Si tu étais un peu plus près de moi, je t'enverrais un peu d'argent. » Et mon oncle disait : « Je viens de payer des biens nationaux, je ne peux rien t'envoyer. » Voilà mes deux charmantes lettres ; jamais je ne leur ai récrit de ma vie. Après la trêve, je fus obligé de monter quatre gardes aux avant-postes, en sentinelle perdue, sur le bord du Mincio, à quinze sous la garde, pour payer cette dette.

Ces deux lettres m'ont éloigné de mon sujet. Je reviens à Crémone, où nous passâmes trois mois dans la misère la plus complète. Notre demi-brigade fut complétée, et notre compagnie fut organisée; on prit un tiers dans les deux compagnies pour les mettre au pair, et l'on tira les grenadiers dans le bataillon pour nous compléter. Tous les jours, on nous menait à la promenade militaire, sac au dos, sur la grande route, avec défense de quitter son rang; la discipline était sévère. Le général Brune était le chef de cette belle armée. Nous pouvions nous dire commandés par un bon général. Que la France nous en donne de pareils! on pouvait passer partout avec lui.

Donc, durant les trois mois de trêve, notre armée se mit au grand complet, les troupes arrivaient de toutes parts. Comme nous aspirions au 15 septembre pour rentrer en campagne, et sortir de cette mauvaise garnison!

Ce beau jour arriva, et ce fut une joie pour toute l'armée. Nous partîmes pour nous porter sur la ligne à un fort bourg nommé Viédane[1], où nous commençâmes à respirer, et trouvâmes des vivres. Nos fureteurs découvrirent une cave sous une montagne; on tint conseil comment on pourrait avoir du vin. Il y avait danger de violer le domicile, vu que la guerre n'était pas déclarée. Il fut décidé que l'on ferait un bon : « Mais qui le signera? — *La plume!* dit le fourrier en écrivant de la main gauche. — Combien de rations? — Cinq cents, dit le sergent-major. Il faut montrer le bon au lieutenant, nous verrons ce qu'il dira. — Portez-le, dit le lieutenant, et vous verrez si ça peut prendre. — Allons, partons, nous verrons. »

On part, après avoir mis le cachet du colonel. Son domestique nous avait dit : « J'ai votre affaire, et je vais vous appliquer cela au bas avec du noir de fumée. »

On se présente, la distribution se fit de suite, et *la plume* nous donna cinq cents rations de bon vin. Le lieutenant et le capitaine rirent de bon cœur le lendemain.

Nous partîmes pour Brescia, où l'on rassembla l'armée dans une belle plaine; nous passâmes la revue du général en chef. Brescia est une ville forte qui peut se défendre; il y passe une rivière qui n'est pas large, mais profonde. Nous partîmes le lendemain pour marcher sur le Mincio; là, toute l'armée était en ligne, et le passage fut décidé à la pointe d'une hauteur très élevée qui dominait l'autre rive. Un village le masquait à l'armée autrichienne, qui

1. C'est le bourg de Viadana, sur la droite de la route de Crémone à Brescia, près de Montechiari.

était très nombreuse. On fit passer vingt-cinq mille hommes; il y eut une bataille terrible; nos troupes, battues à plate couture, furent contraintes de se replier sur le Mincio, avec pertes.

Heureusement, pour protéger notre armée, nous avions une position très élevée, qui dominait la plaine et empêchait de nous culbuter dans le Mincio.

Le général Suchet avec cinquante pièces de gros calibre leur envoyait des bordées qui passaient par-dessus nos colonnes, foudroyaient leurs masses, et les maintenaient dans la plaine. Tout le monde servait les pièces, et nous étions trois bataillons de grenadiers à voir tout ce spectacle, sans pouvoir porter secours.

J'ai vu ce trait d'un petit voltigeur. Resté seul de l'armée en retraite dans la plaine, il fait feu sur la colonne qui marchait, et crie aussi : *En avant!* Son intrépidité fit faire demi-tour à la division : ils battirent la charge et allèrent à son secours.

Le général le tenait à l'œil[1]; il fit partir son aide de camp pour aller le chercher. L'aide de camp arriva au point désigné, et voit le voltigeur qui était encore en avant de la ligne; il court sur lui et lui dit : « Le général vous demande. — Non, dit-il. — Venez avec moi, obéissez à votre général. — Mais je n'ai pas fait de mal. — C'est pour vous récompenser. — Ah, c'est différent. Je vous suis. »

Arrivé près du général, il fut fêté de tous les officiers, et porté pour un fusil d'honneur.

Le soir, nous partîmes pour trois lieues plus haut, auprès d'un moulin qui était à notre gauche avec une belle hauteur derrière nous. Le régiment de hussards de la mort demanda de passer le premier pour se venger de Montebello. Leur colonel promit cinquante louis au hussard qui donnerait le premier coup de sabre avant lui, et on leur donna dix-huit cents hommes d'infanterie polonaise[2], sans sacs. Ils défilèrent sur le pont et prirent à droite le long du Mincio; les Polonais, au pas de course, les suivirent. Ils tombèrent sur la tête de colonne des Autrichiens, ne leur donnèrent pas le temps de se mettre en bataille, les sabrèrent et ramenèrent six mille prisonniers et quatre drapeaux. Nos trois bataillons de grenadiers passèrent de suite, commandés par le général Lebrun, bon soldat. Le général Brune lui donna l'ordre de prendre la redoute qui battait le pont, et nous marchâmes dessus de suite. A portée de fusil, ils se rendirent; ils étaient deux mille hommes et deux drapeaux. Toute l'armée passa, et l'on se mit en bataille. Les colonnes se virent face à face; on les renversa, on leur prit des bagages, des caissons, des pièces de canon. La frottée fut terrible.

Les Autrichiens prirent la route de Vérone pour passer l'Adige. Nos divisions les poursuivirent; on bloqua le fort qui domine la ville de plus de trois cents pieds. Le général Brune envoya un parlementaire dans la citadelle pour les prévenir qu'il allait faire son entrée dans Vérone, et que s'il y avait un coup de canon tiré sur la ville, il ferait sauter le fort de suite. Nos trois bataillons de grenadiers traversent la ville, et les Autrichiens de nous regarder. Nous fûmes campés à deux lieues en avant; à minuit, on nous fit prendre l'aile droite de l'armée, en avant-postes.

---

1. Ne le perdait pas de vue.
2. Une légion polonaise se battait en effet déjà pour la France; mais, comme la loi défendait l'emploi des troupes étrangères, cette légion était censée marcher pour le compte de l'Italie.

Je fus de garde au poste avancé. L'adjudant-major vient nous placer; c'était moi premier pour la faction; on me met dans un pré en donnant la consigne : « Tout ce qui viendra de votre droite, il faut faire feu, ne pas crier : *Qui vive!* et bien écouter, sans te laisser surprendre. »

Me voilà seul pour la première fois en sentinelle perdue, ne voyant pas clair du tout, et mettant mon genou à terre pour écouter. Enfin la lune se lève; j'étais content de voir autour de moi, je n'avais plus peur. Voilà que j'aperçois à cent pas un grenadier hongrois avec son bonnet à poil. Ça ne bougeait pas; je l'ajuste de mon mieux, et, à mon coup de fusil, toute la ligne répond[1]. Je croyais que l'ennemi était partout; je recharge mon fusil, et le caporal arrive avec ses trois hommes. Je montre mon Hongrois; on dit : « Tirez dessus, et nous irons voir tous les cinq. »

J'ajuste, je tire, rien ne bouge. L'adjudant-major arrive : « Tenez, lui dis-je, le voyez-vous, là-bas? »

Nous marchâmes dessus. C'était un saule à grosse tête qui m'avait fait peur... Le major me dit que j'avais bien fait, qu'il y aurait été trompé lui-même, et que j'avais fait mon devoir.

Nous marchâmes sur Vicence, jolie ville; mais les Autrichiens filaient sur Padoue à grandes journées. La joie était partout, à cause de nos bons cantonnements; mais notre demi-brigade fut désignée avec un régiment de chasseurs à cheval pour aller du côté de Venise.

Le général qui commandait cette expédition n'avait qu'un bras. Il fit faire des lanternes pour nous faire marcher de nuit, et le jour nous restions cachés dans des roseaux. Il fallait faire des petits ponts sur des grands fossés pour passer notre artillerie et notre cavalerie; ce ne sont que marais et chaumières de pêcheurs. A force de courage, nous arrivâmes au lieu désigné, c'était une forte rivière avec une chaussée la séparant de la mer; cette rivière va se joindre à quatre autres qui tombent aussi dans la mer et forment la patte d'oie. Il fallait prendre toutes ces rivières pour être maître des eaux douces.

Sur la grande chaussée était un corps de garde autrichien à l'avancée; des redoutes à un quart de lieue faisaient face aux rivières. On plaça un factionnaire sur la chaussée. Le factionnaire parlait allemand, et fit

---

1. En 1870, nous avons aussi connu ces paniques; elles sont de tous les temps.

connaissance avec le factionnaire autrichien. Le nôtre lui demanda du tabac, et l'Allemand lui demanda du bois. Le nôtre lui dit : « Je vous en apporterai avec deux de mes camarades lorsque je serai descendu de faction. » Voilà nos grenadiers partis avec du bois ; les autres leur apportent du tabac. Le lendemain, on leur promit une grande provision ; et les voilà enchantés et disant : « Nous vous donnerons du tabac. »

Le matin, cinquante grenadiers arrivent chargés de bois et sont bien reçus ; ils s'emparent des fusils des Autrichiens, et les font prisonniers. De suite, la tranchée est ouverte, et des pièces mises en batterie. C'était un bon point d'appui. Les bâtiments qui descendaient pour gagner la mer chargés de farine tombent en notre pouvoir, ainsi que deux bâtiments chargés d'anguilles et de poissons. Nous en eûmes un bâtiment à notre discrétion, et nous en mangeâmes à toutes sauces.

Lorsque les Vénitiens eurent soif, ils vinrent faire de l'eau, et le général en eut tout ce qu'il voulut. Il nous avait promis trois francs par jour, mais les comptes furent bientôt réglés : il ne donna pas un sou et envoya tout chez lui. Puis le général Clausel prit le commandement.

Nous restâmes peu de temps ; Mantoue se rendit, nous vîmes passer sa garnison, et nous eûmes ordre de partir pour Vérone pour célébrer la paix. Dans cette place, qui est magnifique, on nous lit à l'ordre du jour que notre demi-brigade était désignée pour Paris. Quelle joie pour nous ! Nous traversâmes tout le pays d'Italie ; l'on ne peut rien voir de plus beau jusqu'à Turin ; c'est magnifique. Nous passâmes le mont Cenis, nous arrivâmes à Chambéry, et de Chambéry à Lyon.

Lorsque notre vieux régiment arriva sur la place Bellecour, tous les incroyables avec leurs lorgnons nous demandaient si nous venions d'Italie. Nous leur disions : « Oui, messieurs. — Vous n'avez pas la gale ? — Non, messieurs ! »

Et refrottant leurs lorgnons sur leurs manches, ils nous répondaient : « C'est incroyable ! »

Ils ne voulaient pas nous loger en ville, mais le général Leclerc les força à nous donner des billets de logement, et de suite il fut accordé sept congés par compagnie, des plus anciens. Quelle joie pour ces vieux soldats ! Jamais le Consul n'en a tant donné que cette fois. Le lendemain on nous annonça que nous n'allions pas à Paris comme nous comptions, mais bien en Portugal. Le général nous comprit dans les quarante mille hommes de son armée; il fallut se résigner et partir dans un état déplorable; des habits faits de toutes pièces.

Nous partîmes pour Bayonne; cette route fut très longue; nous souffrîmes des chaleurs; enfin nous arrivâmes au pont d'Irun.

Nos camarades furent dénicher un nid de cigognes et prirent les deux petits. Les autorités vinrent les réclamer au colonel; l'alcade lui dit de les rendre, parce que ces animaux étaient nécessaires dans leur climat pour détruire les serpents et les lézards, qu'il y avait peine de galères dans leur pays pour qui tue les cigognes. Aussi l'on en voit partout; les plaines en sont couvertes, et elles se promènent dans les villes; on leur monte de vieilles roues sur des poteaux très élevés, et elles font leurs nids sur les pignons des édifices.

Arrivés à notre première étape, nos soldats trouvèrent du vin de Malaga à trois sous la bouteille et ils en burent comme du petit-lait; ils tombèrent morts-ivres. Il fallut mettre des voitures en réquisition pour les charger comme des veaux. Au bout de huit jours, il fallut faire manger nos ivrognes, la soupe ne restait pas dans leurs cuillers. Le soldat ne pouvait pas boire sa ration,

tant le vin était fort. Nous arrivâmes à Vittoria, jolie ville ; de là à Burgos, et de Burgos à Valladolid, belle grande ville, où nous restâmes longtemps dans la vermine. C'est les poux qui font les lits des soldats à force de remuer la paille, qui ressemble à de la balle. Les trois quarts des Espagnols prennent les poux à pincée, et les jettent par terre en disant : « Celui qui t'a créé, qu'il te nourrisse ! »

J'eus le bonheur d'être sapeur ; j'avais un collier de barbe très long, et je fus choisi par le colonel Lepreux. Je fus habillé à neuf (petite et grande tenue), et nous fûmes logés chez le bourgeois, où nous pûmes nous débarrasser de la vermine ; mais il fallait bien se renfermer, de crainte d'être égorgés la nuit.

Me promenant le long de la rivière, je rencontrai deux prêtres français émigrés qui étaient dans un état de misère complète ; ils m'accostèrent pour me demander des nouvelles de France. Je leur dis que je n'avais fait que passer, que l'on disait que les émigrés seraient rappelés, et que, s'ils voulaient aller voir le général Leclerc, ils seraient bien reçus, que le général était le beau-frère du premier Consul. Ils y furent le lendemain et ils reçurent de bonnes nouvelles ; ils me retrouvèrent et me prirent les mains, et me dirent que j'étais leur sauveur. Quinze jours après, ils reçurent l'ordre de rentrer en France, et je fus embrassé par ces malheureux proscrits ; je leur donnai le conseil de se déguiser, crainte d'être insultés en rentrant en France. De Valladolid, nous partîmes pour Salamanque, grande ville où nous restâmes longtemps à passer des revues et faire la petite guerre ; notre avant-garde poussait sa pointe sur la frontière du Portugal, et la guerre n'eut pas lieu. Ils amenèrent dix-sept voitures bien escortées[1], et la paix fut faite sans se battre.

Nous rentrâmes en France par Valladolid. En partant de cette ville, les Espagnols nous tuèrent nos fourriers[2] à coups de masse, et eurent la hardiesse de venir prendre nos drapeaux dans le corps de garde chez le colonel, dans un bourg près de Burgos. Tous les hommes étaient endormis ; le factionnaire crie : *Aux armes!* et il était temps : ils sortaient du village. Ils furent pincés par nos grenadiers, qui les passèrent à la baïonnette sans miséricorde.

1. Par les deux traités de juin et septembre 1801, le Portugal s'était engagé à payer 25 millions à la France.
2. Les fourriers précèdent le corps en marche pour préparer le logement.

Nous arrivâmes à Burgos, et partîmes pour Vittoria. De là, nous passâmes la frontière pour nous rendre à Bayonne, notre ville frontière. Nous suivîmes toutes les étapes jusqu'à Bordeaux, où nous eûmes séjour.

Je fus logé chez une vieille dame qui était malade. Je me présentai avec mon billet de logement, et elle fut un peu effrayée de voir ma grande barbe. Je la rassurai de mon mieux, mais elle me dit : « J'ai peur des militaires. — Ne craignez rien, madame, je ne vous demande rien; mon camarade est très doux. — Eh bien, je vous garde chez moi; vous serez nourris et bien couchés. »

Le bon logement! Après dîner, elle me fit appeler par sa femme de chambre : « Je vous fais venir près de moi pour vous dire que je suis rassurée, que vous êtes bien tranquille chez moi; j'ai recommandé de bien vous traiter. — Je vous remercie, madame. »

Nous partîmes pour nous rendre à Tours par les étapes désignées, et là nous fûmes passés en revue par le général Beauchou, qui nous présenta un vieux soldat qui avait servi quatre-vingt-quatre ans simple soldat dans notre demi-brigade[1]. Le Consul lui avait donné pour retraite la table du général; il avait cent deux ans, et son fils était chef de bataillon. On lui fit apporter un fauteuil; il était habillé en officier, mais point d'épaulettes. Il y avait au corps un sergent de son temps qui avait trente-trois ans de service.

Après avoir quitté cette belle ville de Tours, nous partîmes pour prendre garnison au Mans (département de la Sarthe), que l'on peut citer la meilleure garnison de France. La belle garde nationale vint au-devant de nous, et ce fut de la joie pour la ville de voir un bon vieux régiment prendre garnison. Les murs de la caserne étaient encore teints du sang des victimes qui avaient été égorgées par les chouans, et on nous mit, pendant deux mois, chez le bourgeois, où nous fûmes reçus comme des frères. On répara la caserne, où je restai un an.

Le colonel se maria avec une demoiselle d'Alençon, fort riche, et ce fut des fêtes pour la ville. Les invitations furent considérables; je fus désigné pour porter les invitations dans les maisons de campagne. Le colonel fut généreux avec le régiment; tous ses officiers furent invités.

Au bout de trois mois, la caserne rendit le pain bénit, et l'on fit faire

1. C'est-à-dire dans le régiment qui avait contribué à former la demi-brigade.

trois brancards garnis en velours, chargés de brioches, et portés par six
sapeurs. L'épouse du colonel fit la quête, et mon capitaine Merle, nommé
commandant, conduisait notre belle quêteuse. Le tambour-major était le
suisse; moi, je portais le plat, et madame faisait la révérence.

La quête fut de neuf cents francs pour les pauvres; tout le régiment
était à la messe. On fit porter un brancard chargé de pain bénit chez le
colonel, et là on fit des parts, avec une branche de laurier sur chaque part
et une lettre d'invitation. Deux sapeurs portaient la grande bannette pleine
de pain bénit, et je fus nommé pour accompagner les deux sapeurs qui
portaient la bannette. Ils restaient à la porte : je prenais une part et la
lettre; je me présentais : on me donnait six francs ou le moins trois francs.
Cette grande promenade dans la ville et les maisons de campagne me valut
cent écus. Le colonel voulut savoir si j'avais été bien récompensé; je lui
vidai mes goussets. Quand il vit tout cet argent, il fit deux parts et me dit :
« Voilà la moitié pour vous, et l'autre que vous partagerez aux sapeurs. »

Mes deux porteurs ne savaient rien de ce qui s'était passé; je les
ramenai à la caserne, et devant le sergent et le caporal je déposai l'argent.
Ils furent confus de joie en me voyant leur mettre des poignées d'argent
sur la table : « Vous avez donc volé la caisse du régiment? Pour qui tout
cet argent? dit le sergent. — C'est pour nous, partagez-le, c'est le pain
bénit. »

Nous eûmes chacun quinze francs; ils étaient contents de moi, ils me
serraient la main. J'eus mes quinze francs et mes cent cinquante francs,
c'était une fortune pour moi. Ils voulurent me régaler; je m'y opposai :
« Je ne le veux pas. Demain, je paye une bouteille d'eau-de-vie, et voilà
toute la dépense qu'il faut faire. Et c'est moi qui régale, vous entendez, mon
sergent? — Rien à répliquer, dit-il, il est plus sage que nous. »

Et, le lendemain, je fus chercher une bouteille de cognac, et ils furent
contents. Ce beau dîner du colonel me valut un louis, qu'il me donna pour
avoir passé la nuit. Le bal ne finit qu'au jour; on se mit à table à trois
heures, et je fus bien récompensé.

Quinze jours après, je reçus une lettre de Paris, et je fus surpris (mais
quelle surprise!). C'était ma chère sœur qui m'avait découvert par le moyen
des recherches faites par son maître, qui avait un parent au ministère de la

guerre. Ce fut une joie pour moi de la savoir à Paris, cuisinière chez un chapelier, place du Pont-Neuf.

Le conseil d'administration du régiment avait ordre de porter des militaires pour la croix, et je fus porté avec les officiers qui avaient droit. Mon commandant Merle et le colonel me firent appeler pour m'en faire part :

c'était parti au ministère de la guerre. Je répondis : « Je vous remercie, mon commandant. — Le colonel et moi, nous avons réclamé la promesse du premier Consul à votre égard pour la garde, et j'ai signé cette demande avec le colonel, cela vous est dû. »

Quinze jours après, le colonel me fit appeler : « Voilà la bonne nouvelle arrivée ! Vous êtes nommé dans la garde : on va vous faire votre décompte et vous partirez. Je vous donnerai une lettre de recommandation pour le général Hulin, qui est mon grand ami. Allez en faire part à votre commandant, il sera content de l'apprendre. »

J'étais heureux de partir pour Paris et de pouvoir aller embrasser ma bonne sœur, que je n'avais pas vue depuis l'âge de sept ans. Mon commandant me fit compliment en me disant : « Si jamais je vais à Paris, je vous ferai demander pour vous voir. Ne perdez pas de temps, rentrez à la caserne. »

Je fis part de la bonne nouvelle à tous mes camarades, qui me dirent : « Nous vous conduirons tous. » Le sergent et le caporal aussi dirent : « Nous irons tous faire la conduite à notre brave sapeur. » Mon décompte terminé, je partis du Mans avec deux cents francs dans ma bourse (une fortune pour un soldat), bien accompagné de mes bons camarades, le sergent et le caporal en tête. Il fallut faire halte pour nous quitter à une lieue, et j'arrivais à Paris le 2 germinal an XI, dans la caserne des Feuillants, près la place Vendôme ; on l'appelait *la caserne des Capucins*.

Je fus mis en subsistance dans la troisième compagnie du premier bataillon. Mon capitaine se nommait Renard ; il n'avait qu'un défaut, c'était d'être trop petit. En compensation, il avait une voix de stentor ; il était grand quand il commandait ; c'était un homme à l'épreuve ; il a toujours été mon capitaine. On me mena chez lui : il me reçut avec affabilité. Ma grande barbe le fit rire, et il me demanda la permission de la toucher. « Si vous étiez plus grand, je vous ferais entrer dans nos sapeurs ; vous êtes trop petit. — Mais, capitaine, j'ai un fusil d'honneur. — C'est possible. — Oui, capitaine. J'ai une lettre pour le général Hulin de la part de mon colonel, une lettre pour son frère, marchand de drap, porte Saint-Denis. — Eh bien, je vous garde dans ma compagnie. Demain, à midi, je vous conduirai au ministère, et là nous verrons. — C'est lui, le ministre, qui m'a trouvé sur ma pièce de canon à Montebello. — Ah ! vous m'en direz tant que je voudrais être à demain pour voir si le ministre vous reconnaîtra. — Je n'avais point de barbe à Montebello, mais il a mes noms, car il les a mis sur un petit calepin vert. — Eh bien, à demain à midi ! Je vous présenterai. »

Le lendemain, à midi, nous partîmes pour nous rendre au ministère ; il se fit annoncer, et nous fûmes introduits près du ministre.

« Eh ! capitaine, vous m'amenez un beau sapeur. Que me veut-il ? — Il dit que vous l'aviez inscrit pour le faire venir dans la garde. — Comment te nommes-tu ? — Jean-Roch Coignet. C'est moi qui étais sur la pièce de canon à Montebello. — Ah ! c'est toi ? — Oui, mon général. — Tu as reçu ma lettre ? — C'est mon colonel, M. Lepreux. — C'est juste. Va dans les bureaux en face. Tu demanderas le carton des officiers de la 96ᵉ demi-brigade : tu diras ton nom, et tu m'apporteras une pièce que j'ai signée pour toi. »

Je demandai dans ce bureau; ils regardent ma barbe sans me servir. Cette barbe avait treize pouces de long, et ils croyaient qu'elle était postiche : « Est-elle naturelle ? » me dit le chef.

Je la prends à poignée, et la tire : « Voyez, lui dis-je, elle tient à mon menton, et bien plantée. — Tenez, mon beau sapeur, voilà un papier digne de vous. — Je vous remercie. »

Et je porte ce papier au ministre, qui me dit : « Vois-tu que je ne t'ai pas oublié ? Tu porteras une petite *machine*[1]!... dit-il en touchant mon habit. Et toi, Renard, tu recevras demain, à dix heures, une lettre pour lui. C'est un soldat à l'épreuve; tâche de le garder dans ta compagnie. »

Je remerciai le ministre, et nous partîmes de suite pour nous rendre chez le général Davoust, colonel général des grenadiers à pied. Il nous reçut très bien, en disant : « Vous m'amenez un sapeur qui a une belle barbe. — Je voudrais le garder dans ma compagnie, lui dit mon capitaine; il a un fusil d'honneur. — Mais il est bien petit[2]. »

Il me fit mettre à côté de lui, et dit : « Tu n'as pas la taille pour les grenadiers. — Je désirerais le garder, mon général. — Il faut tromper la toise. Quand il passera sous la toise, tu lui feras mettre des jeux de cartes dans ses bas. Voyons cela, dit-il;... il lui manque six lignes. Eh bien, tu vois qu'avec deux jeux de cartes sous chaque pied, il aura ses six pouces; tu l'accompagneras. — Ah! certainement, mon général. — S'il est accepté, ce sera le plus petit de mes grenadiers. — Mon général, il va être décoré. — Ah! c'est différent, fais ton possible pour le faire recevoir. »

Et nous partîmes pour nous procurer des cartes, mettre des bas. Mon capitaine menait tout cela grand train; il était vif comme un poisson et en vint à bout. Le soir même, je me tenais droit comme un piquet sous la toise, et mon capitaine était là qui se redressait, croyant me faire grandir. Enfin, j'avais mes six pouces, grâce à mes jeux de cartes. Je sortis victorieux. Mon capitaine fut joyeux de son côté; je fus admis dans sa compagnie. « Il

---

1. Allusion à la décoration qui allait orner sa boutonnière.
2. Promener ainsi un simple grenadier ne cadrerait guère avec les usages administratifs de nos jours; ce récit montre avec quel soin la garde fut d'abord recrutée.

faudra, dit-il, couper cette belle barbe. — Je vous demande la permission de la garder quinze jours; je voudrais faire quelques visites avant de la faire couper. — Je vous donne un mois, mais il vous faudra faire l'exercice. — Je vous remercie de toutes vos peines pour moi. — Je vais vous faire porter sur les contrôles à compter d'hier pour votre solde. — Je vous demande la permission de porter ma lettre. — Certainement, » dit-il.

Il envoie chercher un sergent-major, et lui dit : « Voilà un petit grenadier. Vous donnerez une permission à Coignet pour faire ses commissions, et vous allez la lui faire délivrer de suite pour qu'il puisse sortir et rentrer. Il faut le mettre dans l'ordinaire le plus faible[1]. Vous y avez l'homme le plus grand; eh bien, vous aurez le plus petit. — Justement, il se trouve seul en ce moment; c'est un bon camarade; nous pourrons dire : « Le plus petit avec le plus grand. » Le sergent-major me mena dans ma chambre, et il me présenta à mes camarades. Un grenadier, gaillard de six pieds quatre pouces, se mit à rire en me voyant si petit. « Eh bien, lui dit-il, voilà votre camarade de lit. — Je pourrai l'emporter en contrebande sous ma redingote. »

Ça me fit rire, et, le souper servi (on ne mangeait pas ensemble[2], chacun avait sa soupière), je donnai dix francs au caporal. Tout le monde fut enchanté de mon procédé.

Le caporal me dit : « Il faut vous acheter une soupière demain, vous irez avec votre camarade. » Le lendemain, nous allâmes acheter ma soupière, et je régalai mon camarade de lit de deux bouteilles de bière. Rentré à la caserne, je demandai la permission de sortir jusqu'à l'appel de midi. « Allez! » dit mon caporal.

Je vole pour aller voir cette bonne sœur place du Pont-Neuf, chez un chapelier. Je me présente avec la lettre que le maître de la maison avait eu l'obligeance de m'écrire, et ils furent surpris de voir une barbe comme la mienne : « Je suis le militaire à qui vous avez eu l'obligeance d'écrire au Mans. Je viens voir ma sœur Marianne; voilà votre lettre. — C'est bien cela; venez, me dit-il. Attendez un moment, votre grande barbe pourrait lui faire peur. »

---

1. Au point de vue alimentaire, les hommes de chaque compagnie étaient répartis en sections constituant chacune ce qu'on appelait un ordinaire.

2. C'est-à-dire on ne mangeait pas à la gamelle à cinq, comme les troupes de ligne.

Le général Davoust, colonel - général des grenadiers à pied,

nous reçut très bien, en disant :

« Vous m'amenez un sapeur qui a une belle barbe. »

Le général Davoust, colonel-général des grenadiers à pied, nous reçut très bien, en disant :

« Vous m'amenez un sapeur qui a une belle barbe. »

Il revient et me dit : « Elle vous attend, je vais avec vous. »

J'arrive vers cette grosse mère, et lui dis : « Je suis ton frère, viens m'embrasser sans crainte. »

Elle vient en pleurant de joie de me voir; je lui dis : « J'ai deux lettres de mon père, datées de Marengo. »

Et le maître de me dire : « Il faisait chaud[1]. — C'est vrai, monsieur. — Mais, dit-elle, mon frère l'aîné est ici à Paris. — Est-il possible? — Mais oui! il va venir me voir à midi. — Quel bonheur pour moi! Je suis dans la garde du Consul, je vais courir à l'appel et je reviendrai le voir ; à une heure, je serai de retour. »

Je remerciai le maître et je cours à l'appel ; je reviens le plus vite possible, mais mon frère était arrivé. Ma sœur lui avait dit que j'étais dans la garde du Consul. « Fais bien attention, lui dit-il, de ne pas faire connaissance d'un soldat. Ne va pas nous déshonorer; nous avons été assez malheureux. — Mais, mon ami, dit-elle, il va venir après son appel, tu le verras. »

J'arrive; elle me voit et le fait cacher. Je lui dis : « Eh bien, ma sœur, et mon frère Pierre n'est donc pas venu? — Mais si, dit-elle; il dit que vous n'êtes pas mon frère. — Ah! lui dis-je; eh bien, il faut lui dire que c'est

1. C'est-à-dire : la bataille de Marengo a été chaude.

lui qui m'a emmené de Druyes pour Étais où il m'a loué, et il avait du mal au bras. »

Là-dessus, il vint fondre sur moi, et nous voilà tous les trois dans les bras l'un de l'autre, pleurant si fort que tout le monde de la maison est accouru pour voir des malheureux se retrouver au bout de dix-sept ans.

La joie et la douleur furent si grandes, que mon frère et ma sœur ne purent les surmonter; je les perdis tous les deux. J'enterrai ma pauvre sœur au bout de six semaines; la maladie se déclara au bout de huit jours, et il a fallu la conduire à l'hôpital, où elle succomba; je la conduisis au champ du repos. Mon frère ne put survivre à cette perte; je le renvoyai au pays, où il mourut. Je les perdis dans l'espace de trois mois; voilà des malheurs que je ne puis oublier.

Mes devoirs de famille terminés, je repris mes devoirs militaires, et je contai mes malheurs à mon capitaine, qui m'a plaint sincèrement. Je fus habillé promptement et je fus à l'exercice. Comme j'étais déjà fort dans les armes, l'escrime, je continuai; je fus présenté aux maîtres, qui me poussèrent rapidement. Au bout d'un an, on livra un assaut, et je fus applaudi pour ma force et ma modestie à leur laisser le point d'honneur. Plus tard, je me fis présenter par le premier maître dans la rue de Richelieu, pour faire assaut avec des jeunes gens très forts, et là je fis voir ce dont j'étais capable. Je fus embrassé par les maîtres et invité par les forts élèves. Le maître d'armes de chez nous me combla d'amitiés, et dit : « Ne vous y fiez pas! Vous n'avez rien vu, il a caché son jeu et s'est conduit comme un ange. On peut en faire un maître s'il voulait, mais il dit : *Non, je reste écolier....* Voilà sa réponse. »

J'allais tous les jours à l'exercice pour apprendre les mouvements de la garde, et ça ne fut pas long pour moi; au bout d'un mois, je fus quitte et je fus mis au bataillon. La discipline n'était pas sévère; on descendait pour l'appel du matin en sarrau de toile et caleçon (pas de bas aux jambes), et on courait se remettre dans son lit. Mais il nous vint un colonel, nommé Dorsenne, qui arrivait d'Égypte couvert de blessures; il fallait un tel militaire pour faire un garde accompli pour la discipline et la tenue. Au bout d'un an, nous pouvions servir de modèle à toute l'armée. Sévère, il faisait trembler le plus terrible soldat; il réforma tous les abus. On pouvait le citer pour le modèle de tous nos généraux, tant pour la tenue que pour la bravoure. On ne pouvait pas voir de plus beau guerrier sur un champ de bataille. Je l'ai vu couvert de terre par des obus. Une fois relevé, il disait : « Ce n'est rien, grenadiers, votre général est près de vous. »

On nous fit part que le premier Consul devait passer dans notre caserne, et qu'il fallait nous tenir sur nos gardes. Mais il trompa son monde, il nous prit tous dans nos lits; il était accompagné du général Lannes, son favori. Il venait de nous arriver des malheurs : des grenadiers s'étaient suicidés, on ne sut pourquoi. Il parcourt toutes les chambres, et arrive à mon lit. Mon camarade, qui avait six pieds quatre pouces, s'allongea en voyant le Consul près de notre lit; ses jambes passent de plus d'un pied notre couchette. Le Consul croit que c'est deux grenadiers au bout l'un de l'autre et vient à la tête de notre lit pour s'assurer du fait, et suit de sa main tout le long de mon camarade pour s'assurer. « Mais, dit-il, ces couchettes sont trop courtes pour mes grenadiers. Vois-tu, Lannes? il faut réformer tout le coucher de ma garde. Prends note, et que toute la literie soit mise à neuf; celle-ci passera pour la garnison. »

Mon camarade de lit fut cause d'une dépense de plus d'un million, et toute la garde eut des lits neufs de sept pieds.

Le Consul fit une morale sévère à tous nos chefs, et il voulut tout voir; il se fit donner du pain. « Ce n'est pas cela, dit-il, je paye pour du pain blanc, je veux en avoir tous les jours. Tu entends, Lannes? tu enverras ton aide de camp chez le fournisseur pour qu'il vienne me parler. »

Le Consul nous dit : « Je vous passerai en revue dimanche, j'ai besoin de vous voir. Il y a des mécontents parmi vous; je recevrai leurs réclamations. »

Ils s'en retournèrent aux Tuileries. Sur l'ordre qu'il passerait la revue le dimanche, le colonel Dorsenne se donna du mouvement pour que rien ne manquât pour la tenue. Tout le magasin d'habillement fut bouleversé; tous les vieux habits furent réformés, et il passa son inspection à dix heures. Il était d'une sévérité à faire trembler les officiers. A onze heures, on part pour se rendre aux Tuileries; à midi, le Consul descend pour passer la revue, monté sur le cheval blanc que Louis XVI montait, disait-on. Ce cheval était de la plus grande beauté, couvert par sa queue et sa crinière; il marchait dans les rangs au pas d'un homme; on pouvait dire que c'était le plus fier cheval.

Le Consul fit ouvrir les rangs ; il marchait au pas, il reçut beaucoup de pétitions ; il les prenait lui-même et les remettait au général Lannes. Il s'arrêtait partout où il voyait un soldat lui présenter les armes, et il lui parlait. Il fut content de la tenue, et nous fit défiler. Nous trouvâmes des tonneaux de bon vin à la caserne, et la distribution se fit, à chacun son litre. Les pétitions furent presque toutes accordées ; le contentement était général.

QUATRIÈME CAHIER

Ma décoration. — Je suis empoisonné. — Retour au pays. — Le camp de Boulogne
et la première campagne d'Autriche.

On fit venir les sous-officiers et soldats marqués pour recevoir la croix, et nous nous trouvâmes dix-huit cents dans la garde. Le 14 juin 1804, la cérémonie eut lieu au dôme des Invalides. Voilà comme nous étions placés : à droite en entrant, sur les gradins jusqu'en haut, était la garde ; les soldats de l'armée étaient à gauche sur des gradins pareils ; et les invalides étaient au fond jusqu'au plafond. Le corps d'officiers occupait le parterre ; toute la chapelle était pleine.

Le Consul arrive à midi, monté sur un cheval couvert d'or ; les étriers étaient massifs en or [1]. Ce riche coursier était un cadeau du Grand Turc ; on fut obligé de mettre des gardes autour pour ne pas le laisser approcher (ce n'étaient que diamants sur la selle).

Il se présente. Le plus grand silence règne dans la chapelle Il traverse tout ce corps d'officiers et va se placer à droite, dans le fond, sur son trône.

1. Cet *or massif* n'existait que dans l'imagination de Coignet ; mais je n'ai voulu omettre aucune des naïvetés qui achèvent de donner à son récit une tournure originale.

Joséphine était en face, à gauche, dans une loge; Eugène, au pied du trône, tenait une pelote garnie d'épingles, et Murat avait une nacelle remplie de croix. La cérémonie commence par les grands dignitaires, qui furent appelés par leur rang d'ordre. Après que toutes les grandes croix furent distribuées, on fit porter une croix à Joséphine dans sa loge, sur un plat que Murat et Eugène lui présentèrent.

Alors on appela : « Jean-Roch Coignet! » J'étais sur le deuxième gradin; je passai devant mes camarades, j'arrivai au parterre et au pied du trône. Là je fus arrêté par Beauharnais, qui me dit : « Mais on ne passe pas. » Et Murat lui dit : « Mon prince, tous les légionnaires sont égaux; il est appelé, il peut passer. »

Je monte les degrés du trône. Je me présente droit comme un piquet devant le Consul, qui me dit que j'étais un brave défenseur de la patrie et que j'en avais donné des preuves. A ces mots : « Accepte la croix de ton Consul, » je retire ma main droite qui était collée contre mon bonnet à poil, et je prends ma croix par le ruban. Ne sachant qu'en faire, je redescendis les degrés du trône en reculant; mais le Consul me fit remonter près de lui, prit ma croix, la passa dans la boutonnière de mon habit et l'attacha à ma boutonnière avec une épingle prise sur la pelote que Beauharnais tenait.

Je descendis et, traversant tout cet état-major qui occupait le parterre, je rencontrai mon colonel, M. Lepreux, et mon commandant Merle, qui attendaient leurs décorations. Ils m'embrassèrent tous les deux au milieu de ce corps d'officiers, et je sortis du dôme.

Je ne pouvais avancer, tant j'étais pressé par la foule qui voulait voir ma croix. Les belles dames, qui pouvaient m'approcher pour toucher à ma croix, me demandaient la permission de m'embrasser [1]. J'ai vu l'heure que j'allais servir de patène à toutes les dames et messieurs qui se trouvaient sur mon passage. J'arrivai au pont de la Révolution, où je trouvai mon ancien régiment qui formait la haie sur le pont. Les compliments pleuvaient de tous côtés. Enfin, pressé de toutes parts, je finis par entrer dans le jardin des Tuileries, où j'eus bien du mal à pouvoir gagner ma caserne.

En arrivant à la porte, le factionnaire porte les armes. Je me retourne

---

1. On s'embrasse beaucoup moins aujourd'hui. Mais c'était encore à cette époque un témoignage d'estime, et l'usage remontait haut.

pour voir s'il n'y avait pas d'officier près de moi, et j'étais tout seul. Je vais près du factionnaire, je lui dis : « C'est donc pour moi que vous portez les armes? — Oui, me dit-il, nous avons la consigne de porter les armes aux légionnaires. »

Je lui pris la main, la serrai fortement, et lui demandai son nom et sa compagnie. Lui mettant cinq francs dans la main, en le forçant de les prendre, je lui dis : « Je vous invite à déjeuner lors de la descente de votre garde. »

Dieu, que j'avais faim! Je fis venir dix litres de vin pour mon ordinaire, et je dis au cuisinier : « Voilà pour mes camarades! »

Le caporal voit ces bouteilles et dit : « Qui a fait venir ce vin? — C'est Coignet qui mourait de faim. Je lui ai donné son souper de suite, car le lieutenant est venu le chercher; ils sont partis bras dessus, bras dessous, et il a dit de boire à sa santé. »

Mon lieutenant, qui m'avait vu décorer le premier, ne m'avait pas perdu de vue, et s'était emparé de moi. Il me dit obligeamment : « Vous ne me quitterez pas de la soirée. Nous allons voir les illuminations et de là nous irons au Palais-Royal prendre notre demi-tasse de café. L'appel se fait à minuit, et nous ne rentrerons que quand nous voudrons; je réponds de tout. »

Nous nous promenâmes dans le jardin pendant une heure; il me mena au café Borel, au bout du Palais-Royal, et me fit descendre dans un grand caveau[1] où il y avait beaucoup de monde. Là nous fûmes entourés tous les deux. Le maître du café vint près de mon lieutenant, et lui dit : « Je vais vous servir ce que vous désirez. Les membres de la Légion d'honneur sont régalés gratis. »

Les gros matadors[2], qui avaient entendu M. Borel, nous regardent, et ils s'emparent de nous. Le punch se faisait partout. Mon lieutenant leur dit que c'était moi le premier décoré; alors tout le monde de se rabattre sur moi, criant : « Allons! buvons à sa santé! » J'étais confus. On me dit : « Buvez, mon brave. — Je ne puis boire, messieurs, je vous remercie. » Enfin, nous fûmes fêtés de tout le monde; toutes les tables voulaient nous avoir. Nous fûmes saluer le maître de la maison et le remercier; à minuit, nous rentrâmes à notre caserne. Mon lieutenant était sobre comme

1. Connu plus tard sous le nom de *Café des Aveugles*, à cause des aveugles musiciens qui en composaient l'orchestre
2 C'est-à-dire les gros bourgeois.

moi ; nous ne prîmes que très peu de chose.... Que cette soirée fut belle pour
moi, qui n'avais jamais rien vu de pareil !

Mon lieutenant me mena chez mon capitaine le lendemain matin. Nous
fûmes embrassés tous les deux, et il fallut prendre le petit verre : « A midi,
dit mon capitaine, vous irez avec le lieutenant, qui vous présentera à M. de
Lacépède comme le premier décoré; c'est l'ordre. »

Nous prîmes un fiacre. Arrivés dans la cour, on monte de grands
escaliers. Puis les deux battants s'ouvrirent, et nous fûmes annoncés. Le
chancelier paraît avec un gros et long nez. Mon lieutenant lui dit que j'avais
été décoré le premier. Il m'embrassa et me fit signer en tenant ma main
pour faire toutes les lettres de mon nom sur le grand registre. Il nous
accompagna jusqu'à la porte du grand perron. Toute la garde fut en voiture
à la chancellerie. Je fis des visites chez le frère de mon colonel, porte
Saint-Denis, où je fis emplette de nankin pour me faire des culottes courtes.
Bas, boucles d'argent de jarretières, c'était de rigueur pour l'uniforme d'été.

Rien de plus beau que cet habillement. Quand nous étions sous les armes
en grande tenue, nous portions l'habit bleu à revers blancs, échancré sur le
bas de la poitrine, la veste de basin blanc, la culotte et les guêtres de basin
blanc; la boucle d'argent aux souliers et à la culotte, la cravate double,
blanche dessous et noire dessus, laissant apercevoir un petit liséré blanc vers
le haut. En petite tenue, nous avions le frac bleu, la veste de basin blanc,
la culotte de nankin et les bas de coton blanc uni. Ajoutez à cela les ailes
de pigeon poudrées et la queue longue de six pouces, avec le bout coupé
en brosse et retenu par un ruban de laine noire, flottant de deux pouces, ni
plus ni moins.

Ajoutez encore le bonnet à poil avec son grand plumet : vous aurez la
tenue d'été de la garde impériale. Mais ce dont rien ne peut donner une
idée, c'est l'extrême propreté à laquelle nous étions assujettis. Quand nous
dépassions la grille du casernement, les plantons nous inspectaient, et, s'il
y avait une apparence de poussière sur nos souliers, ou un grain de poudre
sur le collet de notre habit, on nous faisait rentrer. Nous étions magnifiques,
mais abominablement gênés.

Lorsque je fus prêt à me présenter chez le général Hulin, il me
reçut et me fit cadeau d'une pièce de ruban de la Légion d'honneur. Le

lendemain, je voulais aller chez M. Champromain, marchand de bois, de Druyes, demeurant près le Jardin des Plantes. Je suivais la rue Saint-Honoré. Arrivant près du Palais-Royal, je rencontrai un superbe homme qui m'accoste pour voir ma croix, me dit-il, et me prie de lui faire l'amitié de venir prendre une demi-tasse de café avec lui. Je refusai, et il insista tant que je me laissai tenter; il me mena au café de la Régence, place du Palais-Royal, qui longe cette place à droite. Arrivé dans ce beau café, il fait venir deux demi-tasses. Moi, je regardais la dame dans son comptoir, qui était si belle; avec mes vingt-sept ans, je la brûlais des yeux.

Ce monsieur me dit : « Votre café va refroidir, prenez votre tasse. » Et, sitôt prise, il se lève et me dit : « Je suis pressé. » Il va payer et sort. Je ne venais que finir ma tasse; je me levai, qu'il avait disparu.

En sortant du café, je tombai sur le pavé. Tout mon corps se tortillait,

CAPITAINE COIGNET.

13

j'étais en double; des coliques me tordaient les boyaux. On vint à mon secours; le monde du café, je crois, me fit porter à notre hôpital, au Gros-Caillou, et je fus de suite traité. On me fit boire je ne sais quoi, on fit bassiner mon lit, et l'on fit venir M. Suze, le premier médecin, très grêlé et borgne, un excellent homme. Il s'aperçut de suite que j'étais empoisonné; il ordonna un bain et des frictions avec de l'huile qui infectait. Un infirmier, bras nus, me frottait le ventre à tour de bras; un autre était tout prêt pour le relayer; et ainsi toute la nuit et tout le jour, pendant huit jours. Et les coliques ne se passaient pas.

Il fallut mettre les ventouses sur le ventre, souffler avec un soufflet; et, lorsque le feu était éteint, on coupait la peau avec un canif. Et puis on mettait un bocal renversé sur mon ventre pour pomper le sang. On m'épuisa de cette manière que l'on pouvait voir avec une chandelle au travers de mon corps. Et les infirmiers de frotter nuit et jour, et de me changer de draps quatre fois par jour, à cause des sueurs qui sortaient.

Tous les matins, je donnais vingt-quatre sous à mes deux infirmiers pour leurs bons soins. M. Suze venait trois fois par jour. Et toujours des ventouses, et des remèdes qui ne faisaient rien. Ce que l'on me donnait à prendre par le haut ne passait pas.

Il en fut fait rapport au premier Consul, qui donna l'ordre de mettre deux médecins de nuit près de moi pour me garder, et des infirmiers nuit et jour.... Un officier de service venait tous les matins savoir de mes nouvelles. Tous les soins me furent prodigués; on donna l'ordre de laisser entrer ceux qui viendraient me voir sans permission, et ma plus grande consolation c'était de voir ma croix qui était près de moi. Je supportais toutes les souffrances possibles pour me guérir.

Cette situation dura quarante jours. Il y eut une consultation où fut appelé le baron Larrey, et des médecins qui me mirent sur des matelas sur une table, bien couvert : « Messieurs, leur dit-il, ce brave militaire est rempli de courage, consultez-vous et dites-moi votre avis. »

Ils délibèrent, et je n'entendis rien. M. Larrey dit : « Il faut faire apporter un baquet de glace et de la limonade, et nous lui en ferons prendre. Si elle passe, nous verrons. »

On me présenta un grand gobelet d'argent plein de limonade bien sucrée, je la bois, et je ne vomis pas. Ces messieurs attendaient, et une demi-heure

après ils m'en donnèrent un second. M. Larrey leur dit : « J'ai sauvé le
haut, sauvez le bas ! » Ils délibèrent pour me faire prendre un remède de
leur composition, et il fit son effet. Je rendis comme trois boules dont une
comme une noix et les autres moins grosses, et la première était pleine de
vert-de-gris; elles furent emportées soigneusement, et ils restèrent deux
heures près de moi.

M. Larrey me dit : « Vous êtes sauvé, je viendrai vous voir ; » et il est
venu trois fois me visiter. Je dois la vie à lui et à M. Suze. Je fus soigné :
on me donna des confitures, et, quand je pus manger, on me donna du
chocolat excellent, et quatre onces de vin de Malaga que je ne pouvais pas
boire. Je le donnais au plus malade de ma chambre. Au bout de huit jours,
on me donna du poisson frit, du mouton, et une bouteille de vin de Nuits;
j'en donnais la moitié à mes camarades. Les confitures venaient du dehors,
je ne sais de quelle main bienfaisante. Je recevais des visites tous les jours.
M. Morin, qui possédait un château dans mon pays, apprit que j'étais à
l'hôpital; il vint me voir et m'offrit son château pour me rétablir. Je l'acceptai
avec reconnaissance. « Vous trouverez du bon laitage, dit-il, je donnerai
des ordres pour que vous soyez soigné. »

Les bons soins des médecins et des infirmiers me sauvèrent de la
vengeance que l'on exerçait contre moi, ne pouvant pas atteindre le premier
Consul, car c'est un des mouchards de Cadoudal qui me guettait pour me
détruire.

Lorsque je fus convalescent, on me portait dans un fauteuil près de la
croisée, pour prendre l'air. M. Suze me fit peigner et dit à l'infirmier qu'il
ne voulait pas que mes cheveux soient coupés. Il fallut mettre beaucoup de
temps et de poudre, et il fit mettre un masque à l'infirmier. Il y avait deux
verres à son masque pour qu'il ne soit pas empoisonné, tout le vert-de-gris
étant dans ma chevelure. Cette opération dura une heure; je donnai trois
francs à l'infirmier pour la conservation de ma chevelure.

Nous portions alors des ailes de pigeon, et il fallait mettre des papillotes
les soirs, et le perruquier venait nous coiffer tous les jours au corps de
garde, le matin. A midi, on ne connaissait pas la garde descendante avec
la garde montante.

Nous fûmes bien débarrassés lorsque l'ordre fut donné de couper les queues, quoique ça fît une révolution dans l'armée, surtout dans la cavalerie[1].

Ma convalescence venait à vue d'œil. Je dis à M. Suze que je me portais bien, et que je désirais avoir une permission pour prendre l'air du pays natal, vu que j'étais invité dans un château pour me rétablir, et que le lait me ferait du bien. « Je vous donnerai, dit-il, trois mois si vous voulez. Soyez prudent! il faut me le promettre. — Je vous le jure! »

Il me donna mon billet de sortie, et, arrivé à la caserne, je présentai mon billet et ma permission de convalescence au capitaine, qui obtint ma paye entière. Je partis habillé tout à neuf, aux frais du gouvernement, par le coche, et, arrivé à Auxerre, je fus logé chez Monfort, porte de Paris. Je me rappelai d'un parent, le père Toussaint Armancier; je le fis venir et lui demandai s'il n'aurait pas entendu dire où était passé mon petit frère, que je n'avais pas vu depuis l'âge de six ans. Il me répondit : « Je sais où. Il est à Beauvoir, chez le meunier Thibault. — Il faut l'envoyer chercher. Dieu, que je suis content! »

Le lendemain, il arrive, se jette dans mes bras; il ne pouvait pas se contenir de joie de me voir si beau, dans un bel uniforme avec la croix. « Mon frère, me disait-il, que je suis content! — Je vais dans notre pays, et, si tu veux, je t'emmènerai, je te placerai dans le commerce, j'ai de bonnes connaissances à Paris. — Eh bien, me dit-il, viens me chercher, je partirai avec toi. — Je te le promets, lui dis-je; apprête-toi. As-tu de l'argent? — Oui, me dit-il, j'ai sept cents francs. — Ça prouve ta bonne conduite, mon ami. »

Et nous dînâmes comme deux enfants retrouvés.

Le lendemain, après notre déjeuner, nous partîmes chacun de notre côté. Arrivant à Courson, je fus arrêté par le brigadier de gendarmerie nommé Trubert, qui me demande si j'étais en ordre; je lui dis : « Regardez ma croix et mon uniforme, c'est mon passeport. » Il fut sot[2].... Je me fis conduire à Druyes. J'arrivai, le samedi à la nuit, au château du Bouloy, chez M. Morin, où l'on m'attendait. Suivant la vallée, je ne fus aperçu de personne.

---

1. Ce n'était pas seulement une question d'ornement dans certains corps de cavalerie. Ainsi les hussards avaient l'habitude de cacher là les pièces d'or qu'ils pouvaient posséder.
2. C'est-à-dire il resta tout hébété.

Le lendemain, dimanche matin, je me mets en grande toilette pour me
rendre à la messe. Je demandai où je pourrais me placer dans une stalle; on
m'indiqua celle à côté du maire, M. Trémeau, qui existe encore, et j'arrivai
dans le chœur. Je me plaçai dans la place indiquée, et le maire se met à ma
gauche. Je le salue. « C'est bien vous Coignet? — Oui, monsieur. — Je vous
attendais; j'ai reçu une lettre de M. Morin qui m'annonçait votre arrivée.

— Je vous remercie; j'aurai l'honneur d'aller vous faire ma visite après la
messe. — Je vous attends. »

Tout le monde se portait du côté du chœur pour voir ce beau militaire
décoré. Je reconnus ma belle-mère en face de moi, et mon père qui me
tournait le dos; il chantait au lutrin. Je ne laissai pas finir la messe tout entière
pour sortir de l'église; je me présente chez mon père. La porte n'était
pas fermée; je me tiens debout, mon père arrive et me voit qui l'attendais
au milieu de la chambre. Je fus à lui pour l'embrasser, il me serra dans
ses bras et je lui rendis la pareille. Ma belle-mère parait pour venir
m'embrasser. « Halte-là! lui dis-je, je n'aime pas les baisers de Judas.
Retirez-vous, vous êtes une horreur pour moi. — Allons! mon fils, dit mon
père, assieds-toi là. Pourquoi n'es-tu pas venu chez ton père? — Je ne voulais

pas y recevoir l'hospitalité sous les yeux de votre femme que je déteste. Des étrangers m'ont offert un asile par amitié, je l'ai accepté. Je vais faire ma visite à M. le maire, et demain je viendrai vous voir à midi, si vous le permettez. — Je t'attendrai. »

Je partis pour monter à la ville, et je trouvai la foule qui m'attendait à mon passage, disant : « Le voilà, ce cher M. Coignet; il n'a pas perdu son temps, il a une belle croix; le bon Dieu l'a béni à cause de toutes les souffrances que sa belle-mère lui a fait endurer. — Laissez-moi! leur dis-je. Je vous verrai tous, mes bons amis; laissez-moi monter à la ville chez M. Trémeau. »

Je fus reçu à bras ouverts chez M. Trémeau, qui dit : « Vous avez votre couvert mis chez moi, et nous vous mènerons à la chasse avec mes frères pour vous désennuyer; vous portez votre port d'armes sur votre poitrine. — Je vous remercie, je viendrai vous voir. »

Quel baume pour moi que cet accueil de l'amitié!

Je rentrai à mon hôtel, et, le lendemain, je descendis chez mon père. Je lui dis : « J'ai enfin retrouvé mon petit frère, après avoir eu le malheur d'avoir perdu les deux autres, dont un est venu mourir près de vous sans que vous lui donniez l'hospitalité. Voilà encore une barbarie de votre femme, et vous, homme faible, vous avez pu fermer la porte à votre fils aîné. Il faudra cependant nous rendre compte, vous savez que vous nous devez trois mille francs. »

Ma belle-mère, qui était au coin du feu, me dit : « Comment ferions-nous pour vous donner tout cet argent? — Il n'est pas permis à une marâtre de femme comme toi de se mêler de mes affaires. Cela me regarde avec mon père; si je n'avais pas tout le respect que je lui dois, je te ferais sauter la tête de dessus tes épaules; tu ne prendras plus les pincettes pour m'arracher le nez. Malheureuse! tu n'as pas honte d'avoir mené ces deux innocents dans les bois et les avoir abandonnés à la merci de Dieu. Vois ton crime, serpent! Si Dieu ne retenait pas mon bras, je ne sais pas, je ferais un malheur. »

Mon père était tout pâle; je frémis de la sortie que je m'étais permis de faire devant lui, mais j'avais le cœur soulagé.

Il ne fut parlé que de moi dans tout le pays et aux environs. Je reçus

des visites de toutes parts, que je rendis, et je fus reçu partout avec amitié.
Je reçus une lettre de M. de la Bergerie, préfet de l'Yonne, sur l'ordre
du maréchal Davoust qui était arrivé à Auxerre, pour être près du maréchal
pour une chasse au loup dans la forêt de Frétoy, près de Courson. J'y fus
accompagné de MM. Trémeau, qui me dirent très obligeamment qu'il fallait
être en chasseur pour ménager mon uniforme; j'étais comme un vrai chasseur
avec mon ruban de la Légion d'honneur. Le maréchal me reconnut de suite :
« Voilà mon grenadier, dit-il au préfet; vous nous suivrez à la chasse toute
la journée. »

Les gardes nous placèrent, et les traqueurs partirent après le signal.
Il fut tué deux loups et des renards; il était défendu de tirer sur le chevreuil,
mais on permit de chasser le gibier le soir et de tirer sur tout.

La chasse fut terminée à quatre heures, et nous fûmes invités, moi et les
MM. Trémeau. Le dîner fut brillant; je fus fêté. Le maréchal dit au préfet :
« C'est le plus petit de mes grenadiers. Allons! amusez-vous bien dans
votre pays. »

Nous partîmes à onze heures du soir, et les MM. Trémeau furent
enchantés du bon accueil du préfet et du maréchal; nos carniers étaient bien
garnis de lièvres.

Je passai mon temps à chasser, je fus voir mon père, qui m'invita à faire
une partie de chasse; je ne pus refuser. Arrivé au rendez-vous, il me dit :
« Voilà le train de trois chevreuils qui ont passé la nuit dans ce taillis; ils ne
sont pas loin. Viens, que je te place. Tu tiendras ma chienne et, au bout
d'un quart d'heure, tu marcheras droit devant toi. Sitôt que j'aurai tiré, tu
la lâcheras. »

Je pars, et, arrivé au milieu de ma course, j'entends deux coups de
fusil. Je lâche le chien, et j'entends mon père me crier : « Par ici! » J'arrive.
Quel fut mon étonnement! Deux chevreuils par terre. « Je les ai tués tous les
deux; je devais les avoir tous les trois, dit-il, je me suis trop pressé. Allons
à la ferme, on viendra les chercher; mais, me dit-il, il nous faut deux
lièvres. Chacun le nôtre! je sais où les trouver. »

Au bout d'une heure, les lièvres étaient dans le carnier. « C'est suffisant,
lui dis-je, allons-nous-en. »

Je fis tous mes adieux de porte en porte pour me rendre à Beauvoir,
chez le père Thibault, pour prendre mon petit frère et l'emmener avec moi

à Paris. Je cachai mon départ, je ne le dis qu'à mon camarade Allard, et je partis à deux heures du matin.

Arrivé à Paris, je plaçai de suite mon frère garçon marchand de vin; je me rendis à ma caserne, où mes camarades me souhaitèrent la bienvenue. Je touchai ma solde entière et trois mois de ma Légion : ce qui me donna deux cents francs; ça remonta mes finances. Exempt de service pendant un mois par ordre du capitaine, je fus tout à fait rétabli pour rentrer en campagne.

On s'apprêtait pour la descente d'Angleterre, disait-on. On faisait faire des hamacs pour toute la garde, avec une couverture pour chacun. Le camp de Boulogne était en grande activité, et nous faisions la belle jambe à Paris. Mais notre tour arriva pour prendre part aux manœuvres de terre et de mer, après de grandes revues et de grandes manœuvres dans la plaine de Saint-Denis, où il fallut endurer la pluie toute la journée. Les canons de nos fusils se remplissaient d'eau, l'arme au bras. Le *grand homme* ne bougeait pas; l'eau lui coulait sur les cuisses; il ne nous fit pas grâce d'un quart d'heure. Son chapeau lui couvrait les épaules[1]; ses généraux baissaient l'oreille, et lui ne voyait rien. Enfin il nous fit défiler et, rendus à Courbevoie, nous barbotions comme des canards dans la cour; mais le vin était là, et on n'y pensait plus.

Le lendemain, on nous lit à l'ordre du jour qu'il fallait se tenir prêt à partir. « Faites vos sacs, dirent nos officiers, faites vos adieux à tout le monde, car il ne reste que les vétérans. »

L'ordre arrive; il faut porter toute la literie au magasin et coucher sur la paillasse, prêts à partir pour Boulogne. On nous campa au port d'Ambleteuse, où nous formâmes un beau camp; le général Oudinot était au-dessus de nous avec douze mille grenadiers, qui faisaient partie de la réserve.

Et tous les jours à la manœuvre. Nous fûmes embrigadés pour faire le service sur mer chacun notre tour. On nous mit très loin, sur une ligne de deux cents péniches. Toute cette petite flottille, divisée par sections, était commandée par un bon amiral, qui était monté sur une belle frégate, au milieu de nous.

---

1. C'est-à-dire les ailes détrempées de son chapeau tombaient sur ses épaules.

Pendant vingt jours, toujours manœuvrant les pièces, nous étions canonniers et marins. Les marins, canonniers et soldats, tout ne faisait qu'un seul homme; l'accord était parfait à bord. La nuit, on criait : *Bon quart!* et le dernier criait : *Bon quart partout!* Le matin, les porte-voix demandaient le rapport de la nuit : « Qu'est-ce qu'il y a de nouveau à votre bord? — On vous fait savoir qu'il y a deux grenadiers qui se sont jetés à l'eau. — Sont-ils noyés? répétait le porte-voix. — Oui, répétait l'autre; oui, mon commandant. — A la bonne heure! » Il disait *à la bonne heure*, parce qu'il avait compris le mot d'ordre.

Une fois, j'étais monté sur une corvette avec dix pièces de gros calibre, cent grenadiers et un capitaine couvert de blessures. J'étais servant de droite d'une pièce, car il fallait tout faire; et la moitié restait sur le pont la nuit. Lorsque mon tour arrivait de descendre pour me coucher dans mon hamac, je disais : « Allons, vieux soldat, te voilà donc dans ton hamac! Allons, repose-toi! »

Le maître cambusier m'entendit : « Où est-il, le vieux soldat? — Me voilà, lui dis-je. — Où est votre hamac? Je vais vous mettre dans une bonne place. »

Et il descendit mon hamac près des caisses de biscuit, et leva une planche : « Mangez du biscuit, et demain je vous donnerai le *boujaron*. » C'est la petite mesure d'eau-de-vie.

On mangeait dans des vases de bois, avec les cuillers de même, des fèves qui dataient de la création du monde. Toutes les rations, par ordinaire[1], étaient dans des filets; c'était de la viande fraîche et de la sole.

1. C'est-à-dire divisées pour chaque ordinaire de compagnie.

Étant au camp d'Ambleteuse, je reçus la visite de mon ancien camarade de lit, en compagnie duquel j'avais fait mes débuts dans la garde. J'ai déjà dit qu'il était le plus grand de tous les grenadiers; du reste, charmant garçon, doux, enjoué, un peu goguenard. Je ne puis me rappeler son nom; je me souviens seulement qu'il était fils d'un aubergiste des environs de Meudon.

Il avait quitté la garde à la suite d'une aventure singulière.

Un jour, nous étions de service aux Tuileries; il fut placé à la porte même du premier Consul, à l'entrée de sa chambre. Quand le Consul passa, le soir, pour aller se coucher, il s'arrêta stupéfait. On l'eût été à moins. Figurez-vous un homme de six pieds quatre pouces, surmonté d'un bonnet à poil de dix-huit pouces de haut, et d'un plumet dépassant encore le bonnet à poil d'au moins un pied. Il m'appelait son nabot, et, quand il étendait le bras horizontalement, je passais dessous sans y toucher. Or le premier Consul était encore plus petit que moi, et je pense qu'il fut obligé de lever singulièrement la tête pour apercevoir la figure de mon camarade.

Après l'avoir examiné un moment, il vit qu'en outre il était parfaitement taillé : « Veux-tu être tambour-major? lui dit-il. — Oui, Consul. — Eh bien, va chercher ton officier. »

A ces mots, le grenadier dépose son fusil et s'élance, puis il s'arrête et veut reprendre son arme, en disant qu'un bon soldat ne devait jamais la quitter. « N'aie pas peur, répliqua le premier Consul; je vais la garder et l'attendre. »

Une minute après, mon camarade arrive au poste. L'officier, surpris de le voir, demanda brusquement ce qui était arrivé. « Parbleu! répondit-il avec son air goguenard, j'en ai assez de monter la garde, j'ai mis quelqu'un en faction à ma place. — Qui donc? s'écria l'officier. — Bah!... le petit caporal. — Ah çà, pas de mauvaise plaisanterie! — Je ne plaisante pas; il faut bien qu'il monte la garde à son tour.... D'ailleurs, venez-y voir, il vous demande, et je suis ici pour vous chercher. »

L'officier passa de l'étonnement à la terreur, car Bonaparte ne mandait guère les officiers près de lui que pour leur donner une *culotte*. Le nôtre sortit l'oreille basse et suivit son nouveau guide. Ils trouvèrent le premier Consul se promenant dans le vestibule, à côté du fusil. « Monsieur, dit-il à l'officier, ce soldat a-t-il une bonne conduite? — Oui, général. — Eh bien, je le nomme tambour-major dans le régiment de mon cousin; je lui ferai trois francs par jour sur ma cassette, et le régiment lui en fera autant. Ordonnez qu'on le relève de faction, et qu'il parte dès demain. »

Ainsi dit, ainsi fait. Mon camarade prit aussitôt possession de ses fonctions nouvelles, et, quand il vint nous voir à Ambleteuse, il avait un uniforme prodigieux, tout couvert de galons, aussi riche que celui du tambour-major de la garde.

Il obtint pour moi la permission de quitter le camp, m'emmena à Boulogne et me paya à dîner.

Le soir, je le quittai pour rejoindre Ambleteuse. J'étais seul ; je rencontrai en route deux grenadiers de la ligne qui voulurent m'arrêter. En ce moment, les soldats de la garde étaient exposés à de fréquentes attaques. Il y avait au camp de Boulogne ce que nous appelions *la compagnie de la lune*; c'étaient des brigands et des jaloux qui profitaient de la nuit pour dévaliser ceux d'entre nous qu'ils trouvaient isolés, pour leur piller leur montre et leurs boucles d'argent, et pour les jeter à la mer. On fut obligé de nous défendre de revenir la nuit au camp sans être plusieurs de compagnie.

Pour moi, je me tirai d'affaire en payant d'audace. J'avais mon sabre, et sept ans de salle. Je dégaine et je défie mes adversaires. Ils crurent prudent de me laisser passer mon chemin; mais si j'avais faibli, j'étais perdu, et le dîner de mon tambour-major m'eût coûté terriblement cher [1].

Un jour, messieurs les Anglais vinrent nous faire une visite avec une forte escadre. Un vaisseau de soixante-quatorze fut assez insolent pour arriver près du rivage; il s'embosse et nous envoie des boulets à toute volée dans notre camp. Nous avions de gros mortiers sur la hauteur; un sergent de grenadiers demanda la permission de tirer sur ce vaisseau, disant qu'il répondait de le couler du premier ou du second coup. « Mets-toi à l'œuvre ! Comment te nommes-tu? dit le Consul. — Despienne. — Voyons ton adresse. »

La première bombe passe par-dessus : « Tu as manqué ton coup, dit notre petit caporal. — Eh bien, dit-il, voyez celle-ci. »

Il ajuste et fait tomber sa bombe sur le milieu du vaisseau. Ce ne fut qu'un cri de joie. « Je te fais lieutenant dans mon artillerie, » dit-il à Despienne.

Voilà les Anglais qui tirent à poudre pour appeler à leur secours, et

1. Cet épisode ne figure point dans le manuscrit, il a été ajouté par Coignet pendant l'impression de la première édition.

voilà le feu dans le vaisseau. Les Anglais sautaient dans nos barques comme dans les leurs. Notre petite flottille poursuivit leurs gros bâtiments. Il fallait voir tous ces petits carlins après de gros dogues; c'était curieux. Les Anglais voulurent revenir à la charge, mais ils furent mal reçus; nous étions en règle. Nos petits bateaux faisaient des dégâts; tous les coups portaient, et leurs bordées passaient par-dessus nos péniches.

Nous eûmes l'ordre de rentrer dans le port pour faire une grande manœuvre sur toute la ligne. Jamais on n'avait vu cent cinquante mille hommes faire des feux de bataillon; tout le rivage en tremblait.

Tous les préparatifs se faisaient pour la descente; c'était un jeudi soir que nous devions mettre à la voile pour arriver sur les côtes d'Angleterre le vendredi. Mais, à dix heures du soir, on nous fit débarquer, sac au dos, et partir pour le pont de Briques, pour déposer nos couvertures.

C'étaient des cris de joie. Dans une heure, toute l'artillerie était en marche pour la belle ville d'Arras. Jamais on n'a fait une marche aussi pénible, on ne nous a pas donné une heure de sommeil. Jour et nuit en marche, par peloton, on se tenait par rang les uns aux autres pour ne pas tomber. Ceux qui tombaient, rien ne pouvait les réveiller. Il en tombait dans des fossés; les coups de plat de sabre n'y faisaient rien du tout. La musique jouait, les tambours battaient la charge, rien n'était maître du sommeil. Les nuits étaient terribles pour nous. Je me trouvais à la droite d'une section. Sur le minuit, je dérivai à droite sur le penchant de la route. Me voilà renversé sur le côté; je dégringole et je ne m'arrête qu'après être arrivé dans une prairie. Je n'abandonnais pas mon fusil, mais je roulais dans l'autre monde. Mon brave capitaine fit descendre pour venir me chercher, j'étais brisé. Ils prirent mon sac et mon fusil, et je fus bien réveillé.

Lorsque nous fûmes sur les hauteurs de Saverne, il fallut prendre des voitures pour les dormeurs. Arrivés enfin à Strasbourg, nous trouvâmes l'Empereur, qui nous passa la revue le lendemain et distribua des croix. Deux nuits nous rétablirent; nous passâmes le Rhin et nous marchâmes à grandes journées sur Augsbourg, et de là sur Ulm, où nous trouvâmes une armée considérable, qu'il fallut repousser au delà d'une forte rivière, avant de parvenir à un couvent sur une hauteur imprenable.

Le maréchal Ney, dans l'eau jusqu'au ventre de son cheval, faisait rétablir le pont, malgré la mitraille. Les sapeurs tombaient, et cet intrépide Ney ne bougeait. Aussitôt la première travée posée, les grenadiers et voltigeurs passèrent pour soutenir les sapeurs, le maréchal revient au galop près du prince Murat, lui prend la main, disant : « Le pont est fini, mon prince. J'ai besoin de vous pour me soutenir. — Je pars de suite, dit-il, avec ma division de dragons. »

Les voilà partis au galop. Le temps était si horrible que le pont était inondé; on ne le voyait plus. Nous étions près de cette rivière, dans un pré ; l'eau nous gagna, elle nous monta jusqu'aux genoux. Il fallait voir la garde barboter comme des canards; tout le monde de rire et de se promener dans l'eau. J'avais la marmite sur mon sac; elle n'était pas renversée, elle se remplissait d'eau, je la versais dans les jambes de mes camarades; nos canons de fusil se remplissaient aussi. Nous ne pouvions pas changer de position, tout le corps du maréchal attendant que l'eau diminue pour passer; les soldats étaient dans la boue; c'est encore nous qui étions les mieux placés. Voilà l'eau qui diminue, on voit les planches du pont! Les troupes s'arrachent de la boue, et se lavent les jambes en passant sur le pont! Nos canards sortent du pré à leur tour, et les colonnes arrivent au pied de cette montagne monstrueuse, défendue par des forces considérables. Mais rien ne put résister au maréchal Ney. Arrivé au village d'Elchingen, il le fait attaquer, les maisons l'une après l'autre, avec les enclos entourés de murs qu'il fallait escalader.

Ce village extraordinaire fut pris à la baïonnette, et nos colonnes arrivèrent au couvent, tout en haut du bourg.

L'Empereur nous fit alors monter au pas de charge pour finir de renverser l'armée du général Mack. Les Autrichiens se battirent en déterminés. Derrière ce village, ce sont des plaines où l'on peut manœuvrer, un peu boisées; et la chaîne de montagnes se prolonge depuis le couvent jusqu'en face d'Ulm. On ne laissa pas l'ennemi un moment tranquille. Murat se couvrit de gloire dans ses belles charges, et le maréchal Ney ne s'arrêta que devant Ulm. L'Empereur fit cerner la ville de toutes parts, et nous donna enfin le temps de nous faire sécher. Le malheur voulut que le feu prît à une jolie maison bourgeoise ; il ne fut pas possible de la sauver. L'Empereur dit, dans sa colère : « Vous la payerez. Je vais donner six cents francs, et vous donnerez un jour de votre paye. Que cela soit versé de suite au propriétaire de la maison. »

Nos officiers faisaient la grimace, mais il fallut passer par là, et la garde a une maison dans ce village. Le propriétaire a fait une bonne journée, car il a reçu une somme considérable.

L'Empereur fit sommer le général Mack, qui se rendit prisonnier de guerre le 19 octobre. On donna les ordres pour partir le lendemain à cinq heures du matin; toute la garde se porta au pied du Michelberg, en face d'Ulm. L'Empereur se plaça sur le haut de ce pain de sucre et fit faire un bon feu; c'est là qu'il brûla sa capote grise. Toute sa garde était autour de lui, et cinquante pièces de canon braquées sur la ville. J'étais de garde sur le mamelon, près de l'Empereur, qui parlait au comte Hulin, général des grenadiers à pied. Tout à coup on voit sortir de la ville d'Ulm une colonne qui n'en finissait pas, et arrivait en face de l'Empereur, dans une plaine au bas de la montagne. Tous les soldats avaient passé leurs gibernes sur leurs sacs pour se débarrasser en arrivant au lieu de désarmement; ils jetaient les armes et les gibernes dans un tas en passant. Le général Mack à leur tête vint remettre son épée à l'Empereur, qui la refusa (tous ses officiers et généraux gardèrent leurs épées et leurs sacs), et qui s'entretint avec les officiers supérieurs fort longtemps.

Cette sortie dura bien quatre à cinq heures (il y en avait vingt-sept mille), et la ville était pleine de blessés et de malades. Nous fîmes notre entrée dans Ulm aux cris de tout le peuple; les officiers furent renvoyés dans leur pays sur parole de ne pas prendre les armes contre la France, et l'Empereur nous fit une proclamation. Le lendemain de la reddition d'Ulm, Napoléon partit pour Augsbourg avec toute sa garde; on fit des marches forcées pour arriver à Vienne.

Des marches de dix-huit et vingt lieues par jour, c'était la ration du soldat. Aussi ils disaient : « Notre Empereur ne se sert pas de nos bras pour faire la guerre, mais de nos jambes. »

Lorsque l'Empereur apprit que le prince Ferdinand s'était sauvé d'Ulm, avec sa cavalerie, il fit partir le prince Murat et les grenadiers d'Oudinot à leur poursuite. Nous les rencontrâmes à dix lieues de chemin; ce n'était que voitures, canons, caissons et cavalerie; ils avaient pris la moitié de leurs armes avec quatre mille chevaux; les routes étaient couvertes de prisonniers.

Nous étions partis à minuit pour rejoindre les avant-gardes, et il fallait traverser les troupes qui se trouvaient sur la route sans les déranger de leur chemin, sur les côtés de la route. Il fallait prendre le milieu, dans la boue, et traverser des colonnes de deux lieues. Nos grenadiers faisaient des enjambées d'une toise et dépassaient deux soldats à chaque pas, et moi, avec mes petites jambes, je trottais pour suivre mes camarades. L'Empereur dormait dans sa voiture, et, lorsqu'il s'arrêtait, il fallait monter la garde, et les corps d'armée passaient.

Lorsque ces troupes avaient fait quinze lieues, l'Empereur repartait à son tour; il nous fallait mettre sac au dos et avaler tout le trajet, toujours la nuit. Nous ne pouvions voir ni ville ni village. Heureusement, les Russes nous attendaient. Les grenadiers d'Oudinot, avec le maréchal Lannes et Murat, firent leur connaissance; ça nous donna le temps d'arriver à Lintz, un peu à gauche de la route de Vienne. Cette ville est adossée à de fortes montagnes, et le Danube passe au pied, entre des rochers; il est si serré, qu'il s'est fait jour dans les fentes des rochers; ce torrent fait frémir. Nous passâmes deux jours; il arrivait des princes envoyés de Vienne; puis un aide de camp du maréchal Lannes, annonçant que les Russes étaient battus. Le lendemain, l'Empereur partit au galop; il était maussade. « Ça ne va pas bien, disaient nos chefs, il est fâché. »

Il donne l'ordre de partir sur-le-champ pour Saint-Polten. Avant d'arriver, à gauche, se trouvent des montagnes boisées très hautes; il y avait

là un corps d'armée campé. Puis, nous partîmes pour Schœnbrunn, résidence
de l'empereur d'Autriche. Ce palais est magnifique, avec des forêts entourées
de murs et remplies de gibier. Nous restâmes quelques jours pour nous
reposer; les carrosses venaient de Vienne; on faisait la cour à Napoléon pour
qu'il ménageât la ville. Les corps d'armée arrivaient sur tous les points; celui
du maréchal Mortier avait souffert beaucoup; il resta en réserve pour se
rétablir. L'Empereur ne perdit pas grand temps, il donna ses ordres pour
que sa garde se mît en grande tenue, et il se mit à sa tête pour traverser
cette grande ville, aux acclamations d'un peuple en joie de voir un si beau
corps. Nous passâmes sans nous arrêter; nous arrivâmes près des ponts,
à une petite distance des faubourgs, dans des endroits boisés où ils se
trouvent un peu masqués. Le grand pont en bois est superbe; nous nous
disions : « Mais comment se fait-il que les Autrichiens nous aient laissé
passer sur un aussi beau pont sans le faire sauter? » Nos chefs nous dirent
que c'était un tour de finesse du prince Murat, du maréchal Lannes et des
officiers du génie.

Nous allâmes coucher dans des villages tout dévastés, par un temps
terrible de neige. L'Empereur prit le devant, il se porta aux avant-postes
pour visiter ses corps d'armée, et de là il se remit en route pour Brunn, en
Moravie, où il établit son quartier général. Nous ne pouvions pas le rattraper;
cette marche était des plus pénibles; nous avions quarante lieues à faire pour
le rejoindre. Nous arrivâmes le troisième jour, abîmés de fatigue. Cette ville
est belle; nous eûmes le temps de nous reposer. Nous étions près d'Austerlitz;
l'Empereur allait faire des courses tous les jours sur la ligne et revenait
content. Nous le voyions joyeux; les prises de tabac faisaient leur jeu (c'était
la preuve de sa joie); et, ses mains derrière son dos, il parlait à tout son
monde.

On donne l'ordre de nous porter en avant près des montagnes de
Pratzen. Devant nous, une rivière à franchir, mais elle était si gelée
qu'elle ne fit aucun obstacle. Nous campons à gauche de la route des
montagnes de Pratzen, avec les grenadiers d'Oudinot à droite, la cavalerie
derrière nous.

Le 1er décembre, à deux heures, Napoléon vient faire visite avec
ses maréchaux à notre front de bandière. Nous étions à manger du
cotignac, nous en avions trouvé de pleins saloirs dans des villages, et
nous faisions des tartines. L'Empereur se mit à rire : « Ah ! dit-il, vous

mangez des confitures! Ne bougez pas!... Il faut mettre des pierres neuves à vos fusils; demain matin nous en aurons besoin. Tenez-vous prêts! »

Les grenadiers à cheval amenaient une douzaine de gros cochons; ils passèrent devant nous. Nous mîmes le sabre à la main, et tous les cochons furent pris. L'Empereur de rire; il fit la distribution : six pour nous et les six autres pour les grenadiers à cheval. Les généraux se firent une pinte de bon sang, et nous eûmes de quoi faire de bonnes grillades.

Le soir, l'Empereur sortit de sa tente, monta à cheval pour visiter les avant-postes avec son escorte. C'était la brune, et les grenadiers à cheval portaient quatre torches allumées. Cela donna le signal d'un spectacle charmant : toute la garde prit des poignées de paille après leurs baraques et les allumèrent. On se les allumait les uns aux autres, une de chaque main, et tout le monde de crier : « Vive l'Empereur! » et de sauter. Ce fut le signal de tous les corps d'armée; je peux certifier deux cent mille torches allumées. La musique jouait et les tambours battaient aux champs. Les Russes pouvaient voir de leurs hauteurs, à plus de cent pieds, sept corps d'armée, sept lignes de feux qui leur faisaient face.

Le lendemain, de bon matin, tous les musiciens eurent l'ordre d'être à leur poste sous peine d'être punis sévèrement[1].

Nous voici au 2 décembre. L'Empereur partit de grand matin pour visiter ses avant-postes et voir la position de l'armée russe; il revint sur un plateau au-dessus de celui où il avait passé la nuit; il nous fait mettre en bataille derrière lui, avec les grenadiers d'Oudinot. Tous ses maréchaux étaient près de lui; il les fit partir à leur poste. L'armée montait ce mamelon pour redescendre dans les bas-fonds, franchir un ruisseau et arriver au pied de la montagne de Pratzen, où les Russes nous attendaient le plus tranquillement du monde. Lorsque les colonnes furent passées, l'Empereur nous fit suivre le mouvement. Nous étions vingt-cinq mille bonnets à poil, et des gaillards.

Nos bataillons montèrent cette côte l'arme au bras, et, arrivés à distance, ils souhaitèrent le bonjour à la première ligne par des feux de bataillon, puis la baïonnette croisée sur la première ligne des Russes, en battant la charge. Contrairement à l'habitude, l'Empereur avait ordonné que les musiciens restassent à leur poste au centre de chaque bataillon. Les

1. Quatorze lignes plus bas on verra pourquoi.

nôtres étaient au grand complet avec leur chef en tête, un vieux troupier d'au moins soixante ans. Ils jouaient une chanson bien connue de nous :

> On va leur percer le flanc,
> Ran, ran, ran, rantanplan, tirelire,
> Ratanplan tirelire en plan !
>
> On va leur percer le flanc,
> Que nous allons rire !
> Ran, tan, plan tirelire,
> Que nous allons rire !

Pendant cet air, en guise d'accompagnement, les tambours, dirigés par M. Sénot, leur major, un homme accompli, battaient la charge à rompre les caisses. Les tambours et la musique se mêlaient. C'était à entraîner un paralytique !

Arrivés sur le sommet du plateau, nous n'étions plus séparés des ennemis que par les débris des corps qui se battaient devant nous depuis le matin. Notre aile droite souffrit beaucoup. Nous les voyions qui ne pouvaient monter cette montagne si rapide. Toute la garde de l'empereur de Russie était en masse sur cette hauteur. Mais on nous fit appuyer fortement à droite. Leur cavalerie s'avança sur un bataillon du 4ᵉ qui couvrit de ses débris le champ de bataille. L'Empereur l'aperçoit et dit au général Rapp de charger. Rapp s'élance avec les chasseurs à cheval et les mamelucks, délivre le bataillon, mais est ramené par la garde russe. L'Empereur nous fit arrêter, et lança d'abord les mamelucks et les chasseurs à cheval. Ces mamelucks étaient de merveilleux cavaliers; ils faisaient de leurs chevaux ce qu'ils voulaient. Avec leur sabre recourbé, ils enlevaient une tête d'un seul coup, et avec leurs étriers tranchants ils coupaient les reins d'un soldat. L'un d'eux revint, à trois reprises différentes, apporter à l'Empereur un étendard russe. A la troisième, l'Empereur voulut le retenir, mais il s'élança de nouveau, et ne revint plus. Il resta sur le champ de bataille.

Les chasseurs ne valaient pas moins que les mamelucks. Cependant ils avaient affaire à trop forte partie. La garde impériale russe était composée d'hommes gigantesques et qui se battaient en déterminés. Notre cavalerie finit par être ramenée. Alors l'Empereur lâcha les *chevaux noirs*, c'est-à-dire les grenadiers à cheval, commandés par le général Bessières. Ils passèrent à côté de nous comme l'éclair et fondirent sur l'ennemi. Pendant un quart d'heure, ce fut une mêlée incroyable, et ce quart d'heure nous parut un

Nous étions vingt-cinq mille bonnets à poil, et des gaillards.

Nous étions vingt-cinq mille bonnets à poil, et des gaillards.

siècle. Nous ne pouvions rien distinguer dans la fumée et la poussière. Nous avions peur de voir nos camarades sabrés à leur tour. Aussi nous avancions lentement derrière eux, et, s'ils eussent été battus, c'était notre tour[1].

Il y eut une mêlée pendant plusieurs minutes; tout était pêle-mêle, on ne savait qui serait maître; mais nos grenadiers furent vainqueurs, et ils revinrent se placer derrière l'Empereur. Le général Rapp revint couvert de sang, amenant un prince avec lui.

On nous avait fait avancer au pas de charge pour soutenir cette lutte; l'infanterie russe était derrière cette masse et nous croyions notre tour arrivé, mais ils battirent en retraite dans la vallée des étangs. Ne pouvant passer sur la chaussée qui était encombrée, il leur fallut passer sur l'étang de gauche en face de nous; et l'Empereur, qui s'aperçut de leur embarras, fait descendre son artillerie et le 2e régiment de grenadiers. Nos canonniers se mettent en batterie. Voilà boulets et obus qui tombent sur la glace, elle cède sous cette masse de Russes. Toutes les troupes tapaient des mains, et notre Napoléon se vengeait sur sa tabatière; c'était la défaite totale.

Au milieu de ces circonstances solennelles, nous trouvâmes moyen de rire comme des enfants. Un lièvre, qui se sauvait tout affolé de peur, arriva droit à nous. Mon capitaine Renard, l'apercevant, s'élance pour le sabrer au passage, mais le lièvre fait un crochet. Mon capitaine persiste à le poursuivre, et le pauvre animal n'a que le temps de se réfugier, comme un lapin, dans un trou. Nous qui assistions à cette chasse, nous criions tous à qui mieux mieux : « Le renard n'attrapera pas le lièvre! le renard n'attrapera pas le lièvre! » Et, en effet, il ne put l'attraper; aussi on se moqua de lui, et l'on rit d'autant plus que le capitaine était le plus excellent homme, estimé et chéri de tous ses soldats. La journée se termina à poursuivre et à prendre des canons, des équipages et des prisonniers. Le soir, nous couchâmes sur la belle position que la garde russe occupait le matin, et l'Empereur donna tous ses soins à faire ramasser les blessés. Il y avait deux lieues de champ de bataille à parcourir pour les ramasser, et tous les corps fournirent du monde pour cette pénible corvée.

Le soir, nous allâmes chercher du bois et de la paille dans un village, sur le revers de cette montagne, qui fait face aux étangs. Il fallait descendre rapidement, on ne voyait pas pour se conduire. Mais nos maraudeurs trouvèrent des ruches, et, pour prendre le miel, ils mirent le feu à un

1. Les trois derniers alinéas ont été ajoutés à l'original pendant l'impression de la première édition.

hangar immense. L'incendie nous éclaira pour transporter tout ce dont nous avions le plus grand besoin pour passer une nuit glaciale, et pour remonter des sentiers tortueux. Ne trouvant pas de vivres, je m'emparai d'un grand tonneau de sapin. Je prends un lit de plume, je le fourre dans mon tonneau et le fais mettre sur mon dos par les camarades. Puis je remontai la côte; ce malheureux tonneau roulait sur mon dos, mais j'eus le courage d'arriver à mon bivouac. Je déposai mon fardeau, et mon capitaine Renard vint de suite me prier de lui donner place dans mon tonneau. Je repars' de suite au village et rapporte une charge de paille, que je mets dans mon tonneau, puis je mets le lit de plume. Nous nous fourrons la tête dans le fond, et les pieds près du feu. Jamais on n'a passé une nuit plus heureuse. Mon capitaine disait : « Je me rappellerai toute ma vie de vous. »

Le lendemain, nous partîmes pour Austerlitz, pauvre village couvert en paille, avec un vieux château, mais nous trouvâmes six cents moutons dans les écuries de ce manoir, et la distribution en fut faite à la garde. L'Empereur d'Autriche vint là trouver Napoléon. Après que les deux empereurs se furent entendus, nous partîmes pour Vienne à journées raisonnables, et nous arrivâmes à Schœnbrunn, dans ce beau palais où on nous laissa reposer jusqu'au règlement des affaires. La garde eut l'ordre de rentrer en France par étapes à petites journées. Quelle joie pour nous! et bien nourris! Mais l'armée ne rentrait pas; il fallait que la paix fût signée, et nos troupes eurent le temps de se refaire. Les étapes n'étaient plus de vingt lieues; c'était bien commode pour nous de trouver la nourriture prête en arrivant. Nous fûmes bien reçus en Bavière, et nous repassâmes le Rhin avec des transports de joie en revoyant notre patrie.

Nous fûmes reçus à Strasbourg et fêtés de ce bon peuple. Je fus droit à mon logement, où j'avais laissé mes effets en passant. Je trouvai tout dans un état parfait. Ces braves gens me tâtaient et me disaient : « Vous n'êtes pas blessé? » Leur demoiselle disait : « Nous avons prié pour vous; tout votre linge est bien blanc et vos boucles d'argent sont brillantes; je les ai fait nettoyer par l'orfèvre. — Eh bien, ma jeune demoiselle, je vous rapporte de Vienne un joli châle que je vous prie d'accepter. »

Elle devint rouge devant sa mère; le père et la mère étaient ivres de joie. Je leur dis : « Si j'étais mort, c'était pour votre demoiselle[1]. » Il me

_____
1. C'est-à-dire mes effets en dépôt devenaient la propriété de votre fille.

prit par la main : « Allons au café, me dit-il ; la garde fait séjour, vous aurez le temps de vous reposer. »

Ce beau châle me venait du château impérial où j'avais été en sauvegarde. La dame[1] me demanda si j'étais marié ; je lui dis : « Oui, madame. — Je vous ferai un cadeau pour votre épouse, pour votre conduite avec mon mari. »

Nous nous dirigeâmes sur la belle ville de Nancy, et de Nancy à Épernay. On

détacha le premier bataillon au bourg d'Aÿ, à une lieue d'Épernay ; c'est là qu'on récolte le vin mousseux. Cette ville est très riche par le produit de ses vins ; il y avait quinze ans qu'ils n'avaient logé de troupes. Il n'est pas possible d'être mieux reçu que nous ; ils ne voulurent pas que la garde dépense rien ; ils se chargèrent de tout défrayer : « Vous ne boirez pas de vin mousseux, dirent-ils, mais ce soir nous verrons. Soyez tranquilles, vous serez régalés. »

Le soir, après dîner, le vin mousseux arrive, et les propriétaires furent obligés de mener leurs soldats coucher, en les conduisant par-dessous les bras ; ils n'avaient plus de jambes.

Le lendemain, tous les propriétaires nous firent la conduite avec leurs

1. Sans doute la femme d'un fonctionnaire du palais que Coignet eut pour consigne de faire respecter. En se faisant passer pour marié il pressentait évidemment quelque cadeau.

domestiques qui portaient des paniers de vin, et nos officiers furent obligés
de prier ces braves gens de s'en aller. Nos ivrognes tombaient dans les
fossés! c'était un désordre!... Il fallut trois heures de repos dans la plaine,
à deux lieues d'Épernay, pour donner le temps de rejoindre. Les propriétaires
d'Aÿ furent obligés de ramasser et de ramener nos traînards. Nous ne fûmes
réunis que le lendemain, mais personne ne fut puni.

Nous arrivâmes à Meaux, en Brie, où nous fûmes bien reçus. J'étais
seul; je vais présenter mon billet de logement dans la rue Basse, qui va
à Paris. Je fais lire mon billet, comme je ne savais pas lire. Un gros
monsieur me dit : « Cette dame est riche, mais elle va vous mener à
l'auberge. Tenez! allez à cette boutique de serrurier. » Je me présente chez
ce serrurier et lui montre mon billet : « Mon brave, dit-il, ma propriétaire
va vous mener à l'auberge. — Soyez tranquille! j'espère convenir à cette
dame. Vous viendrez me voir dans une heure. — Mais vous n'y serez plus.
— Vous verrez cela sans bruit. » Je monte au premier : « Madame, je
vous salue; voilà votre billet. — Mais, monsieur, je ne loge pas. — Je le
sais, madame; mais je suis bien fatigué, je vais me reposer un peu. Si
madame voulait avoir la bonté d'aller me chercher une bouteille de vin,
voilà quinze sous. Et je partirai après. »

Elle va avec mes quinze sous me chercher une bouteille. Aussitôt sortie,
je mets habits bas et mon mouchoir autour de ma tête; je me fourre dans
son lit, et me mets à trembler de toutes mes forces. Voilà madame qui arrive;
me voyant dans son lit, elle fit un cri; elle fut chercher ses locataires qui
avaient le mot. Ils lui dirent : « Il faut lui faire chauffer du vin bien sucré
et lui mettre le pot-au-feu pour lui faire du bon bouillon, le bien couvrir;
c'est un fort frisson. » Les malins se régalèrent aux dépens de l'avare.
Le soir, on vint me visiter, et la dame passa la nuit dans son fauteuil.
Le lendemain, madame me remit les quinze sous, et l'on me fit la conduite; les voisins furent enchantés de la farce que j'avais jouée.

Nous arrivâmes à Claye, et de Claye à la porte Saint-Denis, où le peuple
de Paris nous attendait; on nous avait fait dresser un arc de triomphe. Nous
trouvâmes, aux Champs-Élysées, des tentes et des tables servies de viandes
froides, avec des vins cachetés. Mais le malheur voulut que la pluie tombât
tellement fort que les plats se remplissaient d'eau. Nous ne pûmes manger,
on faisait sauter les cous de bouteilles avec les bouchons et on buvait debout.
C'était pitié de nous voir, tous trempés comme des canards.

Nous partîmes pour Courbevoie trois bataillons; un resta pour faire le service. L'Empereur nous donna du repos, et nous fûmes habillés tout à neuf. Nous passâmes de belles revues; la bonne ville de Paris nous servit un dîner magnifique sous les galeries de la place Royale; rien n'y manquait. Le soir, comédie gratis à la Porte-Saint-Martin. On nous donna pour représentation *le Passage du mont Saint-Bernard*, et nous vîmes les bons moines qui descendaient de cette montagne, avec leurs gros chiens qui les suivaient. En voyant ces bons capucins et leurs chiens, je me croyais encore à traîner ma pièce de canon. J'en tapais des pieds et des mains. Mes camarades me disaient : « Vous êtes donc fou? » Je répondais : « Mais je les ai vus au mont Saint-Bernard, ces beaux chiens; et voilà les mêmes capucins. »

L'appel ne se fit qu'à deux heures du matin; personne ne fut puni, et toutes les petites escapades furent pardonnées.

CINQUIÈME CAHIER

Campagnes de Prusse et de Pologne. — Entrevue de Tilsitt. — On me fait caporal.
Campagnes d'Espagne et d'Autriche. — Je suis nommé sergent.

Les princes alliés venaient faire leur cour à Napoléon, et il les régalait de belles revues. Nous montions la garde chez ces princes, qui nous donnaient tous, plus ou moins. Pour les grands fonctionnaires, c'est Mgr Cambacérès qui était le moins généreux : jamais plus d'une demi-bouteille au factionnaire qui était à l'entrée. Aussi nous faisions la grimace lorsque notre tour tombait chez lui.

Nous étions surchargés de service : huit heures de faction et deux heures de patrouille, qui font dix heures par nuit[1] ; de planton[2] pendant vingt-quatre heures, sans se déshabiller. Il fallait descendre au premier coup de rappel et répondre : *Présent*. Tous les jours, la garde descendante avait vingt-quatre heures de planton à faire. Puis, c'étaient de grandes manœuvres qui nous tenaient toute la journée dans la plaine des Sablons et aux Tuileries.

1 C'est-à-dire par garde de vingt-quatre heures.
2. C'est-à-dire de piquet à la caserne.

L'Empereur fit venir beaucoup d'artillerie, des fourgons, des caissons; il les fit ouvrir pour s'assurer si rien n'y manquait. Il montait sur les roues pour voir si rien n'était oublié, surtout la pharmacie, les pelles et pioches. Il faisait l'inspection sévère, M. Larrey présent pour la pharmacie; et les chefs du génie, pour les pelles et pioches. Il les menait durement si tout n'était pas complet. C'était l'homme le plus dur et le meilleur; tous tremblaient, et tous le chérissaient.

L'ordre fut donné de passer la revue du linge et chaussures, et l'inspection des armes pour faire campagne. L'Empereur nous passa en revue, et nous eûmes l'ordre de nous tenir prêts à partir. Nos officiers nous disaient que nous partions pour un congrès, que l'empereur de Russie et le roi de Prusse s'y trouveraient réunis. Mais arrivés sur les frontières de Prusse, on nous lit à l'ordre que la guerre était déclarée avec la Prusse et la Russie.

Nous partîmes dans les premiers jours de 1806 pour nous diriger sur Wurtzbourg, où l'Empereur nous attendait. Cette ville est belle, elle a un château magnifique; il y eut grande réception des princes par Napoléon. De là les corps d'armée furent dirigés sur Iéna, à marches forcées; nous y arrivâmes le 13 octobre, à dix heures du soir. Nous traversâmes cette ville sans la voir; pas une seule lumière ne nous éclairait; tout le monde était parti. Silence absolu. Arrivés contre la ville, au pied d'une montagne rapide comme le toit d'une maison, il fallut grimper et nous mettre en bataille de suite sur le plateau. Sur le bord de ce précipice, il fallait nous placer à tâtons; personne ne se voyait. Il fallait faire le plus grand silence; l'ennemi était près de nous. On nous fit mettre de suite en carré, l'Empereur au milieu de la garde. Notre artillerie arrivait au pied de cette terrible montagne, et, ne pouvant pas la franchir, il fallut élargir le chemin et couper les roches. L'Empereur était là qui faisait travailler le génie; il ne quitta que lorsque le chemin fut terminé et que la première pièce de canon passa devant lui attelée de douze chevaux, sans parler ni faire le moindre bruit.

On montait quatre pièces par voyage, et on les mettait de suite en batterie devant notre front de bandière. Puis, on retournait avec les mêmes chevaux au pied de cette montagne pour les atteler à d'autres. Une partie de la nuit fut employée à ce pénible travail, et l'ennemi ne s'en aperçut pas.

L'Empereur se plaça au milieu de son carré, et permit de faire deux
à trois feux par compagnie. Nous étions deux cent vingt par compagnie. Il
fut permis de partir pour aller chercher des vivres, à vingt par compagnie.
Le voyage n'était pas long, nous pouvions jeter une pierre du haut dans la
ville. Toutes les maisons étaient désertes; ces pauvres habitants avaient tout
abandonné. Nous trouvâmes tout ce dont nous avions besoin : surtout du
vin, du sucre. Il y avait des officiers pour maintenir l'ordre, et dans trois
quarts d'heure nous étions en route pour remonter chargés de vin, sucre,
chaudières, et des vivres de toutes espèces. Nous avions des bougies pour
nous éclairer dans les caves, et nous trouvâmes dans les gros hôtels beaucoup
de vin cacheté.

On fit porter du bois, et les feux s'allumèrent, avec le vin et le sucre
dans les chaudières. Nous bûmes à la santé du roi de Prusse toute la
nuit, et tout le vin cacheté fut partagé. Il y en avait en profusion; chaque
grenadier avait trois bouteilles : deux dans le bonnet à poil et une dans sa
poche. Toute la nuit on eut le vin chaud; nous en portâmes à nos braves
canonniers, qui étaient morts de fatigue, et ils nous remercièrent. Leurs
officiers furent invités à venir prendre le vin chaud avec les nôtres; nos
moustaches furent bien arrosées, mais défense de faire du bruit. Quelle
punition pour nous de ne pouvoir parler, ni chanter! Tout le monde avait de
l'esprit dans la tête.

L'Empereur nous voyait si sages, que cela le rendait joyeux. Avant le
jour, il était à cheval pour visiter son monde. L'obscurité était si profonde, qu'il
fut obligé de se faire éclairer pour se conduire, et les Prussiens, voyant des
lumières qui se promenaient le long de leurs lignes, firent feu sur Napoléon.
Mais il continua sa course, rentra à son quartier général, et fit prendre les
armes.

Le petit jour ne paraissait pas encore que les Prussiens nous souhaitèrent
le bonjour (le 14 octobre) par des coups de canon qui passèrent par-dessus
nos têtes. Et un vieux soldat d'Égypte dit : « Les Prussiens sont enrhumés;
les voilà qui toussent. Il faut leur porter du vin sucré. »

Toute l'armée se porta en avant sans y voir d'un pas. Il fallait tâter
comme des aveugles, se heurtant les uns contre les autres. Au bruit du
mouvement qui s'entendait devant nous, on reconnut qu'il fallait faire halte
et commencer l'attaque. Notre brave maréchal Lannes se fit entendre à notre

gauche; ce fut le signal pour toute la ligne, on ne se voyait qu'à la lumière de la fusillade. L'Empereur nous fit avancer rapidement contre leur centre. Il fut obligé de nous dire de nous modérer et de nous arrêter. Leur ligne était percée comme celle des Russes à Austerlitz. Le maudit brouillard nous gênait; mais nos colonnes avançaient toujours, et nous avions du terrain pour nous reconnaître.

Sur les dix heures, le soleil vient nous éclairer sur un beau plateau. Là nous pûmes nous voir en face. Nous aperçûmes à notre droite un beau carrosse et des chevaux blancs; on nous dit que c'était la reine de Prusse qui se sauvait. Napoléon nous fit arrêter pendant une heure, et nous entendîmes sur notre gauche une fusillade épouvantable. L'Empereur envoie de suite un officier pour savoir ce qui se passait; il était en colère, il prenait des prises de tabac et il piétinait devant nous. L'officier arrive et lui dit : « Sire, c'est le maréchal Ney qui est aux prises avec ses grenadiers et ses voltigeurs contre une masse de cavalerie. »

Il fit partir de suite sa cavalerie, et tout le monde marcha en avant : Lannes et Ney furent maîtres de la gauche; l'Empereur s'y porta et il ne grogna plus.

Le prince Murat arrive avec ses dragons et ses cuirassiers; ses chevaux tendaient la langue. On ramena une division entière de Saxons, c'était pitié à voir, car le sang ruisselait sur la moitié de ces malheureux. L'Empereur les passa en revue, et nous leur donnâmes tout notre vin, surtout aux blessés, ainsi qu'à nos braves cuirassiers et dragons. Nous avions bien encore mille bouteilles de vin cacheté, et nous leur sauvâmes la vie. L'Empereur leur donna le choix de rester avec nous ou d'être prisonniers, disant qu'il ne faisait pas la guerre à leur souverain.

L'Empereur, après la bataille gagnée, nous laissa à Iéna; il partit pour voir les corps de Davout et Bernadotte. Sur notre droite, on entendait le canon de très loin, et l'Empereur envoya l'ordre de nous tenir prêts à partir. Nous passâmes la nuit dans cette malheureuse ville déserte. L'Empereur revint; on ramassa les blessés, et nous les emmenâmes sur Weimar, une belle ville. Nous eûmes une affaire sérieuse à l'attaque de Hassenhausen contre beaucoup de cavalerie; mais le prince Murat en fit son affaire. Nous marchâmes sur Erfurt, sans pouvoir rattraper les corps d'armée de Davout

et Bernadotte, qui ramassèrent tous les bagages des Prussiens et des canons.
Nous perdîmes beaucoup de monde.

Le 25, nous arrivâmes à Potsdam; nous eûmes séjour le 26 et le 27
à Charlottenbourg, beau palais du roi de Prusse qui fait face à Berlin. Cet
endroit est boisé jusqu'à la porte d'entrée de cette belle capitale; on ne peut
rien voir de plus joli. Cette porte est surmontée d'un beau char de triomphe
et les rues sont tirées au cordeau. De la porte de Charlottenbourg pour
arriver au palais, il y a une allée au milieu et des bancs pour les curieux.

L'Empereur fit son entrée, le 28, à la tête de vingt mille grenadiers
et de nos cuirassiers, et de toute notre belle garde à pied et à cheval. On
peut dire que la tenue était aussi belle qu'aux Tuileries; l'Empereur était
fier dans son modeste costume, avec son petit chapeau et sa cocarde d'un
sou. Son état-major avait le grand uniforme, et c'était curieux pour des
étrangers de voir le plus mal habillé maître d'une si belle armée.

Le peuple était aux croisées comme les Parisiens le jour de notre
arrivée d'Austerlitz. C'était magnifique de voir un si beau peuple se porter
en foule sur notre passage et nous suivre.

On nous forma en bataille devant le palais, qui est isolé, devant et
derrière, par de belles places et un beau carré d'arbres, où le grand Frédéric
est sur un piédestal, avec ses petites guêtres.

Nous fûmes logés chez les habitants et nourris à leurs frais, avec une
bouteille de vin par jour. C'était terrible pour les bourgeois, car le vin valait
trois francs la bouteille. Ils nous prièrent, ne pouvant pas se procurer de
vin, de prendre de la bière en cruchon. A l'appel, tous les grenadiers en
parlèrent à nos officiers, qui nous dirent de ne pas les contraindre à donner
du vin, que la bière était excellente. Nous portâmes la consolation dans
toute la ville, et la bière en cruchon ne fut pas épargnée. Il n'est pas possible
d'en boire de meilleure. La paix et la bonne harmonie régnaient partout;
il n'était pas possible d'être mieux; tous les bourgeois venaient avec
leurs domestiques nous apporter notre repas, et bien servi. La discipline
était sévère; le comte Hulin était gouverneur de Berlin : le service était
rigoureux.

L'Empereur passa la revue de sa garde devant le palais, du côté de la
statue du grand Frédéric, auprès de beaux tilleuls. Derrière la statue sont
trois rangées de bornes de cinq pieds de haut, avec barres de fer enclavées.

Nous étions en bataille devant le palais; l'Empereur arrive, fait porter les armes, croiser la baïonnette; notre colonel répétait le commandement. Il commande : *Demi-tour!...* (Le colonel répète). Puis : *En avant, pas accéléré, marche!* Et nous voilà arrêtés contre les bornes de cinq pieds de haut.

L'Empereur, nous voyant arrêtés, dit : « Pourquoi ne marches-tu pas? » Le colonel répond : « On ne peut passer. — Comment t'appelles-tu? — Frédéric. »

L'Empereur, avec un ton sévère, lui dit : « Pauvre Frédéric! Commande : *En avant!* »

Et nous voilà sautant par-dessus les bornes et les barres de fer; il fallait nous voir escalader.

Le corps du maréchal Davout fit son entrée dans Berlin le premier, et marcha sur la frontière de Pologne. Nous apprîmes avant de partir que Magdebourg s'était rendu. L'Empereur régla ses comptes avec les autorités de Berlin, et nous partîmes pour rejoindre les corps qui se portaient sur la Pologne. Arrivés à Posen, nous fîmes séjour. Nos corps marchaient sans relâche sur Varsovie. Les Russes eurent la bonté de nous céder ces deux belles villes, mais ils ne furent pas généreux pour les vivres; ils emportèrent tout de l'autre côté et ravagèrent tout le pays, ne laissant que ce qu'ils ne purent emporter; ils firent sauter tous les ponts, emmenèrent tous les bateaux. L'Empereur montra du mécontentement. Déjà, à Posen, je l'avais vu monter à cheval si en colère, qu'il sauta par-dessus son cheval de l'autre côté et donna un coup de cravache à son écuyer.

On nous fit mettre en position avant d'arriver à Varsovie. Nous aperçûmes les Russes de l'autre côté d'une rivière, sur une hauteur commandant la route. On rassembla quinze cents nageurs; on les fit passer à la nage avec leurs cartouches et leurs fusils sur leurs têtes; à minuit, ils tombèrent sur les Russes endormis autour de leurs feux. On s'empara de la position et nous fûmes maîtres de la droite du fleuve; mais les barques nous manquaient. Le maréchal Ney, qui avait fait des prodiges sur Thorn, nous envoya des barques pour faire des ponts. L'Empereur fut au comble de sa joie, et dit : « Cet homme est un lion. »

L'Empereur fit son entrée la nuit dans Varsovie. Les grenadiers d'Oudinot, et nous, arrivâmes de jour; ce bon peuple vint au-devant de nous pour voir cette belle colonne de grenadiers. Ils s'efforcèrent de bien nous recevoir. Les Russes leur avaient tout emporté. Il fallut acheter des grains et des bœufs pour nourrir l'armée, et les juifs firent de bonnes affaires avec Napoléon. Il nous arriva des vivres de tous côtés; on fit faire du biscuit. On peut dire que les juifs sauvèrent l'armée tout en faisant leur fortune.

Lorsque l'Empereur fut en mesure pour recommencer la campagne et que ses troupes furent pourvues de vivres, il passa de grandes revues; la dernière eut lieu par un froid des plus rigoureux. Il arrive pendant la revue un bel équipage; un petit homme descend de voiture, et se présente à l'Empereur devant la garde. Il avait

cent dix-sept ans, et il marchait comme à soixante. L'Empereur voulut lui donner le bras. « Je vous remercie, Sire, » dit-il. C'était, à ce qu'il paraît, le doyen de la Pologne[1].

Les gelées étant arrivées au point où on le désirait, on fit faire la distribution de biscuits pour quatorze jours. J'achetai du jambon pour vingt francs, et je n'en avais pas une livre; personne ne pouvait rien avoir pour de l'argent. Nous entrâmes par un temps des plus rigoureux, en décembre, dans un pays tout désert, couvert de bois, avec des routes de sable. On ne trouva personne dans ces malheureux villages; les Russes nous faisaient place et nous trouvions leurs bivouacs déserts. On nous fit marcher la nuit, et nous

1. Nous avons cherché la confirmation de ce fait singulier. Le bonhomme s'appelait Naroçki, et prétendait en effet être né en 1690. Mais son grand âge n'était invoqué que pour obtenir une pension.

arrivâmes près d'un château à minuit. Ne sachant pas où nous étions, nous posâmes nos sacs sous des noisetiers, dans un bivouac abandonné par les Russes. En posant mon sac, je sens une petite hauteur, je tâte dans la paille. Dieu, quelle joie pour moi! deux pains de munition de trois livres chacun. Je me mets à genoux devant mon sac, je l'ouvre; je prends un de mes pains, et le place dans mon sac. Pour l'autre, je le partage en morceaux. Il faisait si nuit que personne ne me vit. « Que faites-vous ? » dit mon capitaine Renard.

Lui prenant la main et y mettant un morceau de pain, je lui dis : « Silence! gardez mon sac et mangez... Je vais chercher du bois. »

Je partis avec quatre hommes de mon ordinaire, et nous trouvâmes une pièce de canon braquée devant le château. Nous démontâmes la pièce, et nous apportâmes les roues et les affûts. Arrivés près de notre capitaine avec ces morceaux monstrueux, nous fîmes du feu pour toute la nuit. Quelle bonne nuit! Nous fûmes nous cacher, nous deux mon capitaine, pour nous régaler de ce bon pain. Je lui dis : « J'en ai un dans mon sac, vous aurez votre part demain soir. »

Le lendemain, nous partîmes pour prendre à droite dans des sables et des bois. Voilà un temps affreux : neige, pluie et dégel. Voilà le sable qui plie sous nos pieds, et l'eau qui surnage sur le sable mouvant. Nous enfoncions jusqu'aux genoux. Il fallait prendre des cordes pour attacher nos souliers sur le cou-de-pied, et, quand nous arrachions nos jambes de ce sable mouvant, les cordes cassaient et les souliers restaient dans la boue détrempée. Parfois, il fallait prendre la jambe de derrière pour l'arracher comme une carotte, et la porter en avant, puis aller rechercher l'autre avec ses deux mains et la rejeter aussi en avant, avec nos fusils en bandoulière, pour pouvoir nous servir de nos mains. Et toujours la même manœuvre pendant deux jours.

Le découragement commençait à se faire sentir dans les rangs des vieux soldats; il y en eut qui se suicidèrent dans le transport des souffrances. Nous en perdîmes bien soixante dans le trajet de deux jours pour arriver à Pultusk, un mauvais village couvert en paille. La chaumière que l'Empereur habitait ne valait pas mille francs. C'était là le but de notre misère, il ne fut pas possible d'aller plus loin.

Nous campâmes sur le front de ce pauvre village que l'on nomme Pultusk. Pour établir notre bivouac, nous fûmes chercher de la paille pour mettre sous nos pieds. N'en trouvant pas, nous prîmes des gerbes de blé pour pouvoir nous maintenir sur terre, et les granges furent pillées. Je fis plusieurs voyages; je rapportais une auge que les grenadiers à cheval n'avaient pu enlever; ils me la chargèrent sur le dos, et j'arrive à mon bivouac en faisant trembler mes camarades, qui étaient des colosses auprès de moi. Mais Dieu m'avait donné des jambes fines comme celles d'un cheval arabe. Je retourne encore au village; je rapporte un petit pot, deux œufs et du bois; j'étais mort de fatigue.

Non! jamais l'homme ne pourra peindre cette misère. Toute notre artillerie était embourbée; les pièces labouraient la terre. La voiture de l'Empereur, avec lui dedans, ne put s'en tirer. Il fallut lui mener un cheval près de sa portière pour le sortir de ce mauvais pas, pour se rendre à Pultusk. Et c'est là qu'il vit la désolation dans les rangs de ses vieux soldats qui se faisaient sauter la cervelle. C'est là qu'il nous traita de *grognards*, nom qui est resté et qui nous fait honneur aujourd'hui.

Je reviens à mes deux œufs. Je les mis dans mon petit pot devant le feu. Le colonel Frédéric qui nous commandait vint vers mon feu, car c'est moi qui, le plus courageux dans l'adversité, avais le premier fait un feu de maître. Voyant un aussi bon feu, il vint à notre bivouac, et, voyant un petit pot devant, il dit : « Il va bien, le pot-au-feu? — Oui, colonel, ce sont deux œufs que j'ai trouvés. — Ah bien! dit-il, puis-je compter sur un? — Oui, colonel. — Hé bien, je reste près de votre feu. »

Je fus chercher deux gerbes de blé pour le faire asseoir, et je lui mets ses deux gerbes. Puis je vais prendre mes deux œufs et lui en donne un. En le prenant, il me donne un napoléon, et me dit : « Si vous ne prenez pas ces vingt francs, je ne mangerai pas votre œuf; il vaut cela aujourd'hui. »

Je fus contraint de prendre les vingt francs pour un œuf.

Les grenadiers à cheval occupaient le village de Pultusk; ils découvrirent un énorme cochon, et le poursuivirent dans notre camp. Comme il passait devant notre bivouac, je me lance après cette bonne proie, le sabre à la main. Le colonel Frédéric, qui parlait gras, me criait : « Coupe-lui le jarret. » Je me lance, le joins et lui coupe les deux jarrets; puis, je lui passe mon sabre au travers du cou. Le colonel arrive avec les grenadiers, et il fut décidé que, l'ayant arrêté, il m'en appartenait un quartier et les deux rognons. Je fus chercher de suite du sel chez l'Empereur. Je trouvai mon lieutenant de service ; je lui demandai du sel et un pot, de la part du colonel, ajoutant que j'avais arrêté un gros cochon que les grenadiers à cheval poursuivaient. « C'est, me dit-il, le cochon de la maison. L'Empereur est furieux, on a enlevé son pot-au-feu. Heureusement, ses cantines viennent d'arriver et il a fini par en rire, mais il avait le ventre serré comme les autres. — Mon lieutenant, je vous apporterai une grillade dans une heure. — C'est bien, mon brave, allez vite la faire cuire ! »

Arrivé, je trouve le colonel qui m'attendait : « Voilà du sel et une grande marmite. — Nous sommes sauvés, dit-il. — Mais, colonel, c'est le cochon de la maison de l'Empereur, et on lui a pris son pot-au-feu. — Ça n'est pas possible. — C'est la vérité. »

Les grenadiers et les chasseurs à cheval partirent à la maraude, pour tâcher d'avoir des vivres pour demain. Ils arrivèrent le soir avec des pommes de terre, et l'on fut à la distribution. Faite par ordinaire, elle donna vingt pommes pour dix-huit hommes. C'était pitié. Pour chacun, une pomme de terre ! Le colonel et mon petit capitaine Renard furent bien chauffés, et mangèrent chacun un rognon ; tout fut partagé en famille. Le colonel me prit à l'écart et me demanda si je savais lire et écrire. « Non, lui répondis-je. — Que c'est fâcheux ! je vous aurais fait passer caporal. — Je vous remercie. »

L'Empereur fit appeler le comte Dorsenne, et lui dit : « Tu vas partir avec ma garde à pied, et rentrer à Varsovie. Voilà la carte ! Il ne faut pas suivre la même route, tu perdrais mes vieux grognards. Tu me feras ton rapport des manquants. Voilà ta route pour rentrer à Varsovie. »

Nous partîmes le lendemain par des chemins de traverse, toujours d'un bois à l'autre. Nous arrivâmes à trois lieues de Varsovie dans un état de misère (la plus complète), les yeux caves et les joues enfoncées, la barbe pas faite. Nous ressemblions à des cadavres sortant du tombeau. Le général Dorsenne nous fit former le cercle autour de lui, et nous fit des reproches sévères, disant que l'Empereur était mécontent de ne pas voir plus de courage dans l'adversité, qu'il avait tout supporté comme nous. « Aussi, dit-il, il vous traite de *grognards*. » Nous criâmes : « Vive le général ! »

Les habitants de Varsovie nous reçurent à bras ouverts le 1ᵉʳ janvier 1807 ; le peuple ne savait que nous faire, et l'Empereur nous laissa reposer dans cette belle ville. Mais cette petite campagne de quatorze jours nous avait vieillis de dix ans.

Après avoir passé quelque temps à Varsovie, on nous fit partir en avant, dans de mauvais villages. Les habitants avaient tout emporté, et emmené leurs

bestiaux dans des forêts très éloignées de leurs villages. Comme la faim met le loup hors du bois, étant réduits à la dernière misère, nous partîmes douze hommes bien armés pour fouiller la forêt à une lieue de notre village, par des neiges d'un pied de haut. Arrivés là, nous trouvâmes les pas d'un homme, nous les suivîmes, et nous arrivâmes dans un camp de paysans sur le revers d'une montagne. Tous leurs animaux étaient attachés, et les marmites au feu ; ils furent saisis et n'osèrent faire feu sur nous.

Il y avait des chevaux, des vaches, des moutons. Tout fut détaché, et nous prîmes de la farine et du pain en très petite quantité. Nous arrivâmes à notre village avec deux cent huit bêtes, et le partage se fit : moitié pour nous, moitié pour les paysans. On leur laissa tous leurs chevaux, moins quatre pour faire la correspondance d'un village à l'autre, et quatre paysans pour nous servir de guides. Ce fut les conditions du partage, et les malheureux repartirent avec leur part. Nous fîmes du pain de suite; il y avait si longtemps que nous en avions mangé qu'aussitôt sorti du four, mes camarades le mangèrent au point d'en être victimes. Deux étouffèrent; nous ne pûmes les sauver. Nous trouvâmes dans notre maison des pommes de terre sous le carrelage d'une chambre, à six pieds de profondeur; cela nous sauva la vie.

Nous n'avons pas à nous louer des Polonais; ils avaient tout'enfoui; tous leurs villages étaient déserts; ils auraient laissé périr un soldat à leur porte sans le secourir. Les Allemands ne quittaient jamais leurs maisons; c'est l'humanité en personne. J'ai vu un maître de poste tué dans sa maison par un Français, et sa maison servir d'ambulance. Le maître était sur le lit de mort, tandis que sa fille et sa femme cherchaient du linge pour panser nos blessés. Elles disaient : « C'est la volonté de Dieu. » Ce trait est sublime.

Dans les derniers jours de janvier, nous reçûmes l'ordre de nous tenir prêts à partir. Les Russes avaient fait un mouvement sur Varsovie. Quelle joie pour des affamés! on va donc nous sortir de la misère. Le général Dorsenne reçut l'ordre de faire lever les cantonnements et de partir le 30 janvier. L'Empereur était parti le même jour pour se porter en avant; nous ne le joignîmes que le 2 février, il s'en alla de suite; le 3, nous partîmes pour le rattraper. On nous dit que nous marchions sur Eylau et que les Russes gagnaient la ville de Kœnigsberg pour s'embarquer; mais ils nous attendaient dans une position en avant d'Eylau qui nous coûta cher. Les bois et les hauteurs furent emportés, et on les serrait de près; ils prirent la route qui conduit à Eylau, à droite sur des mamelons; là, ils se battirent en déterminés. Ils perdirent enfin leurs positions; le prince Murat et le maréchal Ney les poursuivirent dans Eylau pêle-mêle dans les rues. La ville fut occupée par nos troupes, malgré les efforts faits pour la reprendre.

Le 7 février, l'Empereur nous fit camper sur une hauteur en face d'Eylau. Cette montagne forme une espèce de pain de sucre à pentes très rapides; elle avait été prise la veille ou l'avant-veille par nos troupes, car nous trouvâmes une masse de cadavres russes étendus çà et là dans la neige, et quelques mourants faisaient signe qu'ils voulaient être achevés. Nous fûmes obligés de déblayer le terrain pour établir notre bivouac. On traîna les corps morts sur le revers de la montagne, et l'on porta les blessés dans une maison isolée située tout au bas. Malheureusement, la nuit vint, et quelques soldats eurent si froid, qu'ils s'imaginèrent de démolir la maison pour avoir le bois et se chauffer. Les pauvres blessés furent victimes de cet acte de frénésie, ils succombèrent sous les décombres.

L'Empereur nous fit allumer son feu au milieu de nos bataillons, il nous demanda une bûche et une pomme de terre par chaque ordinaire. Nous

lui en portâmes une vingtaine, du bois et des bottes de paille. On s'était procuré du bois en enlevant les palissades qui servent l'été à parquer les bestiaux. Il s'assit au milieu de ses vieux grognards sur une botte de paille, un bâton à la main. Nous le voyions retourner ses pommes de terre, en faire le partage avec ses aides de camp.

De notre bivouac, je voyais parfaitement l'Empereur, et il voyait de même tous nos mouvements. A la lueur des bûches de sapin, je faisais la barbe à mes camarades, à ceux qui en avaient le plus besoin. Ils s'asseyaient sur la croupe d'un cheval mort qui était resté là et que la gelée avait rendu plus dur qu'une pierre. J'avais dans mon sac une serviette que je leur passais sous le cou; j'avais aussi du savon que je délayais avec de la neige fondue au feu. Je les barbouillais avec la main, et je leur faisais l'opération. Du haut de ses bottes de paille, l'Empereur assistait à ce singulier spectacle, et riait aux éclats. J'en rasai, dans ma nuit, au moins une vingtaine.

Le 8 février, les Russes nous souhaitèrent le bonjour du grand matin par des bordées de canon. Tout le monde sur pied. L'Empereur, à cheval, nous fit porter en avant sur le lac avec notre artillerie, et toute la cavalerie de sa garde. La foudre venait nous trouver sur ce lac gelé; ils avaient vingt-deux pièces de siège amenées de Kœnigsberg qui nous foudroyaient; les obus traversaient les maisons, et faisaient des ravages épouvantables dans nos rangs. Il n'est pas possible de souffrir davantage que d'attendre la mort sans pouvoir se défendre. Un beau trait de notre fourrier : un boulet lui emporte la jambe; il coupe un peu de chair qui restait, et nous dit : « J'ai trois paires de bottes à Courbevoie, j'en ai pour longtemps. » Il prit deux fusils pour se servir de béquilles, et fut à l'ambulance tout seul.

A force de perdre du monde, l'Empereur nous fit porter en avant sur la hauteur, notre gauche appuyée à l'église, et lui présent avec son état-major près de cette église et observant l'ennemi. Il eut la témérité de se porter près du cimetière, où il se passait un carnage horrible et répété. Ce cimetière fut le tombeau d'une quantité considérable de Français et de Russes. Nous fûmes les maîtres de cette position. Mais, à droite en face de nous, le 14ᵉ de ligne fut taillé en pièces; les Russes pénétrèrent dans leur carré et ce fut un carnage horrible. Le 43ᵉ de ligne perdit la moitié de son monde.

M. Sénot, notre tambour-major, était derrière nous à la tête de ses tambours. On vint lui dire que son fils était tué. C'était un jeune homme de seize ans; il n'appartenait encore à aucun régiment; mais, par faveur et par égard pour la position de son père, on lui avait permis de servir comme volontaire parmi les grenadiers de la garde : « Tant pis pour lui, s'écria M. Sénot; je lui avais dit qu'il était encore trop jeune pour me suivre. » Et il continua à donner l'exemple d'une fermeté inébranlable. Heureusement, la nouvelle était fausse : le jeune homme avait disparu dans une file de soldats renversés par un boulet, et il n'avait aucun mal, je l'ai revu depuis, capitaine adjudant-major dans la garde[1].

Un boulet vint couper le bâton de notre aigle entre les jambes du sergent-major, et fit un trou à sa redingote par devant et par derrière;

---

[1]. Cet alinéa manque à l'original ainsi que l'avant-dernier; ils ont été ajoutés par l'auteur pendant l'impression de la première édition.

heureusement, il ne fut pas blessé. Nous criâmes : « En avant ! Vive l'Empereur ! » Comme il était dans le péril aussi, il se décida à faire partir le 2ᵉ régiment de grenadiers, et les chasseurs commandés par le général Dorsenne. Les cuirassiers avaient enfoncé des carrés, et fait un carnage épouvantable ; nos grenadiers tombèrent à la baïonnette sur la garde russe sans tirer un seul coup de fusil, et en même temps l'Empereur fit charger deux escadrons de grenadiers à cheval, et deux de chasseurs. Ils se portèrent si rapidement en avant que les grenadiers traversèrent toutes leurs lignes, et firent le tour de l'armée russe ; ils revinrent couverts de sang, et perdirent quelques hommes démontés et faits prisonniers ; ils eurent pour prison Kœnigsberg, et le lendemain l'Empereur leur envoya cinquante napoléons.

Lorsque ces charges eurent repoussé les Russes, et rabattu leur fureur, ils ne furent plus tentés de recommencer. Il était temps. Nos troupes étaient à bout, les rangs se dégarnissaient à vue d'œil. Sans la garde, notre bonne infanterie aurait succombé. Nous ne perdîmes pas le champ de bataille, mais nous ne le gagnâmes pas.

Le soir, l'Empereur nous ramena à notre position de la veille ; il fut enchanté de sa garde, et dit au général : « Dorsenne, tu n'as pas plaisanté avec mes grognards ; je suis content de toi. » La faim et le froid nous firent passer une mauvaise nuit. Le champ de bataille était couvert de morts et de blessés ; ce n'était qu'un cri. On ne peut se faire une idée de cette journée. Le lendemain fut consacré à faire des fosses pour enterrer les victimes et porter les blessés à l'ambulance. Sur le midi, il arrive des tonneaux d'eau-de-vie que des juifs amenaient de Varsovie, escortés par une compagnie de grenadiers. L'ordre fut établi pour que chacun puisse en avoir à son tour ; on mit un tonneau debout et défoncé. Deux grenadiers tenaient le sac, quatre à la fois laissaient tomber chacun six francs, et puisaient avec un verre réglé dans le tonneau. Et défense de recommencer. Puis venaient quatre autres, ainsi de suite. Ces quatre tonneaux sauvèrent l'armée, et les juifs firent fortune. Ils furent escortés jusqu'à Varsovie par une compagnie de grenadiers, à trois francs par jour.

Une trève fut convenue. Il n'était pas possible de continuer ; l'armée avait trop souffert. L'Empereur nous fit prendre nos cantonnements ; mais avant de partir, on évacua les blessés et malades dans des traîneaux, ainsi que les pièces de canon prises à l'ennemi et les prisonniers. Le 17 février, nous partîmes pour Thorn et Marienbourg où nous trouvâmes de meilleurs cantonnements. Il était temps, car nous n'avions pas changé de linge depuis un mois.

Nous vînmes dans un grand village désert nommé Osterode. C'était tout à fait misère, mais nous trouvâmes des pommes de terre. L'Empereur était logé dans une grange; on finit par lui trouver un logement plus convenable. Et toujours au milieu de nous, il vivait souvent de ce que donnaient ses soldats. Les pauvres officiers, sans les soldats, seraient morts de faim. Les habitants avaient tout enfoui dans les forêts et dans leurs maisons. A force de chercher, nous finîmes par découvrir leurs cachettes. En sondant avec nos baguettes de fusil, nous découvrîmes des vivres de toute espèce : du riz, du lard, du blé, de la farine, des jambons. On faisait de suite la déclaration à nos chefs, et ils présidaient à l'enlèvement des objets mis en ordre en magasin. Notre cher Empereur faisait tout pour se procurer des vivres, mais ils n'arrivaient pas, et les rations manquaient souvent. Alors il fallait aller à la maraude, et par un temps rigoureux. « Allons! partons demain! dis-je un jour. A une vingtaine, bien armés, nous fouillerons ces grandes forêts de sapins, on dit que nous trouverons des daims et des cerfs! La neige nous fera découvrir du gibier. Il faut partir au petit jour, ne rien dire à personne, notre sergent répondra pour nous. — C'est décidé, dirent-ils; notre petit intrépide veut manger du daim. Allons, en route! »

Nos fusils bien chargés, nous nous enfonçâmes très loin. Voilà un troupeau de daims qui passe à deux cents pas, et puis beaucoup de lièvres, mais à balle on manquait à tout coup. Voyant un lièvre sauter, je me dis qu'il n'est pas loin, et comme il se trouvait là des petits sapins très épais de quatre à cinq pieds de haut, je les détourne pour voir mon lièvre au gîte. Voilà un sapin qui me reste dans la main. J'en prends un autre, il s'arrache aussi. Je continue, je me mets à appeler mes camarades : « Par ici! par ici! il y a du nouveau; les sapins ne tiennent pas dans cet endroit. — Comment? me dirent-ils. — Tenez, voyez! »

Certains que c'était une cachette fameuse, nous voilà à sonder; mais nos baguettes de fusil n'étaient pas assez longues, et le carré était de cent pieds.

Quelle joie! Je dis : « C'est pourtant mon lièvre qui est la cause de notre trouvaille, il faut marquer l'endroit. Il n'y a pas de chemin pour arriver; comment ont-ils pu faire? Les malins ont porté à dos. Maintenant, il faut nous orienter. Lardons les sapins pour demain. »

Et nous voilà avec nos sabres traçant, enlevant l'écorce des sapins à droite et à gauche. Toujours le nez en l'air, je vois une planche clouée après un gros sapin, et puis une autre à vingt-cinq pieds de hauteur. Il faut voir cela. On coupe des sapins, on entaille leurs branches pour servir d'échelle. Arrivés à la boîte, on ôte la cheville qui tient la planche qui avait de cinq à six pieds de haut, et on trouve viandes salées, langues fourrées, oies, jambon, lard, miel; enfin, deux cents boîtes remplies, avec des chemises en quantité. Nous emportâmes des chemises, des langues fourrées et des oies. Notre chemin marqué, mes camarades dirent : « Notre furet a bon nez. » Nous arrivâmes fort tard, bien chargés, mais le cœur content. De suite, le sergent-major prévient les officiers de notre bonne journée. Le capitaine vient nous voir : « Voilà notre furet, dirent mes camarades, c'est lui qui a tout trouvé. — Oui, capitaine, une cachette de cent pieds de long, creusée à ne pouvoir la sonder avec nos baguettes de fusil. Voilà du jambon, du lard, de l'oie; prenez votre part. Demain, nous partirons avec des voitures, des pelles et des pioches, et beaucoup de monde, et des vivres, car il faudra coucher dans le bois. — Deux lieutenants iront avec cinquante hommes, dit notre capitaine, il faut aussi des sacs, des haches. Le lieutenant prendra mon cheval et une botte de foin; s'il faut coucher, il reviendra rendre compte. »

Nous partîmes avec nos officiers et tous les sacs des ordinaires. Arrivés sur les lieux, on fit la découverte de cette cachette avec des peines inouïes. Quel trésor! Nous restâmes vingt-quatre heures pour débarrasser cette cachette; il fallait voir la joie sur toutes les figures. Des quantités de blé, de farine, de riz, de lard! Des grands tonneaux pleins de toile, de chemises; des viandes salées de toutes espèces! Ils avaient replanté les sapins, replacé la mousse; il fallait chasser un lièvre pour découvrir ce trésor.

Le lieutenant partit pour faire son rapport et faire venir des voitures, et du monde des autres compagnies. Ce trou renfermait vingt-cinq voitures à quatre chevaux; il fallut faire un chemin pour arriver. Quelle fête pour nos grognards en voyant arriver les voitures! Ça fit renaître la gaieté sur toutes les figures. « Ce n'est pas tout, leur dis-je, il faut aller dénicher nos boîtes de miel que nous avons trouvées hier, et regarder en l'air pour découvrir des boîtes après les gros sapins. » La découverte fut riche; plus de cent boîtes furent trouvées remplies de viandes salées, de linge et de miel. Et nous voilà à grimper et à remplir nos sacs.

De retour, avec toutes nos provisions, on fit un bon feu pour cuire les grillades, et se régaler aux dépens des Polonais qui voulaient nous faire mourir de faim, car dans nos cantonnements d'hiver nous avons été cinquante jours sans goûter de pain. Ils avaient quitté leurs demeures. S'il en restait quelques-uns, c'était pour surveiller leurs cachettes. Quand nous leur demandions des vivres, c'était toujours : « Non! » C'est une race sans humanité; l'homme mourait à leurs portes. Vivent nos bons Allemands toujours résignés, qui jamais n'abandonnèrent leurs maisons!

A mon cantonnement, je fus fêté de tout le régiment. Le riz fut distribué aux grenadiers; le blé fut moulu pour faire du pain. Ce fut la cause de grandes recherches, les sondes faisaient leur jeu, toutes les granges furent fouillées, les maisons décarrelées ainsi que les écuries. Partout des cachettes! partout des vivres! Les Russes mouraient de faim aussi, et ils venaient mendier des pommes de terre à nos soldats; ils ne pensaient plus à se battre, et nous laissaient tranquilles dans nos quartiers. Ce malheureux hiver nous coûta bien des souffrances.

Voyant un paysan regarder dans un jardin tous les matins, j'en fis la remarque et je fus sonder. Je rencontre un objet qui faiblit, je vais prévenir mes camarades. De suite à l'œuvre! Nous découvrîmes deux vaches pourries; c'était une infection. Mais, sous ces charognes, il y avait de gros tonneaux remplis de riz, de lard et de jambon, avec tous les outils du village : scies, haches, pelles et pioches, enfin tout ce dont nous avions besoin, et du raisiné pour notre dessert. Je sautais de joie d'avoir persisté à enlever ces maudites charognes (le cœur en sautait). On n'en fit pas la déclaration à nos officiers; cela donna plus de quinze cents livres de riz et des bandes de lard.

L'Empereur, voyant la fonte des neiges, fit venir ses ingénieurs pour dresser un camp dans une belle position, en avant de Finkenstein. Des lignes furent tracées en forme de carré. Au milieu, une place pour faire un palais qui fut bâti en briques. Le plan fait, on alla chercher des planches pour nos baraques. Dans ce pays, les enclos sont fermés de gros poteaux et de planches de sapin de vingt pieds de long et d'un pied de large. Nous voilà

à défaire planches et poteaux; vingt voitures partaient; d'autres revenaient;
à trois lieues à la ronde, tous les enclos furent démolis. Dans quinze jours,
nos baraques étaient montées, et le palais de l'Empereur était presque fini.
Il n'était pas possible de voir un plus beau camp; les rues portaient les noms
des batailles remportées depuis le commencement de la guerre. Nos officiers
étaient bien logés, et toute l'armée fut campée dans de belles positions.

L'Empereur allait visiter et faire faire la manœuvre. De Dantzick, il fit
venir de l'eau-de-vie et des vivres, du vin pour l'état-major : la joie
était sur toutes les figures. Il venait souvent nous voir manger notre soupe :
« Que personne ne se dérange! disait-il, je suis content de mes grognards,
ils m'ont bien logé, et mes officiers ont des chambres parquetées. Les
Polonais peuvent en faire une ville. » Comme nous avions trouvé des pièces
de toile dans les cachettes, nous fîmes des pantalons, et de beaux sacs de
six pieds de haut pour coucher. Les Polonais venaient avec de belles dames
en voiture pour voir cette ville en planches.

Nous passâmes le mois de mai à faire la belle jambe, frais et poudrés comme à Paris. Mais le 5 juin, notre intrépide maréchal Ney fut attaqué, et poursuivi par une forte armée russe. Le courrier arrive près de l'Empereur pour lui apprendre cette nouvelle. De suite, le camp fut levé et prêt à partir. Le 6, à trois heures du matin, on partit pour rejoindre l'armée. Arrivés le même jour, on nous mit de suite à notre rang de bataille avec notre artillerie. Nous étions près d'Eylau; on nous fit prendre à droite, et remonter pour rejoindre les Russes, dans la belle plaine de Friedland, au passage d'une rivière. Ils nous attendaient dans une belle position : beaucoup de redoutes sur des hauteurs, avec des ponts derrière eux.

Le brave maréchal Lannes arriva de Varsovie, fort mécontent des Polonais. Dans une discussion avec l'Empereur devant le front des grenadiers, nous entendîmes qu'il lui disait : « Le sang d'un Français vaut mieux que toute la Pologne. » L'Empereur lui répondit : « Si tu n'es pas content, va-t'en! — Non, répondit Lannes, tu as besoin de moi. »

Il n'y avait que ce grand guerrier qui tutoyait l'Empereur. Lui serrant la main, celui-ci dit : « Pars de suite avec les grenadiers Oudinot, ton corps et la cavalerie. Marche sur Friedland; je t'envoie le maréchal Ney. »

Ces deux grands guerriers se trouvèrent contre des forces plus que doubles des leurs; ils souffrirent jusqu'à midi. Les grenadiers, les voltigeurs et la cavalerie purent contenir l'ennemi jusqu'à notre arrivée; mais il était temps. L'Empereur passa au galop devant toutes les troupes qui allaient au pas de course, il traversait un bois où les blessés d'Oudinot passaient. « Allez vite, dirent-ils, au secours de nos camarades. Les Russes sont les plus forts dans ce moment. » L'Empereur, trouvant les Russes près d'une rivière, voulut leur couper les ponts; il donna cette tâche à l'intrépide Ney, qui partit au galop. Toutes les troupes arrivèrent; l'Empereur donna une heure de repos, visita ses lignes, revient au galop vers sa garde, change de cheval et donne le signal de pousser les Russes sur tous les points. Les Russes se battirent comme des lions; ils ne voulurent pas se rendre et préférèrent se noyer.

Après cette mémorable journée, qui finit fort tard à la lueur de l'incendie de Friedland et des villages voisins, le combat cessa, et ils profitèrent de la nuit pour battre en retraite sur Tilsitt. Notre Empereur coucha sur le champ de bataille, comme de coutume, pour faire ramasser ses blessés; il fit poursuivre les Russes le lendemain sur le Niémen. Nos soldats ne purent que joindre l'arrière-garde, les traînards; ils firent prisonniers des sauvages que l'on nomme Kalmucks, avec de gros nez, des figures plates, des oreilles larges, et des carquois pleins de flèches. Ils étaient dix-huit cents hommes de cavalerie, mais nos *gilets de fer*[1] tombèrent dessus, et les chassèrent comme des moutons; ils étaient commandés par des officiers et sous-officiers russes. Nous eûmes la permission d'aller les voir dans leur camp. On leur faisait la distribution de viande, et de suite elle était dévorée par ces sauvages.

Le 19 juin, nos troupes se trouvèrent en face des Russes qui avaient passé le Niémen et détruit tous les ponts. Le fleuve n'est pas large dans cet endroit; il coule au bas d'une belle rue très large qui traverse Tilsitt, et qui est fermée par une espèce de caserne où la garde russe était logée pour faire le service du souverain; il était campé au bout d'un lac sur la droite de la ville. L'Empereur arriva sur le Niémen avec la cavalerie; les Russes étaient de l'autre côté, sans pain; nous fûmes obligés de leur faire passer des vivres qui nous coûtaient des courses de six à sept lieues. Enfin, un envoyé de l'empereur de Russie passe le fleuve pour parlementer; il fut présenté au prince Murat, et aussitôt à Napoléon, qui répondit de suite, car il donna l'ordre de nous tenir prêts en grande tenue pour le lendemain. Le lendemain, arrive un prince de Russie, et les ordres furent donnés partout de prendre les armes pour recevoir l'empereur de Russie, devant toutes les troupes en grande tenue. On dit qu'on allait faire un radeau sur le fleuve, et que les deux empereurs allaient se voir pour faire la paix. Dieu, quelle joie pour nous! tout le monde était fou.

Les officiers étaient parmi nous pour que rien ne manque à notre belle tenue : les queues bien faites et bien poudrées, les buffleteries bien blanches. Défense de s'éloigner! Lorsque tout fut prêt, nous eûmes l'ordre de prendre les armes à onze heures pour nous porter sur le fleuve.

Là nous attendait le plus beau spectacle que jamais homme verra sur le Niémen. Sur le milieu du fleuve, se trouvait un radeau magnifique garni de belles tentures très larges, et sur le côté, à gauche, une tente. Sur les deux rives, une belle barque richement décorée et montée par les marins

1. Nos cuirassiers.

de la garde. L'Empereur arrive à une heure, et se place dans sa barque avec son état-major. Les Empereurs partirent au même signal; ils avaient chacun les mêmes degrés à monter et le même trajet à parcourir, mais le nôtre arriva le premier sur le radeau. On voit ces deux grands hommes s'embrasser comme deux frères revenant d'exil. Ah! quels cris de : « Vive l'Empereur! » des deux côtés!

Cette entrevue fut longue, et ils se retirèrent chacun de leur côté.... Le lendemain, nous recommençâmes la même manœuvre. C'était pour recevoir le roi de Prusse. Heureusement que le grand Alexandre était là pour prendre sa défense; il avait l'air d'une victime. Dieu, qu'il était maigre! Le vilain souverain! mais aussi il avait une bien belle reine. Cette entrevue entre les trois souverains fut courte, et il fut convenu que notre Empereur leur donnerait dans la ville le logement et la table. C'était glorieux après les avoir bien rossés. Mais pas de rancunes!

La ville fut donc partagée par moitié, et le lendemain toute la garde sous les armes dans la belle rue de Tilsitt, sur trois rangs de chaque côté. Notre Empereur fut au-devant de l'empereur de Russie au bord du fleuve, avec des chevaux de selle pour faire monter l'empereur et les princes; mais le roi de Prusse n'y était pas ce jour-là. Quel beau coup d'œil que ces souverains, princes et maréchaux, avec le fier Murat qui ne cédait en rien en beauté à l'empereur de Russie; tous dans le plus beau costume. L'empereur de Russie vint devant nous, et dit au colonel Frédéric : « Vous avez une belle garde, colonel. — Et bonne, Sire, » dit-il à l'empereur, qui répondit : « Je le sais. »

Le lendemain, il les régala d'une belle revue de sa garde et du troisième corps commandé par le maréchal Davout, dans une plaine, à une lieue de Tilsitt. Ce fut un beau jour : la garde était brillante comme à Paris, et le corps du maréchal ne laissait rien à désirer (toute sa troupe en pantalons blancs). Après la revue de ces trois souverains, on nous fit défiler par division; on commença par le troisième corps; puis les grognards. C'était un rempart mouvant. L'empereur de Russie, le roi de Prusse et tous leurs généraux saluèrent la garde, à chaque division qui passait.

On donna l'ordre de se préparer pour donner un repas à la garde russe, et de faire des tentes, très longues et larges, avec toutes les ouvertures sur la même ligne, et des plantations de beaux sapins. La moitié partit avec des officiers pour en chercher, et l'autre moitié fit les tentes. On donna huit jours et huit lieues de pays en arrière pour se procurer des vivres. On partit en bon ordre; et le même jour, les provisions étaient chargées. Le lendemain on arrivait au camp avec plus de cinquante voitures chargées et les paysans pour les conduire; ils se prêtèrent de bonne grâce à cette réquisition, et ils furent renvoyés tous contents. Ils croyaient bien que les voitures traînées par les bœufs resteraient au camp, mais elles furent congédiées de suite, et ils sautaient de joie.

Le 30 juin 1807, notre repas était sur table à midi. On ne peut pas voir des tables mieux décorées, avec des surtouts en gazon garnis de fleurs. Au fond de chaque tente, deux étoiles, et le nom des deux grands hommes tracés en fleurs, avec les drapeaux français et russes.

Nous partîmes en corps pour aller au-devant de cette belle garde qui arrivait par compagnie; nous prîmes chacun notre géant par-dessous le bras, et comme ils n'étaient pas aussi nombreux que nous, nous en avions un pour deux. Ils étaient si grands que nous pouvions leur servir de béquilles. Moi, qui étais le plus petit, j'en tenais un seulement. J'étais obligé de regarder en l'air pour lui voir la figure; j'avais l'air d'être son petit garçon. Ils furent confus de nous voir dans une tenue si brillante : il fallait voir nos cuisiniers bien poudrés, en tabliers blancs pour servir. On peut dire que rien n'y manquait.

Nous plaçâmes nos convives à table, entre nous, et le dîner fut bien servi. Voilà la gaieté qui se fait parmi tout le monde!... Ces hommes affamés ne purent se contenir; ils ne connaissaient pas la réserve que l'on doit observer à table. On leur servit à boire de l'eau-de-vie; c'était la boisson du repas. Avant de la leur présenter, il fallait en boire, et leur présenter le gobelet en fer-blanc qui contenait un quart de litre. Son contenu disparaissait aussitôt. Ils avalaient des morceaux de viande gros comme un œuf à chaque bouchée. Ils se trouvèrent bientôt gênés; nous leur fîmes signe de se déboutonner, en en faisant autant. Les voilà qui se mettent à leur aise; ils étaient serrés dans leur uniforme par des chiffons pour se faire une poitrine large. C'était dégoûtant à voir tomber ces chiffons.

Il nous arrive deux aides de camp, un de notre Empereur et un de l'empereur de Russie, pour nous prévenir de ne pas bouger, que nous allions recevoir leur visite. Les voilà qui arrivent. Du signe de la main, notre Empereur dit que personne ne bouge. Ils firent le tour de la table, et l'empereur de Russie nous dit : « Grenadiers, c'est digne de vous, ce que vous avez fait. »

Après leur départ, nos Russes, qui étaient à leur aise, recommencèrent à manger de plus belle. Nous voilà à les pousser en viande et en boisson, et comme ils ne peuvent plus manger tant de rôtis servis sur la table, que font-ils? Ils mettent leurs doigts dans leurs bouches, rendent leur dîner en tas entre leurs jambes, et recommencent comme de plus belle. C'était dégoûtant à voir de pareilles orgies; ils firent ainsi trois cuvées dans leur dîner. Nous reconduisîmes le soir ceux que nous pûmes emmener; une partie resta dans ses vomissements, sous les tables.

Un de nos farceurs voulut se déguiser en Russe, et fit quitter à l'un d'eux l'uniforme; ils échangèrent et partirent bras dessus, bras dessus. Arrivés dans la belle rue de Tilsitt, notre farceur quitte le bras de son Russe, il rencontre un sergent russe, auquel il ne fait pas de salut, et qui lui applique deux coups de canne sur les épaules. Se voyant frappé, il oublie son déguisement, saute sur le sergent, le terrasse. Il l'aurait tué, si on l'avait laissé faire, sous le balcon des deux empereurs qui regardaient la troupe joyeuse. Cette scène les fit bien rire; le sergent resta sur la place, et tout le monde fut content, surtout les soldats russes.

Lorsque l'Empereur eut terminé ses affaires, il fit ses adieux à l'empereur de Russie, et partit le 10 juillet de Tilsitt pour Kœnigsberg, où il arriva le même jour. On nous mit de suite en route pour le rejoindre, nous passâmes par Eylau; là nous vîmes les tombeaux de nos bons camarades morts pour la patrie; nos chefs nous firent porter les armes en traversant le champ de repos avec un silence religieux. Nous arrivâmes à Kœnigsberg, belle ville maritime, et nous fûmes logés et nourris chez l'habitant. Les Anglais, ne sachant pas la paix faite, arrivèrent dans le port avec des bâtiments chargés de provisions pour l'armée russe. Un des bâtiments était chargé de harengs, et l'autre de tabac. On fit cacher les troupes dans les maisons le long du port. Aussitôt entrés dans le bassin, on fit feu dessus, et ils se rendirent. Dieu, que de tabac et de harengs! Toute la troupe fut pourvue de six paquets, et d'une douzaine de harengs par homme. Les Russes qui étaient à bord de cette belle prise, furent contents de se trouver pris, et notre Empereur les renvoya à leur souverain.

Moi, qui étais le plus petit,

j'étais obligé de regarder en l'air pour lui voir la figure.

Moi, qui étais le plus petit,

j'étais obligé de regarder en l'air pour lui voir la figure.

Nous reçûmes en ce moment l'ordre de planter des arbres le long de la grande rue, et de la sabler pour recevoir la reine de Prusse, qui venait rendre une visite à notre Empereur. Elle arriva à dix heures du soir. Dieu, qu'elle était belle avec son turban autour de la tête! On pouvait dire que c'était une belle reine pour un vilain roi, mais je crois qu'elle était roi et reine en même temps. L'Empereur vint la recevoir au bas du grand perron et lui présenta la main, mais elle ne put le faire plier. J'eus le bonheur de me trouver le soir de faction au pied du perron pour la voir de près, et, le lendemain à midi, je me trouvai à mon même poste; je la contemplai. Quelle belle figure, avec un port de reine! A trente-trois ans, j'aurais donné une de mes oreilles pour rester avec elle aussi longtemps que l'Empereur. Ce fut la dernière faction que j'ai faite comme soldat.

Le général Dorsenne reçut alors l'ordre de nous faire distribuer des souliers et des chemises dans les magasins russes et prussiens, et de nous passer l'inspection, l'Empereur devant passer la revue de sa garde avant de partir. Tout fut mis en mouvement; nous trouvâmes de tout dans cette belle ville. En propreté, rien ne peut la rivaliser; les dames françaises n'ont qu'à y passer pour voir des appartements brillants; pelles, pincettes, entrées de portes, balcons, tout reluit; il y a des crachoirs dans tous les coins d'appartements, et du linge blanc comme neige. C'est un modèle de propreté. La distribution de linge et de chaussures faite, le général fit prévenir les capitaines de passer leur inspection par compagnie. A onze heures, sur la place, on devait passer la revue.

Le capitaine Renard fut trouver l'adjudant-major, M. Belcourt, pour s'entendre avec lui à mon sujet; ils me firent venir pour me dire que j'allais passer caporal dans ma compagnie, qu'on voulait me récompenser : « Mais, leur dis-je, je ne sais ni lire ni écrire. — Vous apprendrez. — Mais ça n'est pas possible; je vous remercie. — Vous serez caporal aujourd'hui, et si le général vous demande si vous savez lire et écrire, vous lui répondrez : *Oui, général*, et je me charge de vous faire apprendre. J'ai des jeunes vélites instruits qui se feront un plaisir de vous montrer. »

J'étais bien triste, à trente-trois ans, d'apprendre à lire et à écrire; je maudissais mon père de m'avoir abandonné.

Enfin, à midi, M. Belcourt et mon capitaine furent au-devant du général et lui parlèrent de moi. « Faites-le sortir du rang. »

Il me toise des pieds à la tête, et, voyant ma croix, il me demande :
« Depuis combien de temps êtes-vous décoré?—Des premiers; je l'ai été aux
Invalides. — Le premier? me dit-il. — Oui, général. —Faites-le reconnaître
caporal de suite. »

Il était temps; je tremblais devant cet homme si dur et si juste. Toute
la compagnie fut surprise en me voyant nommer caporal dans la même
compagnie; personne ne s'en doutait. Tous les caporaux vinrent m'entourer,
et me dire obligeamment : « Soyez tranquille, nous vous montrerons à
écrire. » Rentré dans mon logement, je fus de suite trouver mon sergent-
major, qui me prit la main : « Allons de suite chez le capitaine. »

Il me reçut avec amitié, et dit qu'il fallait me donner de suite un
ordinaire de dix-neuf hommes, et y mettre sept vélites des plus négligents,
mais des plus instruits. « Il les dressera, dit-il au sergent-major, et ils lui
montreront à lire et à écrire. Je vous charge de cette bonne œuvre; il
le mérite; il nous a sauvé la vie; c'était toujours à son bivouac que nous
trouvions à manger. »

Je rendis visite à M. Belcourt, qui se rappela l'empressement avec lequel
je lui avais remis une montre perdue. (Le voyant chercher au galop en arrière,
je lui avais dis : « Où courez-vous, major? Vous avez perdu votre montre,
la voilà! ») « C'est de ces actions que l'on n'oublie pas, dit M. Belcourt.
Allez, faites bien votre service; vous ne resterez pas là. » Dieu, que j'étais
content de cette belle réception !

Me voilà donc chef d'ordinaire de douze grognards et de sept vélites
instruits. Le sergent-major leur fit la leçon, car ils partirent de suite chez
le libraire pour m'acheter papier, plumes, règle, crayon et un vieil Évangile.
Me voilà bien surpris de voir sept maîtres pour un écolier : « Eh bien, me
dirent-ils, voilà de quoi travailler. — Moi, dit le nommé Galot, je vous
ferai des modèles. » Et le nommé Gobin dit : « Je vous ferai lire. — Nous
vous ferons lire chacun à son tour, dirent-ils. — Allons! je vous aime tous,
leur dis-je. Je vous récompenserai en soignant votre tenue, qui a besoin
d'être rectifiée. »

Mais ce n'était pas fini. Voilà les sept caporaux de la compagnie qui
m'apportent deux paires de galons, et le tailleur pour les coudre : « Allons,
de suite, dit-on, ôtez votre habit! Ces galons viennent de nos deux camarades

morts au champ d'honneur. — Eh bien, leur dis-je, vous vous occupez donc
tous de moi? il faut les arroser. — Non, dirent-ils, nous sommes trop. —
C'est égal, nous prendrons une demi-tasse et le petit verre. Mais je vous
prie de laisser venir mes maîtres et le tailleur qui a cousu mes galons. —
Eh bien, soit! dirent-ils, partons. » Et me voilà avec mes quinze hommes
au café; je les fis mettre à table, et fus trouver le maître. Je lui dis : « C'est
moi qui paye, vous m'entendez? — Ça suffit, dit-il. — De l'eau-de-vie de

France, surtout. — Vous allez être servis. » J'en fus quitte pour douze francs,
et nous partîmes tous contents.

Me voilà à mes études comme un enfant, commençant par faire des
bâtons, et apprendre mon Évangile, et le réciter à mon maître. Mais il fallait
passer la revue du départ, et le lendemain, 13 juillet, nous partîmes pour
Berlin, la joie dans l'âme. A Berlin, le peuple vint au-devant de nous;
il savait la paix faite. On nous reçut on ne peut mieux; nous fûmes bien
logés, et la plus grande partie nous menèrent au café. Ils demandaient :
« Hé! les Russes ont donc trouvé leurs maîtres? Ils disent cependant que
nos soldats ne se battent pas bien. — Ils sont aussi braves que les Russes,
vos soldats, et l'Empereur a eu bien soin de vos blessés; nous les portions

à l'ambulance comme les nôtres. Vous avez aussi un grand général qui a eu bien soin de nos prisonniers; notre Empereur le connaît bien. »

Et ils nous serraient les mains, disant : « C'est bien là les Français ! — Mais, leur dis-je, vos prisonniers sont plus heureux que vos soldats : bon pain, de l'ouvrage bien payé, pas battus[1]. — Aimable caporal, vous nous comblez de joie. Vous vous êtes conduits à Berlin comme des enfants du pays. — Je vous remercie pour mes camarades[2]. »

Nous partîmes par étapes; les grandes villes de Potsdam, Magdebourg, Brunswick, Francfort, Mayence nous fêtèrent; la joie était sur toutes les figures. Les habitants des campagnes venaient sur les routes nous voir passer. Il y avait des rafraîchissements partout le long des villages. On peut dire que les villages rivalisaient avec les villes en soins. Bien nourris, bien fêtés, nous arrivons aux portes de notre capitale; c'est encore elle qui surpasse toutes celles que j'ai vues. Là nous attendaient des arcs de triomphe, des réceptions magnifiques, et la comédie, et les belles dames de Paris qui nous regardaient en dessous.

L'Empereur voulut nous voir aux Tuileries avec nos habits râpés, mais propres. Puis, nous traversons le jardin des Tuileries pour nous mettre à table dans l'avenue de l'Étoile, et de là à Courbevoie pour prendre du repos. Mais l'Empereur ne nous laissa pas longtemps tranquilles; il forma de suite des écoles régimentaires, et il fit venir de Paris deux professeurs pour nous instruire, un le matin et l'autre le soir.

Que cela faisait bien mon affaire! De suite, je fis emplette d'une grammaire et d'une théorie. Deux fois par jour en classe, secondé par mes vélites, je fis des progrès; je n'en quittais pas, sinon pour monter ma garde. Sorti de la classe, je partais me cacher dans le Bois de Boulogne, dans un endroit bien retiré, et là j'apprenais ma théorie. Au bout de deux mois j'écrivais en gros, mais je peux dire bien[3]. Les professeurs me disaient : « Si nous vous tenions pendant un an, vous en sauriez assez; vous avez une bonne main. » Comme j'étais fier!

---

1. Les voies de fait étaient et sont encore admises dans l'enseignement militaire prussien.
2. On ne peut s'empêcher de songer ici au contraste offert, soixante-quatre ans plus tard, par nos relations de belligérants. Et on dit que la civilisation adoucit les mœurs !
3. La vue du manuscrit autographe de Coignet nous force à dire qu'il se vantait un peu.

L'Empereur forma en même temps une école de natation pour nous apprendre à nager; il fit établir des barques près du pont de Neuilly, et là on mettait une large sangle sous le ventre du grenadier qui ne savait pas nager. Tenu par deux hommes dans chaque barque, ce militaire était hardi, et en deux mois il y avait déjà huit cents grenadiers qui pouvaient traverser la Seine. On me dit qu'il fallait que j'apprenne à nager. Je répondis que je craignais trop l'eau : « Eh bien, dit l'adjudant-major, il faut le laisser tranquille, ne pas le forcer. — Je vous remercie. »

L'Empereur donna l'ordre de tenir prêts les plus forts nageurs en petite tenue et pantalon de toile pour midi. Le lendemain, il arrive dans la cour de notre caserne; on fait descendre les nageurs. Il était accompagné du maréchal Lannes, son favori; il demande cent nageurs des plus forts. On nomme les plus avancés : « Il faut, dit-il, qu'ils puissent passer avec leurs fusils et des cartouches sur la tête. » Il dit à M. Belcourt : « Tu peux les conduire? — Oui, Sire. — Allons, prépare-les; je vous attends. »

Il se promenait dans la cour; me voyant si petit à côté des autres, il dit à l'adjudant-major : « Fais approcher ce petit grenadier décoré. » Me voilà bien sot : « Sais-tu nager? me dit-il. — Non, Sire. — Et pourquoi? — Je ne crains pas le feu, mais je crains l'eau. — Ah! tu ne crains pas le feu. Eh bien, dit-il à M. Belcourt, je l'exempte de nager. »

Je me retire bien content. Les cent nageurs prêts, on se rendit au bord de la Seine; il y avait des barques montées par les marins de la garde pour suivre, et l'Empereur descendit à pied sur la berge.

Tous les nageurs passèrent au-dessous du pont, en face du château de Neuilly, sans accident. Il n'y eut que M. Belcourt qui fut accroché par des grandes herbes qui traînent entre deux eaux, et qui s'entortillèrent autour de ses jambes; mais il fut secouru de suite par les bateliers, et il passa comme les autres.

Arrivés de l'autre côté, dans une île, les voilà à faire feu. L'Empereur part au galop, fait le tour et arrive; il fait de suite donner du bon vin aux grognards et les fit repasser dans les barques. Il y eut distribution de vin pour tout le monde, et vingt-cinq sous pour les nageurs. Il prit aussi fantaisie à l'Empereur de faire traverser la Seine à un escadron de chasseurs à cheval, en face des Invalides, avec armes et bagages, dans la même place qu'occupe le pont aujourd'hui. Ils passèrent sans accident et arrivèrent dans les Champs-Élysées; l'Empereur fut ravi, mais les chasseurs et leurs bagages furent mouillés.

Je me multipliais dans mes fonctions de caporal : deux leçons par jour et une de mes deux vélites, sans compter ma théorie qu'il fallait réciter tous les jours. Je la savais en partant de l'endroit où je venais de l'apprendre, mais arrivé devant M. Belcourt, je ne savais plus le premier mot : « Eh bien ! disait-il.... Allons, remettez-vous ! — Je la savais cependant. — Eh bien, voyons ! — J'y suis. »

Et je récitais sans manquer : « C'est cela, disait-il. Ça viendra. Demain, pas de théorie. Nous apprendrons le ton du commandement. »

Le lendemain, rangés autour de lui : « Voyons, faisait-il, je vais commencer. » Il fallait répéter son commandement, chacun à son tour. Je déployai si bien ma voix qu'il en fut surpris, et me dit : « Recommencez, ne vous pressez pas. Je vais vous faire le commandement, vous n'aurez qu'à répéter après moi. Point de timidité ! nous sommes ici pour nous instruire. »

Me voilà à crier !... « C'est cela, dit-il. Voyez, messieurs ! Le petit caporal Coignet fera un bon répétiteur. Dans un mois, il nous dépassera. — Ah ! major, vous me rendez confus. — Vous verrez, me dit-il, quand vous aurez de l'aplomb. »

Pour ma théorie, je n'eus pas bon temps ; j'avais toujours le nez dedans, mais j'étais loin d'atteindre mes camarades, qui récitaient comme des perroquets. En revanche, dans la pratique, je les surpassais ; je devins fort pour montrer l'exercice et je me trouvais dédommagé de mon peu de savoir. J'avais fait emplette de deux cents petits soldats de bois que je faisais manœuvrer.

Quand on faisait la grande manœuvre, je retenais tous les commandements. Le brave général Harlay qui commandait ne laissait rien à désirer ; on pouvait apprendre sous ses ordres. C'est la marche de flanc qui est la plus difficile, par bataillon. Il faut partir comme un seul homme, faire halte de même, front par un *à-gauche*, tout le monde conservant sa distance, aussi bien aligné que les guides généraux sur la ligne. Aussi, il fallait bien préciser le commandement de : *Marche !* comme celui de : *Halte !* sur le pied gauche. De ces savantes manœuvres, je n'en perdis pas une syllabe. Je ne sortais pas de ma caserne.

A la fin d'août, l'Empereur fit faire de grandes manœuvres dans la plaine de Saint-Denis, des revues souvent. Nous nous aperçûmes qu'il prenait ses mesures pour rentrer en campagne. Les cartes se brouillaient du côté de Madrid.

Jusqu'au mois d'octobre 1808, nous eûmes le temps de faire la belle jambe à Paris, de passer de belles revues, de faire des cartouches, et moi de me fortifier dans mon écriture et ma théorie. Le général Dorsenne passait des inspections tous les dimanches; il fallait voir ce général sévère visiter

les chambres, passer le doigt sur la planche à pain[1]. Et s'il trouvait de la poussière, quatre jours de salle de police pour le caporal! Il levait nos gilets pour voir si nos chemises étaient blanches; il regardait si nos pieds étaient propres, si nos ongles étaient faits, et jusque dans nos oreilles. Il regardait dans nos malles pour s'assurer qu'elles ne renfermaient pas de linge sale; il regardait sous les matelas; il nous faisait trembler. Tous les quinze jours, il venait avec le chirurgien-major nous visiter dans nos lits. Il fallait se présenter en chemise, et défense de se soustraire à cette visite sous peine de prison!

Enfin l'Empereur, dans les premiers jours d'octobre, donna l'ordre de nous tenir prêts à partir sous peu de jours; nos officiers firent faire nos

1. Chaque homme de la chambrée est tenu de placer son pain sur cette planche qui échappe à l'inspection de l'œil, car elle se trouve pendue au milieu de la pièce de façon qu'on puisse passer sous elle.

malles pour les porter au magasin. Il était temps ; l'ordre arriva de partir pour Bayonne. Je dis à mes camarades : « Nous allons en Espagne; gare les puces et les poux ! ils soulèvent la paille dans les casernes, et se promènent comme des fourmis sur le pavé. Gare nos ivrognes ! le vin du pays rend fou, on ne peut le boire. »

C'est ce qui arriva. Au bout de huit jours de séjour à Valladolid, il fallut faire manger la soupe à nos ivrognes, ils tremblaient et ne pouvaient tenir leurs cuillers.

De Bayonne, nous allâmes à Irun; puis à Vittoria, jolie ville; puis à Burgos, où nous restâmes quelques jours. La ville est pourvue d'une belle église; l'intérieur de l'édifice est de toute beauté : le cadran de l'horloge est en dedans; à midi les deux battants s'ouvrent, et on voit défiler des objets curieux. La principale flèche de ce bel édifice est flanquée de petites tours qui forment quatre faces, et de jolies chambres qui communiquent l'une dans l'autre. Un petit escalier, qui part d'un grand vestibule, longe à gauche l'édifice; au bout, est un beau jardin. Nos grenadiers à cheval placèrent leurs chevaux sous les beaux arceaux qui étaient occupés du côté gauche par des balles de coton. Ils allaient partir pour aller au fourrage, lorsque, au pied du petit escalier, paraît un petit garçon de onze à douze ans qui se présente à nos grenadiers. Étant aperçu par un d'eux, il se retire pour regagner son escalier, mais le grenadier le suit et parvient à le joindre au haut de l'édifice. Arrivé sur le palier, le petit garçon fait ouvrir la porte, et le grenadier entre avec lui. La porte se referme et les moines lui coupent la tête. Le petit garçon redescend, se fait voir encore, et un autre grenadier le suit; il subit le même sort. Le petit garçon revint une troisième fois, mais un grenadier qui avait vu monter ses camarades dit à ceux qui rentraient de la corvée du fourrage : « Voilà deux des nôtres montés au clocher qui ne reviennent pas. Nos camarades sont peut-être enfermés dans le clocher; faut voir cela de suite. »

Les voilà partis pour suivre l'enfant; ils prennent leurs carabines, montent le petit escalier étroit, et, pour ne pas être surpris, ils font feu en arrivant en haut, enfoncent la porte et trouvent leurs deux camarades, la tête tranchée, baignant dans leur sang. Quelle fureur pour nos vieux soldats! Ils firent un carnage de ces moines scélérats; ils étaient huit avec des armes et des munitions de toutes espèces, et des vivres et du vin; c'était une vraie

citadelle. On jeta les capucins et le petit garçon par les lucarnes dans leur
jardin.

Après avoir rendu les derniers devoirs à nos camarades, nous partîmes
de Burgos pour marcher en avant. A deux lieues, nous trouvâmes le roi
d'Espagne qui venait au-devant de son frère, notre Empereur, et ils partirent
pour rejoindre l'armée qui se portait sur Madrid. On joignit l'avant-garde,
que l'on poursuivit l'épée dans les reins. Le 30 novembre 1808, eut lieu
la bataille de la Sierra. C'était une position des plus difficiles, mais
l'Empereur ne balança pas, il fit rassembler tous ses tirailleurs et les fit
longer les montagnes. Lorsqu'il les vit arriver près du flanc de l'artillerie[1], il
fait partir les lanciers polonais sur la grande route, avec les chasseurs à cheval
de sa garde, et leur donna l'ordre de franchir la montagne sans s'arrêter.
C'était hérissé de pièces de canon; on part au galop, en culbutant tout. Le
sol était jonché de chevaux et d'hommes. Les sapeurs désencombrèrent la
route, en jetant tout dans les ravins.

Les Espagnols firent tous leurs efforts pour défendre leur capitale; mais
l'Empereur fit tourner Madrid, qui fut bloquée. La garnison était faible; le
peuple et les moines avaient pris les armes; ils s'étaient tous révoltés, avaient
dépavé la ville et avaient monté les pavés dans leurs chambres. On nous
fit camper près d'un château peu éloigné de Madrid, où nous restâmes deux
jours; le puits du château ne put nous fournir d'eau pour notre nécessaire;
il fallut partir pour chercher des vivres. Nous revînmes avec deux cents ânes
chargés d'outres en peau de bouc, et nous fûmes obligés de faire nos barbes
avec du vin. Nous attachâmes nos quadrupèdes à des piquets pour passer
la nuit, mais le lendemain matin ils firent entendre une musique si bruyante
que l'Empereur ne pouvait plus s'entendre; il envoya un aide de camp pour
faire cesser ce tintamarre. On lâcha ces pauvres bêtes; se trouvant en liberté,
elles se sauvèrent dans la plaine, où elles se dévoraient les unes les autres,
n'ayant pas de quoi manger.

Le canon ne cessait pas, on envoyait des boulets dans la ville de tous
côtés, mais ils ne voulaient toujours pas capituler. Ils éprouvèrent des pertes
si considérables, qu'ils finirent par se rendre à discrétion. L'Empereur leur

1. Il s'agit ici des batteries espagnoles qui défendaient le passage.

déclara que s'il tombait un pavé sur ses soldats, tout le peuple serait passé au fil de l'épée. Ils en furent quittes pour repaver leur grande rue.

La ville est grande et pas jolie : de grandes places garnies de vilaines baraques; mais il y en a une au midi de la ville qu'on ne peut voir sans l'admirer, à cause de sa belle façade, de ses belles promenades et d'une belle fontaine; voilà le plus beau. Pour le palais, les abords ne sont point dégagés; on entre dans une cour d'honneur très mesquine avec un corps de garde à gauche. Le palais, à droite, est très bas du côté de la ville; il est bâti devant un ravin ou précipice d'une immense profondeur. La façade est superbe et l'on descend par un magnifique escalier; le palais faisant face à la ville n'est qu'un rez-de-chaussée avec de beaux degrés pour y monter. Les salons sont magnifiques; il y a une pendule en acier très riche.

Le maréchal Lannes fut chargé de prendre Saragosse, qui coûta des pertes considérables à notre armée; toutes les maisons étaient crénelées, il fallut les enlever les unes après les autres. L'Empereur quitta Madrid avec toute sa garde, et nous arrivâmes au pied d'une montagne formidable, avec de la neige comme au mont Saint-Bernard. Il fallut la franchir avec des peines inouïes. Avant d'arriver à ce terrible passage, nous fûmes saisis par une tempête de neige qui nous renversait. Personne ne se voyait; on était obligé de se tenir les uns aux autres. Il fallait avoir un empereur à suivre pour y résister. Nous couchâmes au pied de cette montagne que notre artillerie eut toutes les peines du monde à franchir, et nous redescendîmes dans une plaine où étaient de mauvais villages dévastés par les Anglais. Arrivés au bord d'une rivière dont les ponts étaient coupés, nous la trouvons d'une rapidité sans pareille. Il fallut la passer au gué, et se tenir les uns aux autres, sans lever les pieds, crainte d'être entraînés par la rapidité du courant. Nos bonnets étaient couverts de givre. Comme c'était amusant de prendre un bain au mois de janvier! En mettant le pied dans cette rivière, on en avait jusqu'à la ceinture. On nous recommanda d'ôter nos pantalons pour traverser les deux bras de cette rivière. Sortis de l'eau, nous avions les jambes et les cuisses rouges comme des écrevisses cuites.

De l'autre côté, était une plaine où notre cavalerie donnait une charge complète aux Anglais. Il fallut poursuivre pour la soutenir, et nous arrivâmes au pas de course, sans nous arrêter, jusqu'à Bénévent, que nous trouvâmes ravagée par les Anglais; ils avaient tout emporté. Notre cavalerie les poursuivit

à outrance; ils détruisirent tous leurs chevaux, abandonnèrent tout leur bagage
et leur artillerie. L'Empereur donna l'ordre de repasser la terrible rivière.
Deux bains dans une journée si froide! Il y avait de quoi faire la grimace;
mais il avait tout prévu, et avait fait préparer des feux à une petite distance,
pour nous réchauffer.

Toute la garde se mit en route pour Valladolid, grande ville. Là les
moines avaient pris les armes; les couvents étaient déserts, et nous ne
manquions pas de logements. Nous eûmes l'ordre de rentrer en France

à marches
forcées, et
l'Empereur partit
pour Paris. Il fit pré-
parer une petite surprise
qui nous attendait à notre arrivée
dans Limoges, car il voulait conserver nos jambes et nos souliers. Nous
fûmes reçus dans cette celle ville et nous y couchâmes. Le lendemain,
nos officiers disent : « Il faut démonter les batteries de nos fusils et les
bien envelopper avec les vis et la baïonnette, crainte de les perdre.
Toute la garde montera en voiture jusqu'à Paris. Les voitures sont prêtes
hors la ville. »

En démontant mon fusil, je dis à notre capitaine : « Mais on nous prend
donc pour des veaux, pour nous mettre sur la paille. » Il se mit à rire :
« C'est vrai, dit-il, mais ça presse! Les cartes se brouillent, nous ne
sommes pas près de coucher dans un lit, et d'ici Paris il ne faut pas
y compter. »

Nos fusils démontés, nous voilà partis; le peuple était là en foule. Hors de la ville, nous trouvâmes des charrettes garnies de bottes de paille. Les gendarmes les gardaient rangées sur un rang à droite de la route. On était distribué par compagnies dans un ordre parfait; on montait suivant ce que devait contenir la charrette (s'il y avait trois chevaux, c'était douze hommes). Arrivés au relais, on donnait cinq francs par collier, et si le cheval périssait, trois cents francs étaient payés de suite. A la descente de la troupe, les payeurs se trouvaient pour tout solder ; d'autres charrettes étaient prêtes pour repartir. Les billets de rafraîchissements étaient donnés par compagnies; les habitants étaient à l'arrivée du convoi avec le billet du nombre d'hommes qu'ils devaient avoir pour les faire manger, et les emmenaient de suite pour se mettre à table. Tout était prêt partout; nous n'avions que trois quarts d'heure pour manger, et il fallait de suite partir; le tambour-major était servi sur la place, afin de pouvoir faire battre le rappel au moment précis. Jamais en retard. En partant, le bataillon s'allongeait sur la route de manière que chaque compagnie se trouvait en face de ses charrettes pour y monter et distribuer les ordinaires. Il n'y avait pas une minute de perte, chacun étant pénétré de son devoir. Nous faisions vingt-cinq lieues par jour, c'était la foudre qui partait du Midi pour se porter au Nord.

Ce grand trajet de Limoges à Versailles fut bientôt fait. Arrivés aux portes de cette jolie ville, on nous fit descendre des charrettes pour faire l'entrée. Il fallut remonter nos fusils, et traverser cette ville dans un état de misère et de fatigue complet (ni rasés ni brossés). Sortis de Versailles, nous pensions trouver des voitures. Pas du tout! il fallut faire le voyage à pied pour aller coucher à Courbevoie, où, morts de faim et de fatigue, nous reçûmes des vivres et du vin.

Le lendemain fut employé à nous rapproprier; nous passâmes au magasin de linge et de chaussures, et le surlendemain l'Empereur nous passa en revue. Puis nous partîmes de suite, mais on nous fit une petite galanterie en nous faisant monter dans des fiacres qui avaient tous été mis en réquisition. Quatre grenadiers par fiacre avec nos sacs et nos fusils, c'était suffisant. Arrivés à Claye, on fit manger l'avoine à ces mauvaises rosses, et nous régalâmes notre cocher; nous repartîmes par la même voiture. Et toujours le dîner sur la table partout!

Nous arrivâmes à la Ferté-sous-Jouarre, où les grosses voitures de la
Brie, avec de gros chevaux et de bonnes bottes de paille, nous attendaient
(douze hommes par charrette). Ces maudites routes avaient des ornières
profondes et de grosses pierres; les cahots nous assommaient, nous culbutaient
les uns sur les autres. Dieu, quelles souffrances!

Nous faisions toujours nos vingt-cinq et vingt-six lieues par jour. Arrivés
en Lorraine, nous trouvâmes de petits chevaux légers et de petites voitures
basses qui nous menaient ventre à terre; ils passaient les uns devant
les autres. Nous pouvions faire trente lieues avec de pareils chevaux;

mais c'était
effrayant de des-
cendre des montagnes
rapides, surtout celle qui
tourne pour arriver à Metz. Arrivés
aux portes de la ville, il fallut lui rendre les honneurs, remonter nos
fusils et nous mettre en grande tenue; défaire les sacs pour changer de
linge. Il y avait plus de dix mille âmes pour nous voir, surtout des
dames qui n'avaient jamais vu la garde de l'Empereur. Nos fusils montés,
nous défîmes nos sacs pour faire notre toilette; il faisait un grand vent
pour changer de chemise; tout volait en l'air, de sorte que le champ fut
bientôt libre. Mais nous ne pouvions pas faire autrement.

Notre entrée fut magnifique; nous fûmes tous logés chez le bourgeois
et bien traités. L'Empereur dit que les chevaux de Lorraine avaient fait
gagner cinquante lieues à sa garde par leur vitesse.

Nous partîmes de Metz pour ne plus nous arrêter ni jour ni nuit;
nous étions conduits par la baguette des fées. Nous arrivâmes à Ulm de

nuit; on nous donna nos billets de logement; mais, après avoir mangé, la *grenadière*[1] battit; il fallut prendre les armes et partir de suite. Sur la route d'Augsbourg, on fit l'appel, de neuf à dix heures du soir. Plus de voitures! nous étions sur le pays ennemi. Il fallut nous dégourdir les jambes et marcher toute la nuit. Nous arrivâmes à un bourg, le matin sur les neuf heures; on ne nous donna que trois quarts d'heure pour manger et partir de suite. Il fallut faire vingt et une lieues le premier jour avec notre pesant fardeau sur le dos.

Rien qu'une halte d'une demi-heure! Le lendemain, point de repos que le temps de manger et de repartir. Nous avions encore vingt lieues à faire pour arriver à Schœnbrunn. Après avoir fait quinze à seize lieues, en avant d'un grand village, on nous fit mettre en bataille, et là on demanda vingt-cinq hommes de bonne volonté pour aller rejoindre l'Empereur aux portes de Vienne et monter la garde au château de Schœnbrunn. Je le connaissais et j'y avais fait faction bien des fois. Je sortis du rang le premier. « Je pars, dis-je à mon capitaine. — C'est bien, dit le général Dorsenne, le plus petit montre l'exemple. »

On fut au complet de suite, et en route! On nous promit une bouteille de vin à trois lieues de Vienne. Nous y arrivâmes sur les neuf heures du soir, bien fatigués et bien altérés, comptant sur la bouteille promise. Mais point de vin! il fallut passer tout droit sans s'arrêter. Je me détournai de la route pour trouver de l'eau pour étancher la soif qui me dévorait. Je longe une rue, et je rencontre un paysan qui venait de mon côté... En me voyant, il entre dans une maison d'apparence où se trouvait un factionnaire; il portait un baquet plein. Je passe mon chemin, mais au détour de la rue je me blottis le long du mur. Mon paysan revient avec son baquet; je l'arrête en lui parlant sa langue. Quelle surprise! Son baquet était plein de vin. Il fut contraint de s'arrêter devant moi, tenant son baquet des deux mains, et moi, l'arme au pied, je me mets à boire à grands traits, et recommence une seconde fois. Je puis dire n'avoir jamais bu si avidement. Cela me donna des jambes pour faire mes trois lieues, et je rejoignis mes camarades, le cœur content.

Nous arrivâmes au village de Schœnbrunn à minuit. Nos officiers eurent

1. Batterie des tambours de grenadiers.

l'imprudence de nous laisser reposer à un quart d'heure de chemin du château pour prendre les ordres de l'Empereur, qui fut surpris d'une pareille nouvelle, et furieux. « Comment, vous avez fait faire à mes vieux soldats quarante et des lieues dans deux jours? Qui vous a donné l'ordre? Où sont-ils? — Près d'ici. — Faites-les venir que je les voie! »

Ils vinrent aussitôt nous faire lever, mais nos jambes étaient raides comme des canons de fusil, nous ne pouvions plus avancer, il fallut prendre nos fusils pour nous servir de béquilles pour finir d'arriver. Lorsque l'Empereur nous vit courbés sur la crosse de nos fusils, pas un de droit, tous la tête penchée, ce n'était plus un homme, c'était un lion : « Est-il possible de voir mes vieux soldats dans un pareil état! Si j'en avais besoin!... Vous êtes des... » Ils furent traités de toutes les manières. Il dit aux grenadiers à cheval : « Faites de suite de grands feux au milieu de la cour, allez chercher de la paille pour les coucher; faites-leur chauffer des chaudières de vin sucré! »

De suite, on mit les grandes marmites au feu pour nous faire la soupe; il fallait voir tous les cavaliers se multiplier, et l'Empereur faire tout apporter. Dans le bombardement de Vienne, les habitants de la ville avaient sauvé des voitures d'épicerie qui étaient devant les portes du château; il s'y trouvait du sucre et des quatre mendiants. Voilà le sucre qui paraît; on en fait mettre dans les bassines de vin chaud, on apporte des tasses de toutes sortes. L'Empereur ne quittait pas, il resta plus d'une heure; les tasses prêtes, les grenadiers à cheval arrivèrent autour des feux pour nous faire boire. Ne pouvant nous soulever, ils furent obligés de nous tenir la tête, pour que nous puissions boire. Les malins grenadiers se moquaient de nous : « Eh bien, les dessous-de-pied et les bretelles de vos sacs vous ont anéantis. Allons, buvez à la santé de l'Empereur et de vos bons camarades! Nous passerons la nuit près de vous à vous soigner. Tout à l'heure, nous vous donnerons encore à boire et vous pourrez dormir; la soupe se fait; demain il n'y paraîtra plus. »

L'Empereur remonta dans son palais; à cinq heures, on nous mit sur notre séant pour nous faire manger la soupe, de la viande, du pain et du bon vin. A neuf heures, l'Empereur descendit pour nous voir, il dit aux officiers de nous faire lever, mais il fallait deux hommes pour nous promener; les jambes étaient raides. L'Empereur tapait des pieds de colère; les grenadiers se moquaient de nous, et nos officiers n'osaient se faire voir, par crainte d'être mal reçus. Le soir, on nous donna des logements dans ce beau village très riche; toute la garde arriva et fut bien logée.

Le bombardement de Vienne avait cessé, nos troupes avaient pris la capitale; les armées d'Autriche avaient fait sauter les ponts après avoir passé de l'autre côté du Danube. On prit toutes les mesures pour recommencer; il fallait aller les trouver et se faire un passage sur ce terrible fleuve qui avait augmenté et était d'une force effrayante. L'eau était à pleins bords; on eut de la peine à maintenir les grosses barques avec des ancres, il fallait des bateaux assez forts pour établir un pont d'une longueur démesurée, avec un courant si rapide. Tous ces préparatifs demandèrent du temps; l'Empereur fit descendre ces grandes barques à trois lieues, dit-on, au-dessous de Vienne, en face de l'île Lobau et de la plaine d'Essling. Les deux ponts établis, l'Empereur fit descendre le corps du maréchal Lannes pour attendre les ordres de passage; il mit dans Vienne cent mille hommes pour maintenir la capitale, s'emparer de tous les édifices, de manière que personne ne pouvait faire aucun signe au prince Charles de l'autre côté. On fait des patrouilles considérables dans les rues; tout le peuple était renfermé. Puis on fit des démonstrations de passage en face de Vienne pour maintenir l'armée du prince Charles en face de sa capitale, et les empêcher de descendre du côté d'Essling.

Lorsque tout fut prêt, l'Empereur fit faire les promotions dans la garde; je fus nommé sergent le 18 mai 1809 à Schœnbrunn. Ce fut une joie que je ne puis exprimer de me voir sous-officier, rang de lieutenant dans la ligne, avec droit, arrivé à Paris, de porter l'épée et la canne. Je restais dans ma même compagnie, mais je n'avais point de galons de sergent. Il fallut rendre mes galons de caporal à mon remplaçant, et me voilà simple soldat, mais patience! il s'en trouvera.

L'Empereur donna l'ordre au maréchal Lannes de faire passer le grand pont du Danube à son corps d'armée et de se porter en avant de l'autre côté d'Essling; les fusiliers de la garde, le maréchal Bessières et un parc d'artillerie étaient en position dès le matin. Les Autrichiens ne s'en aperçurent que lorsque notre intrépide Lannes leur souhaita le bonjour à coups de canon, leur faisant tourner le dos à leur capitale, pour venir au-devant de notre armée qui avait passé sans leur permission. Toute

Voilà le sucre qui paraît; on en fait mettre dans les bassines de vin chaud.

L'Empereur ne quittait pas, il resta plus d'une heure.

Voilà le sucre qui paraît; on en fait mettre dans les bassines de vin chaud.

L'Empereur ne quittait pas, il resta plus d'une heure.

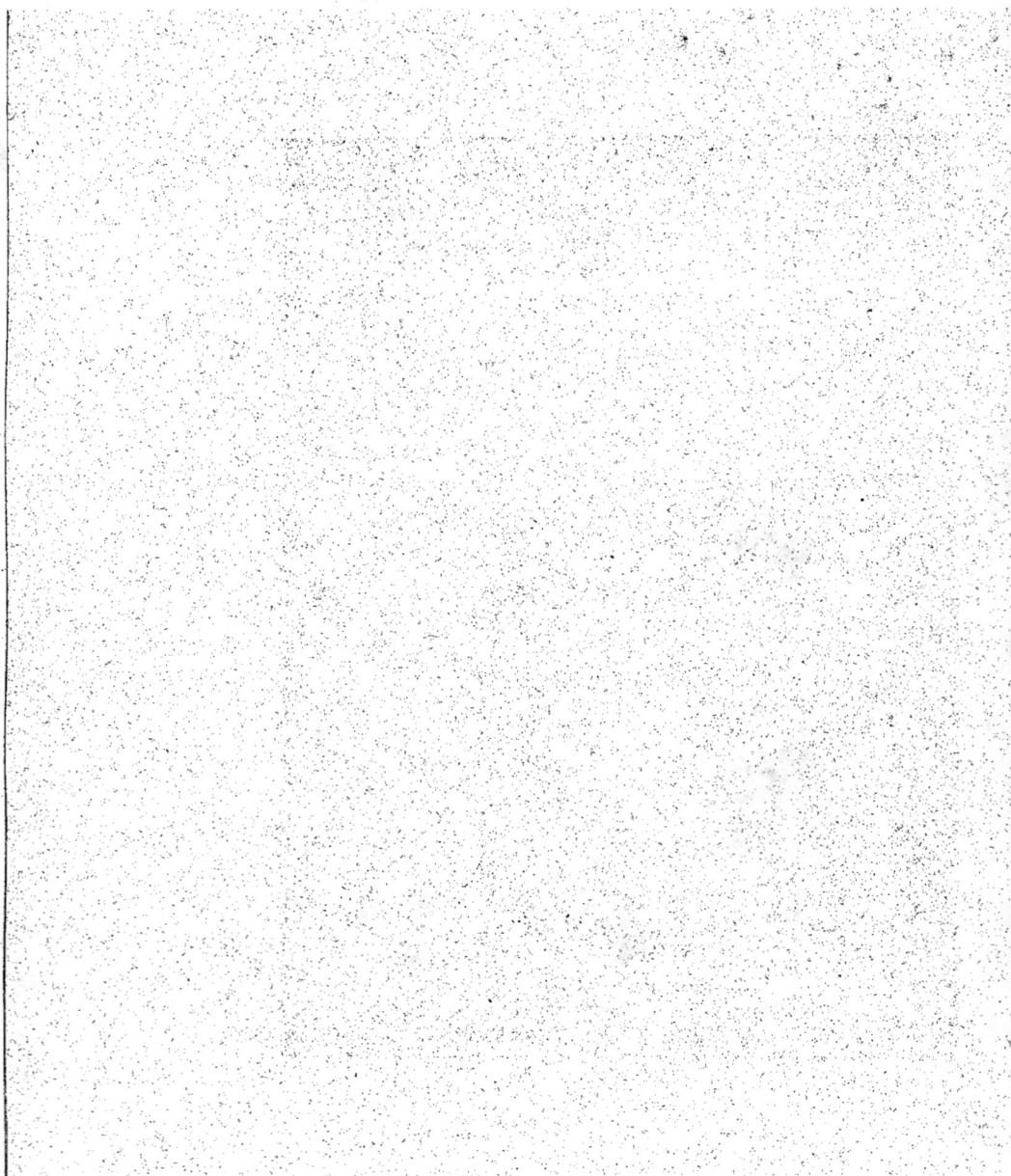

l'armée du prince Charles arriva en ligne sur la nôtre, et le feu commença de part et d'autre.

Plus de cent mille hommes arrivèrent sur le corps du maréchal Lannes; la foudre tombait sur nos troupes, mais il se maintint jusqu'à la dernière extrémité. L'Empereur nous fit partir dès le matin de Schœnbrunn pour le Danube; toute l'infanterie de la garde, et lui à la tête. A onze heures, il donnait l'ordre de passer et de mettre nos bonnets à poil. Comme ça pressait, en passant sur trois rangs le grand pont, nous nous défaisions nos bonnets[1] les uns les autres en marchant. Cette opération fut faite dans la traversée du pont, et tous nos chapeaux furent jetés dans le Danube; nous n'en avons jamais porté depuis. Ce fut la fin des chapeaux pour la garde.

Nous traversâmes la pointe de l'île et trouvâmes un second pont que nous passâmes au galop. Les chasseurs à pied passèrent les premiers, débouchèrent dans la plaine et firent un *à-gauche en colonne* au lieu d'un *à-droite*. La fausse manœuvre ne put se réparer, il fallut se mettre de suite en bataille, notre droite près du bras du Danube. Aussitôt en bataille, il arrive un boulet qui vient frapper la cuisse du cheval de l'Empereur; tout le monde crie : « A bas les armes, si l'Empereur ne se retire pas sur-le-champ! » Il fut contraint de repasser le petit pont, et se fit établir une échelle en corde attachée en haut d'un sapin; de là il voyait tous les mouvements de l'ennemi et les nôtres.

Un second boulet frappa le sergent-tambour; un de mes camarades fut de suite lui ôter ses galons et ses épaulettes[2] et me les apporta; je le remerciai en lui donnant une poignée de main. Ce n'était que le prélude; l'ennemi plaça devant nous cinquante canons sur la gauche d'Essling. Les cinquante pièces tonnaient sur nous sans que nous puissions faire un pas en avant, ni tirer un seul coup de fusil. Qu'on se figure les angoisses que chacun endurait dans une pareille position, on ne pourra jamais le dépeindre. Nous avions quatre pièces de canon devant nous, et deux devant les chasseurs pour répondre à cinquante. Les boulets tombaient dans nos rangs et enlevaient des files de trois hommes à la fois, les obus faisaient sauter les bonnets à poil à vingt pieds de haut. Sitôt une file emportée, je disais : « Appuyez à

1. Ils étaient renfermés dans des étuis sur le sac.
2. Les épaulettes de la garde avaient des torsades dorées.

droite, serrez les rangs ! » Et ces braves grenadiers appuyaient sans
sourciller, et disaient en voyant mettre le feu : « C'est pour moi. — Eh
bien, je reste derrière vous, c'est la bonne place. Soyez tranquilles. »

Il arrive un boulet qui emporte la file, et les renverse tous les trois sur
moi ; je tombe à la renverse : « Ce n'est rien, leur dis-je, appuyez de suite !
— Mais, sergent, votre sabre n'a plus de poignée ; votre giberne est à moitié
emportée. — Tout cela n'est rien, la journée n'est pas finie. »

Nos deux pièces n'avaient plus de canonniers pour les servir. Le général
Dorsenne les remplaça par douze grenadiers, et leur donna la croix. Mais
tous ces braves périrent près de leurs pièces. Plus de chevaux, plus de soldats
du train, plus de roues ! les affûts en morceaux, les pièces par terre comme
des bûches ! impossible de s'en servir ! Il arrive un obus qui éclate près
de notre bon général et le couvre de terre, il se relève comme un beau
guerrier : « Votre général n'a point de mal, dit-il ; comptez sur lui, il saura
mourir à son poste. »

Il n'avait plus de chevaux, deux avaient péri sous lui. A de tels hommes
que la patrie soit reconnaissante ! Et la foudre tombait toujours... Un boulet
emporte une file près de moi ; je suis frappé au bras, mon fusil tombe ; je
crois mon bras emporté, je ne le sens plus. Je regarde ; je vois attaché à ma
saignée un morceau de chair. Je crois que j'ai le bras fracassé. Pas du tout !
c'était un morceau d'un de mes braves camarades qui était venu me frapper
avec tant de violence qu'il s'était collé à mon bras.

Le lieutenant arrive près de moi, me prend le bras, me le remue et le
morceau de viande tombe ; je vois le drap de mon habit. Il me secoue et dit :
« Il n'est qu'engourdi. » On ne peut se figurer ma joie de remuer les doigts.
Le commandant me dit : « Laissez votre fusil, prenez votre sabre. — Je n'en
ai plus, le boulet qui m'a renversé a emporté la poignée. » Je prends mon
fusil de la main gauche.

Les pertes devenaient considérables ; il fallut mettre la garde sur un
rang pour faire voir à l'ennemi la même ligne sur le terrain. Sitôt cette
opération faite, il arrive sur notre gauche un brancard porté par des
grenadiers, qui déposèrent au centre de la garde leur précieux fardeau.
L'Empereur, du haut de son sapin, avait reconnu son favori ; il avait quitté
son poste d'observation, et était accouru pour recevoir les dernières paroles
du maréchal Lannes, frappé à mort à la tête de son corps d'armée. L'Empereur

mit un genou à terre pour le prendre dans ses bras, et le fit transporter
dans l'île; mais il ne put supporter l'amputation. Là finit la carrière de
ce grand général. Tout le monde fut dans la consternation d'une pareille
perte.

Il restait de notre côté le maréchal Bessières, qui était, comme les autres,
démonté; il parut devant nous. La canonnade continuait; un de nos officiers

est frappé par un boulet qui lui emporte la jambe, le général donne la
permission à deux grenadiers de le porter dans l'île, ils le mettent sur deux
fusils, ils n'avaient pas fait quatre cents pas qu'un boulet les tue tous les
trois. Mais voilà un plus grand malheur qui nous arrive : le corps du maréchal
Lannes battait en retraite; une partie vint se jeter sur nous, tous épouvantés
et couvrant notre ligne de bataille. Comme nous étions sur un rang, nos
grenadiers les prenaient par le collet et les mettaient derrière eux en disant :
« Vous n'aurez plus peur. »

Heureusement, ils avaient tous leurs armes et leurs cartouches; le village d'Essling était en notre pouvoir, quoique pris, repris et incendié. Les braves fusiliers en restèrent les maîtres toute la journée. Le calme étant un peu rétabli chez les soldats qui étaient derrière notre rang, le maréchal Bessières vint les prendre, et les rassurant leur dit : « Je vais vous mener en tirailleurs, et je serai, comme vous, à pied. »

Tous ces soldats partent avec ce bon général. Il les fait mettre sur un rang, à portée de fusil des cinquante pièces qui faisaient feu sur nous depuis onze heures du matin. Voilà une ligne de tirailleurs qui protégeait le feu de file commencé sur l'armée autrichienne. Le brave maréchal, les mains derrière le dos, n'arrêtant pas d'un bout à l'autre, fit taire pour un moment leur furie contre nous. Cela nous donne un peu de répit, mais le temps est bien long quand on attend la mort sans pouvoir se défendre. Les heures sont des siècles. Après avoir perdu un quart de nos vieux soldats sans avoir brûlé une amorce, je ne fus plus en peine d'avoir des galons et des épaulettes de sergent; mes grenadiers m'en donnèrent plein mes poches. Cette cruelle journée vit des pertes considérables... Le brave maréchal resta derrière ses tirailleurs plus de quatre heures; le champ de bataille ne fut ni perdu ni gagné. Nous ne savions pas que les ponts sur le grand fleuve étaient emportés, et que notre armée passait le Danube à Vienne. A neuf heures, le feu cessa. L'ordre de l'Empereur fut de faire chacun son feu[1] pour faire croire à l'ennemi que toute notre armée était passée.

Le prince Charles ne savait pas notre pont emporté, car il nous aurait tous pris à son premier effort, et n'aurait pas demandé une trève de trois mois qui lui fut accordée de suite, car nous étions, on peut le dire, dans une cage; ils pouvaient nous bombarder de tous les côtés. Tous nos feux bien allumés, nous eûmes l'ordre de repasser dans l'île sur notre petit pont, et d'abandonner nos feux; nous passâmes la nuit à nous placer dans des endroits sans feux pour attendre le jour. Le matin, de grosses pièces passèrent devant nous et furent braquées à la tête de notre petit pont. Quelle fut notre surprise de ne plus voir le grand pont que nous avions passé la veille! Tout était parti comme nos chapeaux que nous avions jetés dans le Danube.

Sur le fleuve, en face de Vienne, on avait lâché les moulins qui sont sur bateaux, et ôté les roues qui les faisaient marcher; on les avait chargés

1. Feu de bivouac.

de pierres, et ces masses lancées par le fleuve emportèrent le grand pont.
Le grand sacrifice de leurs moulins nous bloqua trois jours dans l'île, sans
pain; nous mangeâmes tous les chevaux qui avaient échappé à la mort,
il n'en resta pas un. Les prisonniers faits le matin eurent pour leur part les
têtes et les boyaux. Il ne restait plus à nos chefs que la bride et la selle; on
ne peut se figurer une pareille disette. Et nous entendions des cris déchirants
près de nous... C'était M. Larrey qui faisait ses amputations; c'était affreux
à entendre.

L'Empereur fit sommer la ville de Vienne de réunir tous ses bateaux,
et de les redescendre pour faire le pont. Le qua-
trième jour, nous fûmes délivrés; nous repassâmes
ce terrible fleuve avec joie et avec des figures bien
pâles. Les vivres nous attendaient à Schœnbrunn, où
nous arrivâmes le soir. Tout était prêt pour nous
recevoir, et nos billets de logement
préparés; nous eûmes le temps de nous
rétablir pendant trois mois de
trêve. Puis les travaux
commencèrent dans l'île
Lobau; cent mille hommes se

mirent à faire des redoutes, des chemins couverts; on ne peut se faire une idée de la terre remuée pendant ces trois mois. Les Autrichiens en firent de bien plus considérables encore en face de nous. L'Empereur partait de son palais à cheval avec son escorte, il arrivait dans l'île Lobau et montait au haut de son sapin; de là il voyait tous leurs travaux et faisait exécuter les siens. Il revenait satisfait et joyeux. Ça se voyait à son arrivée; il parlait à tous ses vieux soldats, et se promenait dans la cour les mains derrière le dos. Il recompléta sa garde, et, comme il avait fait venir des acteurs de Paris, il donna la comédie dans le château; les belles dames de Vienne furent invitées avec cinquante sous-officiers. C'était un coup d'œil magnifique, mais c'était trop petit pour tant de monde.

Pendant ces trois mois, mon bras étant remis de son engourdissement, je me mis à écrire sans relâche; je fis des progrès. Mes maîtres étaient contents de moi. Personne de la garde ne mit le pied dans Vienne, pas même l'Empereur, mais il faisait de fréquentes visites à l'île Lobau pour voir les grands préparatifs. Il faisait faire la manœuvre à toute son armée pour la tenir prête à rentrer en campagne. Lorsque tout fut prêt, il fit voir un échantillon de son armée aux amateurs de Vienne, dans une revue de cent mille hommes sur les hauteurs à gauche de la ville. Là, il fit venir notre colonel Frédéric, et le reçut général en lui disant : « Je te ferai gagner tes épaulettes. » Tous les corps reçurent l'ordre du départ pour se rendre le 5 juillet dans l'île Lobau. Le bonheur voulut que le prince Eugène, avec l'armée d'Italie, arrivât pour le passage du Danube le 6 juillet, à dix heures du matin. Tout fut réuni dans la même plaine.

L'Empereur avait fait faire des radeaux qui pouvaient contenir deux cents hommes, pour prendre une île occupée par les Autrichiens qui gênaient son mouvement : il ne pouvait passer sans être vu de l'armée autrichienne. Tous les préparatifs étaient prêts : les voltigeurs et les grenadiers sur leurs radeaux, avec le général Frédéric. On les lâcha à minuit sonné pour être dans son droit, la trêve finissant le 6 juillet. Voilà la pluie qui tombe par torrents; les soldats autrichiens vont se mettre dans leurs abris; nos radeaux arrivent en travers de l'île sur le sable. N'ayant d'eau qu'aux mollets, on la prit sans brûler une amorce; tous les Autrichiens furent faits prisonniers et alors l'ennemi ne put voir notre mouvement. Deux mille sapeurs furent chargés de faire avec le génie un chemin pour faire passer les pontons et l'artillerie;

les arbres qui gênaient le passage fondaient sous la hache et la scie. Au jour, nous étions à trois lieues au-dessous des travaux de l'ennemi et des nôtres sans que l'ennemi s'en doutât. Dans un quart d'heure, trois ponts étaient établis, et à dix heures du matin cent mille hommes avaient passé dans la plaine de Wagram. A midi, toute notre armée était en ligne avec sept cents pièces de canon en batterie; les Autrichiens en avaient autant. On ne s'entendait pas.

C'était drôle de nous voir faire face à Vienne, et les Autrichiens tourner le dos à leur capitale; on peut dire à leur louange qu'ils se battirent en déterminés. On vint dire à l'Empereur qu'il fallait remplacer la grande batterie de sa garde, que les canonniers étaient détruits : « Comment! dit-il, si je faisais relever l'artillerie de ma garde, l'ennemi s'en apercevrait, et redoublerait d'efforts pour percer mon centre. De suite, des grenadiers de bonne volonté pour servir les pièces! »
Vingt hommes par compagnie partirent aussitôt; on fut obligé de faire le compte; tous voulaient y aller. On ne voulut pas de sous-officiers, rien que des grenadiers et des caporaux. Les voilà partis au pas de course pour servir la batterie de cinquante pièces; sitôt arrivés à leur poste, les coups de canon se firent entendre. L'Empereur prit sa prise de tabac et se promena devant nous. Pendant ce temps, le maréchal Davout s'empare des hauteurs et rabattait l'ennemi sur nous, en filant sur le grand plateau, pour leur couper la route d'Olmutz. L'Empereur, voyant le maréchal lui faire face, n'hésita pas à faire partir tous les cuirassiers en une seule masse pour enfoncer leur centre. Cette masse s'ébranle, passe devant nous; la terre tremblait sous nos pieds. Ils ramenèrent cinquante pièces de canon toutes attelées et des prisonniers. Le prince de Beauharnais va au galop vers l'Empereur lui apprendre que la victoire est certaine. Il embrasse son fils.

Le soir quatre grenadiers rapportaient le colonel qui commandait la batterie de cinquante pièces, où l'Empereur avait envoyé ses grognards; ce brave était blessé depuis onze heures. On l'avait fait porter en arrière de sa batterie : « Non, dit-il, reportez-moi à mon poste, c'est ma place. » Et, sur son séant, il commandait.
La garde fut formée en carré, et l'Empereur coucha au milieu; il fit ramasser tous les blessés, et les fit conduire à Vienne. Le lendemain, nous

trouvions des trente boulets à la suite dans le même endroit; on ne peut se faire une idée de cette bataille. Le 23, toutes les colonnes partirent de grand matin. Les Autrichiens étaient partis après des pertes considérables; ils furent obligés de venir demander la paix sur les hauteurs d'Olmutz, où l'Empereur avait fait dresser sa belle tente. Le feu cessa de part et d'autre. Nous partîmes pour Schœnbrunn, et là on traita de la paix. Les armées restèrent en présence pendant que l'Empereur réglait ses affaires.

SIXIÈME CAHIER

Rentrée en France. — Les fêtes du mariage impérial. — Je fais les fonctions de sergent instructeur, de chef d'ordinaire, de vaguemestre.

Nous partîmes pour la deuxième fois de Schœnbrunn. Arrivés dans la Confédération du Rhin, nous fûmes reçus comme dans notre patrie. En France, dans les grandes villes, on venait au-devant de nous; nous étions reçus dans nos logements avec amitié. Aux portes de Paris, nous trouvâmes un peuple impossible à nombrer, c'est à peine si nous pouvions passer par section, tant nous étions pressés par la foule. On nous mena de suite aux Champs-Élysées, devant un repas froid donné par la ville de Paris. Le temps gêna beaucoup; il fallut manger et boire debout, puis partir pour Courbevoie. Cette bonne ville de Paris nous donna un second repas sous les galeries de la place Royale, et la comédie à la Porte-Saint-Martin; des arcs de triomphe étaient dressés. Le peuple de Paris était ivre de joie de nous revoir. Malheureusement il en manquait beaucoup à l'appel, il en était resté un quart sur les champs de bataille d'Essling et de Wagram. Mais personne n'était plus content que moi de rentrer à Paris avec les galons de sergent, de porter l'épée, la canne, et les bas de soie l'été. J'étais pourtant bien en peine pour une chose : je n'avais pas de mollets. Il fallait avoir recours aux faux mollets; ça me taquinait.

Après un repos de quinze jours dans la belle caserne de Courbevoie, habillés à neuf, nous passâmes la revue de l'Empereur aux Tuileries. On faisait des préparatifs pour l'enterrement du maréchal Lannes; cent mille hommes formaient le cortège du célèbre guerrier, qui partit du Gros-Caillou pour se rendre au Panthéon. Je fus du nombre des sous-officiers qui le portèrent; nous étions seize pour le descendre de huit ou dix degrés sur le côté gauche de l'aile du Panthéon, là nous le déposâmes sur des tréteaux. Toute l'armée avait défilé devant les restes de ce bon guerrier; cela dura jusqu'à minuit.

Je repris mon service dans mes fonctions de sous-officier; je m'appliquais à écrire, et un jour, étant de garde à Saint-Cloud, je fis un rapport de mes cinquante grenadiers, avec tous les noms bien écrits, et le portai moi-même à M. Belcourt, qui fut content de la netteté de mon rapport : « Continuez, me dit-il, vous êtes sauvé. » Que je me donnais de peine pour apprendre ma théorie! Je surpassais mes camarades pour le ton du commandement; je fus désigné comme ayant la plus forte voix. Je me trouvais heureux avec mon grade de sergent et mes quarante-trois sous par jour. Ayant des visites indispensables à faire, je me mis sur mon trente et un. Il me fallut des bas de soie pour porter l'épée. J'ai dit déjà que j'avais passé à Saint-Malo[1]. Je n'avais point de mollets, il fallut avoir recours à des faux. J'allai au Palais-Royal pour me les procurer; je trouvai mon affaire, que je payai dix-huit francs : ce qui me fit une jambe passable, avec une paire de bas fins sur les faux mollets, et les bas de soie (en troisième). Je fis les visites de rigueur, et je fus comblé de politesses sur ma bonne tenue. Je rentrai à la caserne le soir à neuf heures, satisfait de ma journée, et je trouvai une lettre de mon capitaine Renard qui m'invitait pour le dimanche à dîner chez lui, sans faute, à cinq heures précises, disant que son épouse et sa demoiselle voulaient me remercier d'avoir fait coucher mon capitaine dans un tonneau le soir de la bataille d'Austerlitz.

Je me rendis à cette invitation; je trouvai là des militaires de distinction, des bourgeois et des dames de haut parage[2]. J'étais gêné avec mes supérieurs, tous décorés, et de si belles dames, avec des plumes! Que j'étais petit dans

1. Allusion à la chanson connue : *Bon voyage, monsieur Dumollet*, etc., etc.
2. N'oublions pas que c'est un sergent qui parle.

ce beau salon en attendant le dîner! Mon capitaine vint à mon secours, me présenta à son épouse, à ces dames et à ses amies. Je ne me trouvai plus isolé, mais j'étais bien timide, j'aurais préféré ma pension à ce grand dîner. On passa dans la salle à manger où je fus placé entre deux belles dames, et elles me mirent à mon aise en s'occupant de moi. Au second service, la gaieté se fit sur tous les visages, et le vin de Champagne fut le complément de la gaieté. Il fallut que mes chefs commençassent à conter leurs campagnes.

Je fus attaqué par les deux dames qui étaient près de moi pour conter mon histoire : « Je vous supplie de me faire grâce; mes chefs la connaissent. — Eh bien, dit le capitaine, je vais vous satisfaire pour lui, vous verrez que c'est un bon soldat. Il a été décoré le premier aux Invalides; il nous a empêchés de mourir de faim en Pologne, en dénichant toutes les cachettes des Polonais. Enfin, mesdames, je serais mort sans lui. » Je fus confus du témoignage de mon capitaine et comblé d'amitiés par tout le monde. Le feu m'avait monté à la figure; j'avais un mouchoir blanc, je le prenais pour m'essuyer et le remettais sans cesse dans ma poche. Ma serviette était fine; par distraction, je m'en essuyais la figure et la mis aussi dans ma poche. A l'heure de rentrer à la caserne, je prends congé. Le capitaine me dit : « Vous partez? — Oui, capitaine, je suis de garde demain. — Mais vous viendrez demain. — Ce n'est pas possible, je suis de garde. — Mais vous emportez votre serviette. »

Mettant la main dans ma poche,' je trouve la serviette et mon mouchoir. Rendant la serviette à mon capitaine, je lui dis : « Je croyais être encore en pays ennemi; vous savez que, si on ne prend rien, on croit avoir oublié quelque chose. — Eh bien, me dit-il, restez là! Je vais envoyer mon domestique à la caserne, et vous passerez la soirée avec nous. » Me montrant sa demoiselle : « Voilà votre dénonciateur, qui m'a dit : Papa, il emporte sa serviette, mais laisse-le faire. — Que j'ai eu du bonheur d'être vu par votre demoiselle! »

Je me reportai sur mes écritures et théories sans relâche pendant six mois, ne sortant de la caserne que pour monter ma garde (et toujours mon *École de bataillon* dans ma poche pour apprendre les manœuvres qui concernaient mon grade). Je surmontai toutes les difficultés dans la pratique. L'Empereur donna l'ordre de faire manœuvrer les sous-officiers et caporaux seuls, à l'aide de perches représentant les sections. Pour former le peloton, l'homme de section prenait les deux bouts de chaque perche; pour rompre, le caporal reprenait le bout de sa perche. On nommait cela *manœuvre à la perche;* elle donnait du repos à tous les grognards. M. Belcourt nous commandait et on fit des progrès sensibles en arpentant la belle cour de la caserne de Courbevoie; avec cent hommes, on faisait les grandes manœuvres comme un régiment complet.

L'Empereur nous fit former le carré; après une manœuvre d'une heure, il fut content, et donna l'ordre de ne plus la faire que deux fois par semaine. Il fallait que tous les sergents et caporaux commandassent. Lorsque ce fut mon tour, je fus dans la joie de pouvoir montrer à mes supérieurs les progrès que j'avais faits; ils me suivaient de l'œil pour voir si je me tromperais. Pendant le repos, je fus entouré de tous mes camarades, et mes supérieurs me firent voir qu'ils étaient contents. Mais si l'Empereur était content de nous, nous n'étions pas contents de lui. Le bruit circulait dans la garde qu'il divorçait avec son épouse pour prendre une princesse autrichienne en payement des frais de la seconde guerre avec l'empereur d'Autriche, et qu'il voulait avoir un successeur au trône. Pour cela, il fallut renvoyer la femme accomplie, prendre une étrangère qui devait donner la paix générale. L'Empereur passait de grandes revues pour se distraire de ses peines. On nous dit que le prince Berthier partait pour Vienne porter le portrait de notre Empereur à la princesse pour demander sa main.

Je me reportai sur mes écritures et théories sans relâche pendant six mois.

Je me reportai sur mes écritures et théories sans relâche pendant six mois.

Tout était en mouvement pour recevoir cette nouvelle impératrice. Le 15, toute sa famille la conduisit à une grande distance de Vienne; elle témoigna des regrets de son chien et de sa perruche; les ordres furent donnés de suite, et elle fut bien surprise en arrivant à Saint-Cloud de trouver sa cage, ses oiseaux, son beau chien qui reconnaissait sa maîtresse, et sa perruche qui la nommait.

Notre premier bataillon fut commandé pour attendre à Saint-Cloud l'arrivée de l'Empereur. Les courriers arrivés, on nous fit mettre sous les armes; nous vîmes cette belle voiture attelée de huit chevaux, et l'Empereur à côté de sa prétendue. Comme il avait l'air heureux! Ils montèrent Saint-Cloud au petit pas, et nous eûmes le temps de voir passer tous ces beaux équipages. Ils furent mariés civilement à Saint-Cloud; le lendemain ils partirent pour faire leur entrée dans la capitale. Nous eûmes l'ordre d'assister à la grande cérémonie du mariage religieux, qui fut célébré le 5 avril dans la chapelle du Louvre. On ne peut pas se faire une idée de tous les préparatifs. Dans la grande galerie du Louvre, à partir du vieux Louvre jusqu'à la chapelle qui se trouve au bout du pavillon des Tuileries du côté du Pont-Royal (ce trajet est immense), il se trouvait trois rangées de banquettes pour asseoir les dames et les messieurs. Au quatrième rang étaient cinquante sous-officiers décorés, placés de distance en distance dans des ronds en fer (pour ne pas être heurtés par personne). Le général Dorsenne nous commandait; lorsqu'il nous eut placés à nos postes, il prévint ces dames que nous étions leurs chevaliers pour leur faire donner des rafraîchissements. Il fallut faire connaissance. Nous en avions vingt-quatre de chaque côté de nous (quarante-huit par sous-officier), et il fallait répondre à leurs demandes. Dans l'épaisseur du gros mur, on avait fait de grandes niches pour placer quatre-vingt-seize cantines pour tous les rafraîchissements désirables. Ces petits cafés ambulants firent bonne recette.

Voilà le costume des dames : des robes décolletées par derrière jusqu'au milieu du dos. Et par devant l'on voyait la moitié de leurs poitrines, leurs épaules découvertes, leurs bras nus. Et des colliers! et des bracelets! et des boucles d'oreilles! Ce n'étaient que rubis, perles et diamants. C'est là qu'il fallait voir des peaux de toutes nuances : peaux huileuses, peaux de mulâtresses, peaux jaunes et peaux de satin. Les vieilles avaient des salières[1] pour contenir leurs provisions d'odeurs. Je puis dire que je n'avais jamais vu de si près les belles dames de Paris, la moitié à découvert. Ça n'est pas beau.

Les hommes étaient habillés à la française; tous le même costume : habit noir, culottes courtes, boutons d'acier découpés en diamant. La garniture de leurs habits coûtait dix-huit cents francs; ils ne pouvaient se présenter à la cour sans ce costume. Les fiacres étant défendus ce jour-là, on ne peut se figurer la quantité de beaux équipages aux abords des Tuileries. La grande cérémonie partit du château pour se rendre au vieux Louvre, et monta le grand escalier du Louvre pour se rendre à la chapelle des Tuileries. Que cette cérémonie était imposante! Tout le monde était debout dans le silence le plus religieux. Le cortège marchait lentement; sitôt passé, le général Dorsenne nous réunit, nous mena à la chapelle, et nous fit former le cercle. Nous vîmes l'Empereur à droite, à genoux sur un coussin garni d'abeilles, et son épouse à genoux près de lui pour recevoir la bénédiction. Après avoir placé la couronne sur sa tête et sur celle de son épouse, il se

---

1. Coignet veut parler ici des flacons de sel qu'il était alors à la mode de respirer.

releva et se mit avec elle dans un fauteuil. La messe commença, dite par le pape.

Le général nous fit signe de sortir pour retourner à nos postes, et là nous vîmes revenir la cérémonie. La nouvelle impératrice était belle sous ce beau diadème; les femmes de nos maréchaux portaient la queue de sa robe qui traînait par terre à huit ou dix pas; elle devait être fière d'avoir de pareilles dames d'honneur à sa suite. Mais on pouvait dire que c'était une belle sultane, que l'Empereur avait l'air content, que sa figure était gracieuse. Ce jour-là, c'étaient des roses, mais ça ne devait pas être la même chose à la Malmaison.

Toute la vieille garde était sous les armes pour protéger le cortège, et nous avions tous la fringale de besoin. Nous reçûmes chacun vingt-cinq sous et un litre de vin. Après les réjouissances, l'Empereur partit avec Marie-Louise. Le 1er juin, ils rentrèrent à Paris; la ville leur offrit une fête et un banquet des plus brillants à l'Hôtel de Ville. Je me trouvais de service pour commander un piquet de vingt hommes dans l'intérieur, en face de cette belle table en fer à cheval, et mes vingt grenadiers, l'arme au pied, devant ce banquet servi tout en or et viandes froides. Autour du fer à cheval, des fauteuils; le grand était au milieu qui marquait la place de l'Empereur. Le cortège fut annoncé; le général vint me placer et me donner ses instructions.

Le maître des cérémonies annonce : *L'Empereur!* Il paraît, suivi de son épouse et de cinq têtes couronnées. Je fais porter et présenter les armes; puis je reçus l'ordre de faire reposer l'arme au pied. J'étais devant mon peloton en face de l'Empereur; il se met à table le premier et fait signe de prendre place à ses côtés. Ces têtes couronnées assises, la table est desservie; tout est enlevé et disparaît. Les découpeurs sont à l'œuvre dans une pièce à côté. Derrière chaque roi ou reine, trois valets de pied à un pas de distance; les autres correspondaient avec les découpeurs et passaient les assiettes, sans faire plus qu'un demi-tour pour les prendre. Quand l'assiette arrivait au plus près du souverain, le premier valet se présentait, et si le souverain secouait la tête, l'assiette disparaissait; de suite, une autre la remplaçait. Si la tête ne bougeait pas, le valet plaçait l'assiette devant son maître. Comme ces morceaux étaient bien découpés!

Chacun prenait son petit pain, le rompait et mordait à même, ne se servait jamais de couteau, et, à toutes les bouchées, il se servait de sa

serviette pour s'essuyer la bouche ; la serviette disparaissait et le valet
en glissait une autre. Ainsi de suite, de manière que, derrière chaque
personnage, il y avait un tas de serviettes qui n'avaient servi qu'une fois.

On ne soufflait pas mot. Chacun avait un flacon de vin et d'eau, et personne
ne versait à boire à son voisin. Ils mordaient dans leur pain, et se versaient
à boire à leur gré. Par des signes de tête, on acceptait ou on refusait. Il
ne fut permis de parler que lorsque le souverain maître adressa la parole
à son voisin. Si c'est imposant, ça n'est pas gai.

L'Empereur se lève ; je fais porter et présenter les armes, et tous passent
dans un grand salon. Je restai près de ce beau service. Le général vint me
prendre par le bras : « Sergent, venez avec nous, je vais vous faire boire
du vin de l'Empereur, et, en passant, je ferai donner à vos vingt hommes
du vin. Mettez-vous là ! je vais aller faire patienter votre peloton et je les
ferai rafraîchir à leur tour. » Ces deux verres de vin me firent du bien,
et mes grenadiers furent servis chacun d'un demi-litre. Qu'ils étaient contents d'avoir bu du vin de l'Empereur !

Après quelques jours de repos, la vieille garde donna une fête des plus
brillantes à l'Empereur au Champ de Mars ; toute la cour y prit part. Des
manœuvres furent exécutées devant elle, et le soir, aux flambeaux, on nous
donna des cartouches d'artifice de toutes les couleurs. Après avoir fait en
l'air des feux de peloton et de bataillon, on nous fit former le carré devant
le grand balcon de l'École Militaire où la cour était à nous contempler. Le
signal donné, ce carré immense commence son feu de file en l'air. Jamais
on n'avait vu de pareille corbeille de fleurs ; la garde était couronnée d'étoiles.
Tout le monde tapait des mains. Je puis dire que c'était magnifique.

L'Empereur donna un bal magnifique ; ce fut lui qui l'ouvrit avec
Marie-Louise. Non, jamais, on ne put voir homme mieux fait. On pouvait
dire de lui que c'était un vrai modèle, personne ne pouvait l'égaler par les
pieds et les mains. Marie-Louise était la plus forte au billard ; elle battait
tous les hommes, mais elle ne craignait pas de s'allonger comme un
homme sur le billard quand il le fallait pour donner son coup de queue.
Et moi toujours l'œil au guet pour voir ; elle était souvent applaudie. Le
service de Saint-Cloud était pénible pour nous ; il fallait faire le trajet
de Courbevoie à Saint-Cloud, et les chasseurs venaient de Rueil pour nous

relever. Mais aussi nous étions nourris, et le sergent servi seul : soupe, bouilli, bon poulet, salade, bouteille de bon vin. L'officier mangeait à la table des officiers de service.

Au mois de septembre 1810, il se fit de grands préparatifs pour Fontainebleau. Le moment de la chasse arrivait et le premier bataillon, dont je faisais partie, eut l'ordre de partir pour faire le service; l'adjudant-major, M. Belcourt, suivit le bataillon. Nous fûmes casernés, et toute la cour arriva avec de belles voitures de chasse. Il y avait quatre berlines avec des chevaux pareils, et des chevaux de rechange d'une autre couleur; c'était magnifique à voir. Enfin l'ordre fut donné à M. Belcourt de commander pour la chasse douze sous-officiers et caporaux qui seraient dirigés par un garde des chasses, et placés par quatre dans les endroits désignés. Arrivés au rendez-vous, on nous plaça à nos postes dans un beau rond bien sablé aboutissant à plusieurs allées, avec une belle tente, une table servie et des valets de pied autour. Toute la cour se mettait à table avant de commencer la chasse.

Ce jour-là, on avait apporté des cercles (avec un homme dedans chaque cercle), et autour des cercles, des faucons. Marie-Louise prenait un de ces oiseaux et le lançait sur le premier gibier venu; l'oiseau fondait comme la foudre et le rapportait à Marie-Louise. Cette chasse, des plus amusantes, dura une heure; puis les calèches partirent au galop pour se rendre dans un endroit où des paysans étaient en bataille avec des perches dans un grand enclos rempli de lapins qui ne pouvaient sortir. L'Empereur avait beaucoup d'armes chargées; il donne le signal, et les paysans frappent sur les buissons, et des fourmilières de lapins se sauvent. Et l'Empereur de faire feu. Les coups de feu ne se faisaient pas attendre. Il dit à ses aides de camp : « Allons, messieurs, à votre tour! Prenez des armes et amusez-vous. » Et la terre était couverte de victimes. Il fit appeler les gardes, et dit à notre adjudant-major : « Faites ramasser ce gibier, et donnez un lapin à chaque paysan, quatre à chaque garde; faites mettre le reste dans le fourgon, et vous ferez la distribution par compagnie à mes vieux grognards (il y en avait plein le fourgon). Demain, vous les conduirez à la chasse au sanglier, vous aurez des vivres et vous serez toute la journée dans la forêt. » L'adjudant-major donna ses ordres, et tout partit. Voilà le premier jour de chasse, et le bataillon mangea du lapin.

Le lendemain, arrivent quatre fourgons : un pour les vivres, deux pour les grands chiens russes, et un pour mettre les sangliers tout en vie. Avec les piqueurs, les valets de chiens, les garde-chasses, nous partîmes cinquante hommes et notre adjudant-major. Arrivés près du repaire où était baugée cette bande de sangliers, on déchargea les voitures, et on mit les chiens deux par deux, et il y avait un médecin pour panser les chiens blessés dans le terrible combat qui allait s'engager : « *Primo*, dirent les piqueurs, il faut manger; nous n'aurions pas le temps plus tard. » Et voilà un valet de pied qui sert l'adjudant-major et le médecin, serviette sur le bras. Nous voilà à faire un dîner copieux; sitôt fini, nous partîmes pour arriver au lancé. Et les valets menaient chacun deux de ces grands et longs chiens.

On fait lever les sangliers, et voilà six chiens partis sur cet animal furieux; trois sangliers sont arrêtés sans pouvoir bouger. Deux chiens prenaient chacun par une oreille, et se collaient le long de son corps, et le tenaient tellement serré entre eux que l'animal ne pouvait bouger. Et les gardes arrivaient avec un bâillon, lui mettaient cette forte bride dans le museau sans qu'il puisse se défendre. Avec un nœud coulant les quatre pattes étaient unies, on débâillonnait les chiens, et ils repartaient sur la bande, suivis par les valets qui les conduisaient. Les prisonniers étaient portés dans la voiture; on ouvrait la porte par derrière, on ôtait leurs entraves et ils tombaient dans cette voiture profonde.

Nous prîmes la bande de quatorze ce jour-là, et la voiture était pleine. Nous eûmes deux chiens blessés par des coups de boutoir. Nous avions besoin de nous rafraîchir après des courses au milieu de bois fourrés. L'Empereur fut enchanté d'une pareille chasse; il avait fait préparer un enclos près de la route de Paris pour déposer ces animaux vivants. C'était une rotonde haute et solide; par le moyen d'une porte coupée, on reculait la voiture et ces furieux tombaient dans la rotonde. Voilà notre deuxième chasse qui fut continuée pendant quinze jours; il y eut de pris cinquante sangliers et deux loups en vie.

Dans cet enclos, on avait construit un amphithéâtre sur pilotis avec des fauteuils autour pour contenir toute la cour. On arrivait par une pente douce au milieu de l'enclos, sous une belle tente; des factionnaires étaient placés pour empêcher d'approcher. La cour arrive à deux heures. Il fallait monter sur les sapins pour voir tous ces furieux sauter après les palissades. L'Empereur commença; il ne tirait pas sur les loups; ils restèrent les derniers et faisaient des sauts jusqu'au haut des palissades. L'Empereur permit à

tous les principaux de sa cour de finir cette fête, et tous les sangliers furent
partagés à sa garde, et nous fûmes bien régalés; il s'en réserva trois des
plus gros.

Il donna ensuite l'ordre à ses gardes d'aller reconnaître la quantité de
cerfs, les âges de chaque cerf, et de lui en faire le rapport. Au bout de

deux jours, la découverte était faite par numéros, les âges de chacun se
connaissant au pied. La veille de cette grande chasse, il fit partir des gardes
et des valets de chiens qui conduisaient deux gros limiers en laisse pour
reconnaître le cerf qui avait le numéro 1. Dans les parcours de la nuit, on
découvre les traces de cet animal; le garde s'empare du limier et fait
reconnaître le pied du cerf à chasser pour demain. Cet animal, tenu en
laisse, est conduit à pas comptés par le garde, et, à quelque distance du

gîte, retenu par le garde, lève sa patte droite en l'air pour s'élancer sur sa proie. Tout cela se fait à bas bruit; on marque l'endroit du gîte, et le rapport se fait à l'Empereur pour le rendez-vous de la cour. Les ordres sont donnés pour les calèches et les chevaux de relais. Cinquante-deux chiens forment quatre relais, à treize par relais, sans compter le limier, qui est le moteur du mouvement. Dans les treize chiens, il y a un meneur des douze autres. Sitôt que le limier a lancé le cerf, ce conducteur prend le pied du cerf, et ne le quitte pas. Et les douze chiens marchent en bataille à ses côtés.

L'Empereur donne l'ordre à M. Belcourt de commander vingt-quatre hommes (sergents et caporaux) pour les placer sur les trois points désignés pour les relais des calèches. Avant de commencer, toute la cour se mettait à table dans un endroit bien sablé, et après le banquet les calèches arrivaient; tout le monde était à cheval et le cerf lancé. L'Empereur se portait au galop au lieu du passage, suivi de porte-mousquetons ayant des armes. Là il attendait le passage du cerf, et, s'il le manquait, il partait comme la foudre pour se porter sur un autre point de passage.

Le second relais parti, la chasse, dans peu de temps, s'est trouvée très loin de nous. Nous étions silencieux à notre place. Le major me dit : « Il faut faire la manœuvre et déployer votre voix... Faites former le carré par division en marchant, par la plus prompte manœuvre. » Je commence : « *Formez le carré sur la deuxième division, en marchant... Première division : Par le flanc gauche et par file à droite!... Troisième division : Par le flanc droit et par file à gauche!... Quatrième division : Par le flanc gauche, par file à gauche! Pas accéléré!... Deuxième division : Pas ordinaire!* »

J'avais fait une faute que je ne pus réparer, et le major me dit : « Vous vous pressez trop; vous y mettez trop de feu. Faites déployer votre carré! Ne vous pressez pas! »

Mais l'Empereur m'avait entendu de l'endroit où il attendait son cerf; il n'avait rien oublié de mes fautes. Le cerf fut tué par lui, et les cors de chasse cornèrent le ralliement; toutes les calèches arrivèrent au rendez-vous. L'Empereur, content, était là pied à terre, ce beau cerf près de lui. Toute sa cour réunie, il nous fit appeler et dit à notre major : « Qui commandait la manœuvre dans la forêt? Fais-le venir, que je le voie! »

Le major me fait sortir du rang et me présente : « C'est donc toi, dit l'Empereur, qui fais retentir la forêt? Tu commandes bien, mais tu t'es trompé. — Oui, Sire, j'ai oublié *pas accéléré*. — C'est cela. Fais attention une autre fois ! » Le major lui dit : « Il s'en est donné un coup de poing dans la tête. » L'Empereur reprit : « Fais-le instructeur des deux régi ments. Qu'il soit secondé par deux caporaux instruits. Tu prendras les cinquante plus anciens vélites, et tu les feras manœuvrer deux fois par jour : tu les pousseras à la théorie, et dans deux mois je les verrai. Tâche qu'ils soient forts, et capables de faire des officiers. » M. Belcourt arrive vers nous : « Hé bien ! il nous en a taillé de l'ouvrage. Nous voilà consignés pour deux mois ; mais nous n'avons pas besoin de nous donner au diable, nous en viendrons bien à bout. Êtes-vous content ? me dit-il. — Je me rappellerai de la forêt de Fontainebleau. »

Le soir, on fit la curée du cerf aux flambeaux, dans la cour d'honneur, garnie de beaux balcons où toute la cour assistait. C'était un coup d'œil magnifique, cette meute de deux cents chiens en bataille derrière une rangée de valets qui les maintenaient fouet à la main. Au signal donné pour découdre, l'homme découvrait le cerf de sa peau ; les cors annonçaient le *pillage*, et tous fondaient sur leur proie. Ces deux cents affamés ne faisaient qu'un monceau, tous les uns sur les autres.

Les chasses furent terminées au bout de quinze jours, la cour rentra à Paris, et nous à Courbevoie. La caserne contenait trois bataillons ; chaque mois, un bataillon faisait à son tour le service à Paris. Service pénible : huit heures de faction, deux heures de patrouille et des rondes-major de nuit. L'adjudant-major fit son rapport au général Dorsenne que l'Empereur m'avait nommé instructeur des deux régiments de grenadiers, et je fus mis en fonctions de suite.

Mais ce ne fut pas tout. Le matin, les consignés, balai à la main, nettoyaient les ruisseaux, les lavaient, et le plus pénible pour eux était de laver les lieux. Comme j'avais une carrière à sable près de la grille, si j'avais beaucoup d'hommes punis, je les menais tirer du sable et ils étaient plus contents que de faire l'exercice. Je partais avec mes vingt ou trente hommes prendre les outils, et je les mettais à l'ouvrage : les uns tiraient le sable, les autres menaient la brouette, les autres le tombereau, et tout le sable rentrait dans la cour. Tout cela se faisait sans murmurer. De même, si je leur donnais la tâche d'arracher de l'herbe, on grognait un peu, mais ça se faisait. Je variais leurs punitions le plus que je pouvais. Je voyais ces vieux soldats assez dociles pour des hommes qui sortaient du régiment avec le grade de sergent, et même sergent-major, pour devenir simples grenadiers. J'avais du mal à rompre quelques mauvaises têtes, mais il fallait plier ; j'avais le don de leur en imposer. Tout se passait devant les officiers de semaine et j'étais bien secondé par les deux adjudants-majors, qui tenaient ferme pour la discipline. C'était devant le pavillon des officiers, qui voyaient ces mouvements ; ils avaient dans la caserne leur pension, d'où ils passaient dans leur jardin. Ils me firent appeler pour me montrer le plan d'un grand parterre qu'ils voulaient faire faire par les consignés. « Nous leur donnerons, me dirent ces messieurs, une bouteille de vin par homme, si vous voulez les diriger. — Je veux bien. — Très bien ! nous allons vous tirer une ligne sur la terrasse et vous marquer la place des trous pour planter des acacias, qui formeront deux quinconces sur le devant de la caserne, et un de chaque côté de la grille. Allez faire l'appel de vos consignés et prévenez-les pour demain. »

Après l'appel, je leur dis : « Vous ne ferez plus d'exercice ; nous allons planter des arbres pour nous mettre à l'ombre. — Bravo ! mon sergent, cela nous amusera. — Vous ne serez pas gênés. Je vous ferai faire un trou par quatre hommes et vous avez deux heures. — Nous sommes contents. — Allez vous reposer ! A six heures, le rappel des consignés. Une partie prendra le balai, et les autres feront des trous. »

Les chefs firent venir une grosse tonne de vin de Suresnes, qui ne leur coûtait pas dix centimes la bouteille, et ils en donnèrent une bouteille par homme. Tout marchait de front, les trous et les massifs, et ces belles plantations de huit mille sept cents arbres et arbrisseaux furent faites par les consignés.

Je fus complimenté par mes chefs, et on jeta les yeux sur moi pour tenir la pension des sous-officiers. C'était une affaire sérieuse de faire préparer et bien servir le repas de cinquante-quatre sous-officiers. J'étais payé d'avance : ce qui me faisait (par jour) la somme de 45 fr. 70 c. Les surcroîts de bénéfices[1] étaient, par jour, *primo :* le pain (8 fr. 10 c.); le vin (8 fr. 10 c.); les plats fournis hors du réfectoire (3 fr.); le bois (1 fr.). Le dimanche, tous partaient pour Paris : ce qui faisait 21 fr. 20 c. ajoutés aux 45 fr. 70 c., ci 66 fr. 90 c., que j'avais par jour à dépenser. Je pouvais faire face à tout et les contenter. Au bout du mois, je fis voir ma

---

1. *Bénéfice* veut dire *surcroît d'argent à dépenser pour la pension et non bénéfice personnel à Coignet.*

dépense au sergent-major. « Mais, me dit-il, vous êtes en arrière. — Pas du
tout, j'ai un bénéfice de 21 fr. 20 c. par jour qui, avec mes 45 fr. 70 c.,
fait 66 fr. 90 c. — Mais, vous? — Moi, j'ai 64 fr. 50 c. par mois. Cela
me suffit. Avec trois jours de bénéfice, je paye mon chef et mes deux aides.
Ainsi, soyez tranquille; la pension marchera. »

Les sergents dirent à dîner : « Il faut pousser à la consommation pour
faire marcher notre ordinaire. Allons! chacun notre bouteille! Les bénéfices
vous rentreront. — Soyez exacts à vous mettre à table par quatre. Vous serez
servis à l'heure, et je présiderai à tous vos repas. »

Le conseil (d'administration) mit à ma disposition un char à bancs et
un soldat du train, pour aller chercher les provisions à Paris avec quatre
hommes de corvée, et un caporal par compagnie. A deux heures du matin,
je conduisais ce détachement à Paris avec la note de mon chef de cuisine,
et cette emplette était considérable pour la semaine. Je payais cinq francs
pour le déjeuner de mes quatre hommes, et ils étaient contents. A neuf
heures et à quatre heures, j'étais de retour pour présider au repas. Le
dimanche, inspection du réfectoire par le
colonel ou le général. Le couvert était
mis avec des serviettes bien blanches, je
recevais des compliments de nos chefs,

même si c'était le général Dorsenne, devant lequel toute la caserne tremblait.

J'ai déjà dit que, lorsque cet homme sévère passait dans les chambres, il passait son doigt sur la planche à pain. S'il rencontrait de la poussière, le caporal ou le chef de chambrée était puni pour quatre jours. Il passait encore son doigt sous nos lits; dans nos malles, il ne fallait pas qu'il trouvât du linge sale. Modèle pour la tenue, il aurait pu effacer Murat.

J'étais toujours prêt à le recevoir et toujours prévenu, jamais surpris. Une fois cependant, je faillis recevoir une verte réprimande. Nous avions fait quelques économies sur la nourriture de la semaine, et l'on avait décidé que l'on achèterait de l'eau-de-vie avec la somme économisée. Mais, pour ne pas éveiller l'attention du général Dorsenne, je portai sur mon compte : « *Légumes coulantes*... tant. » Précisément l'infatigable général tomba sur ce passage. « Qu'est-ce que cela, s'écria-t-il, *légumes coulantes ?* » Je balbutiai et je finis par avouer notre peccadille. D'abord, il voulut se fâcher; puis en voyant ma confusion, en songeant au singulier stratagème que nous avions imaginé, il se prit à rire : « Cette fois, je vous pardonne, dit-il; mais je n'entends pas qu'on économise sur la nourriture pour acheter des liqueurs[1]. »

Tout roulait sur moi : l'exercice des consignés, cinquante vélites à faire manœuvrer, et mon réfectoire à conduire. Toutes mes heures étaient prises. A force de m'appliquer, je justifiai la bonne opinion de mon capitaine. Je puis dire que je lui dois le morceau de pain que j'ai gagné au champ d'honneur. Voilà la fin de 1810.

En 1811, des réjouissances nous attendaient Le 20 mars, un courrier arrive à notre caserne annoncer la délivrance de notre Impératrice, et dit que le canon allait se faire entendre. Tout le monde était dans l'attente; aux premiers coups partis des Invalides, on comptait en silence; au vingt-deuxième et au vingt-troisième, tous sautèrent de joie; ce n'était qu'un cri de : *Vive l'Empereur!* Le roi de Rome fut baptisé le 9 juin; on nous donna des fêtes et des feux d'artifice. Cet enfant chéri était toujours accompagné du gouverneur du palais lorsqu'il sortait pour se promener avec sa belle nourrice et une dame qui le portait. Me trouvant un jour dans le château de Saint-Cloud, le maréchal Duroc qui m'accompagnait me fait signe de m'approcher, et ce cher enfant tendait ses petites mains pour prendre mon

---

1. Alinéa ajouté au manuscrit original pendant l'impression de la première édition.

plumet. Je me penche et le voilà qui déchire mes plumes. Le maréchal me
dit : « Laissez-le faire. » L'enfant éclatait de joie, mais le plumet fut sacrifié.
Je demeurai un peu sot. Le maréchal me dit : « Donnez-le-lui, je vous le
ferai remplacer. » La dame d'honneur et la nourrice se firent une pinte de
bon sang. Le maréchal dit à la dame : « Donnez le prince à ce sergent, qu'il
le porte sur ses bras ! » Dieux ! j'allonge les bras pour recevoir le précieux
fardeau. Tout le monde vient autour de moi : « Eh bien, me dit M. Duroc,
est-il lourd ? — Oui, mon général. — Allons ! marchez avec, vous êtes assez
fort pour le porter. »

Je fis un petit tour sur la terrasse ; l'enfant arrachait mes plumes, et
ne faisait pas attention à moi. Ses draperies tombaient très bas et j'avais
peur de tomber, mais j'étais heureux de porter un tel enfant. Je le remis
à la dame qui me remercia et le maréchal me dit : « Vous viendrez chez
moi dans une heure. »

Je parais donc devant le maréchal, qui me donne un bon pour choisir
un beau plumet chez le fabricant : « Vous n'avez que celui-là ? dit-il.
— Oui, général. — Je vais vous faire un bon pour deux. — Je vous remercie,
général. — Allez, mon brave ! vous en aurez un pour les dimanches. »

Arrivé près de mes chefs, ils me disent : « Mais vous n'avez plus de
plumet. — C'est le roi de Rome qui me l'a pris. — C'est plaisant, ce que
vous dites là. — Voyez ce bon du maréchal Duroc. Au lieu d'un plumet, je
vais en avoir deux, et j'ai porté le roi de Rome sur mes bras près d'un
quart d'heure ; il a déchiré mon plumet. — Mortel heureux, me dirent-ils,
de pareils souvenirs ne s'oublient jamais. »

Mais je n'ai jamais revu l'enfant, c'est la faute de la politique qui l'a
moissonné avant le temps.

Tous les princes de la Confédération du Rhin étaient à Paris, et le
prince Charles fut le parrain du petit Napoléon. L'Empereur leur fit voir
une revue de sa façon sur la place du Carrousel. Les régiments d'infanterie
arrivaient par la rue de Rivoli et venaient se mettre en bataille sur cette
place qui longe l'hôtel Cambacérès. L'infanterie de la garde était sur deux
lignes devant le château des Tuileries. L'Empereur descend à midi, monte
à cheval, passe la garde en revue, et revient se placer en face du cadran.
Il fait appeler notre adjudant-major, et lui dit : « As-tu un sous-officier qui
soit assez fort pour répéter mon commandement ? Mouton ne peut répéter.

— Oui, Sire. — Fais-le venir et qu'il répète mot pour mot après moi. »
Voilà M. Belcourt qui me fait venir. Le général, le colonel, les chefs
de bataillon me disaient : « Ne vous trompez pas! Ne faites pas attention
que c'est l'Empereur qui commande. Surtout, de l'aplomb! »

M. Belcourt me présente : « Voilà, Sire, le sergent qui commande le
mieux. — Mets-toi à ma gauche, et tu répéteras mon commandement. »

La tâche n'était pas difficile. Je m'en acquittai on ne peut mieux. A tous
les commandements de l'Empereur, je me retournais pour répéter. Et, sitôt
fini, je me retournais face à l'Empereur pour recevoir son commandement.
Tous les regards des étrangers se portèrent du balcon sur moi; ils voyaient
un sous-officier avec son fusil recevoir le commandement, et faire demi-tour
de suite pour le répéter, de manière que son corps était toujours en
mouvement. Tous les chefs de corps répétaient mot pour mot, et, après avoir
fait passer leurs hommes sous l'Arc de Triomphe, les mettaient en bataille
devant l'Empereur. Il passait au galop devant le régiment, et revenait à sa
place pour le faire manœuvrer et le faire défiler.

Cette manœuvre d'infanterie dura deux heures; la garde ferma la marche.
Puis je fus renvoyé par l'Empereur, et remplacé par un général de cavalerie.
Il était temps : j'étais en nage. Je fus félicité de ma forte voix par mes chefs;
le sergent-major, me prenant par le bras, me mena au café dans le jardin
pour me faire rafraîchir : « Comme je suis content de vous, mon cher
Coignet! » Le capitaine tapait des mains, disant : « C'est moi qui l'ai forcé
d'être caporal; c'est mon ouvrage. Comme il commande bien! — Je vous
remercie, lui dis-je, mais on est bien petit auprès de son souverain. Je
l'écoutais, je ne levais pas les yeux sur lui; il m'aurait intimidé; je ne
voyais que son cheval. »

Après avoir bu notre bouteille de vin, nous arrivâmes devant la
compagnie. Mon capitaine, me prenant la main, dit : « Je suis content. »
Je fus comblé d'éloges. Arrivé à Courbevoie, la table de mes camarades
était servie; mon chef de cuisine n'avait rien négligé et la distribution du
vin était faite : un litre et vingt-cinq sous par homme; les sous-officiers,
un jour de paye (quarante-trois sous); les caporaux, trente-trois sous. La
gaîté était sur toutes les figures.

Le lendemain, je repris mes pénibles travaux; je poussais mes cinquante
vélites et mes consignés, je prenais mes leçons d'écriture le soir, sans
compter la surveillance du réfectoire et la propreté de la caserne. Et jamais

Le maréchal dit à la dame :

« Donnez le prince à ce sergent, qu'il le porte dans ses bras. »

Je fis un petit tour sur la terrasse ; l'enfant arrachait mes plumes

et ne faisait pas attention à moi.

Le maréchal dit à la dame :

« Donnez le prince à ce sergent, qu'il le porte dans ses bras. »

Je fis un petit tour sur la terrasse ; l'enfant arrachait mes plumes

et ne faisait pas attention à moi.

en défaut! Je me disais : « Je tiens mon bâton de maréchal, je serai vétéran de la caserne sur mes vieux jours. » Je me trompais du tout au tout; je n'étais pas à la moitié de ma carrière. Je n'avais encore qu'un lit de roses, et il m'était réservé d'en défricher les épines.

Il arrivait des grenadiers pour mettre les régiments au grand complet, et pour réformer les vieux qui ne pouvaient plus ₁aire campagne. On formait deux compagnies de vétérans de la garde qui se trouvaient heureux de faire un service si doux. Tous les jours, il arrivait des hommes superbes; je leur faisais faire l'exercice; et les adjudants-majors, la théorie. Ils poussèrent les vélites si rapidement, que l'Empereur les reçut au bout de deux mois. C'était ravissant de les voir manœuvrer; ils ne firent pas une faute et furent tous reçus sous-lieutenants dans la ligne; ils partirent pour rejoindre leurs régiments. L'Empereur me demanda : « Savent-ils commander? — Oui, Sire, tous. — Fais sortir le premier, et qu'il commande le maniement des armes! »

Il fut ravi : « Fais sortir, dit-il, le dernier. Qu'il fasse faire la charge en douze temps!... C'est bien... Fais sortir le n° 10 du premier rang. Qu'il commande le feu de deux rangs!... Fais porter les armes! C'est suffisant. »

J'étais content d'être sorti d'une pareille épreuve. Il dit aux adjudants-majors : « Il faut pousser les nouveaux arrivés, et faire des cartouches pour la grande manœuvre. Je vous enverrai trois tonnes de poudre. »

Et il partit pour Saint-Cloud. Pendant quinze jours, cent hommes faisaient des cartouches, et les adjudants-majors présidaient. Il fallait des chaussures sans clous pour éviter tout danger; toutes les deux heures, ils étaient relevés et les pieds visités. Nous fîmes cent mille paquets. Aussitôt la récolte finie, grandes manœuvres dans la plaine Saint-Denis et revues aux Tuileries, avec parcs d'artillerie considérables, fourgons et ambulances. L'Empereur faisait ouvrir et montait sur la roue pour s'assurer si tout était complet; quelquefois M. Larrey recevait son galop. Les officiers du génie tremblaient aussi devant lui. De grands préparatifs de guerre se faisaient apercevoir de jour en jour; nous ne savions pas de quel côté elle pouvait être déclarée. Mais dans les derniers jours d'avril 1812, nous reçûmes l'ordre de nous tenir prêts à partir, et de passer des inspections de linge et chaussures : trois paires de souliers, trois chemises, et grand uniforme dans le sac.

La veille de la revue de départ, je fus appelé devant le conseil, et fus nommé facteur des deux régiments de grenadiers, chargé de la conduite du trésor et des équipages. Ils formaient quatre fourgons, deux pour les malles des officiers, et deux qui furent chargés au Trésor, place Vendôme. Je n'eus qu'à montrer une lettre dont j'étais porteur; mes deux fourgons furent chargés de suite de barriques de vingt-huit mille francs. La garde fut consignée la veille du départ, et il ne fut permis qu'à moi de sortir pour régler mes comptes avec le boucher et le boulanger. Je rentrai à deux heures du matin; la garde était partie à minuit pour Meaux le 1er mai 1812. Un vieux sergent qui restait à Courbevoie garde-magasin reçut mes comptes, et me remit une feuille de route qui m'autorisait à faire donner des rations pour huit hommes et seize chevaux. A midi, je partais de la place Vendôme avec mes quatre fourgons. Monté sur le premier qui avait un joli cabriolet sur le devant, je me carrais, le sabre au côté, comme un homme d'importance.

J'arrivai à Meaux à minuit et me portai de suite au corps de garde pour savoir l'adresse de l'adjudant-major. Je suis conduit à son logement : « Qui est là? dit-il. — C'est moi, major. — Vous, Coignet! ça n'est pas possible. Vos fourgons sont-ils sur la place tout chargés? — Oui, capitaine. — Vous avez volé, mon brave. Je vous verrai demain avant de partir. Voilà des bons pour vos rations de fourrage et de pain. Prenez quatre hommes au corps de garde et quatre soldats des fourgons; ils feront lever le garde-magasin. Vos billets de logement sont sur ma cheminée. Prenez-les. Bonne nuit! — Mon capitaine, dormez tranquille. Je resterai au corps de garde cette nuit. Il sera trois heures lorsque les chevaux et les hommes seront servis. Les soldats du train coucheront près de leurs chevaux, et je serai prêt à sept heures pour partir. »

M. Belcourt vint me trouver au poste pour s'assurer si les rations d'hommes et de chevaux avaient été fournies; il fut content de mon activité : « Vous êtes sauvé pour toute la route, vous pouvez nous suivre. — Si vous voulez me donner ma feuille de route, je partirai tous les jours deux heures avant vous, et je pourrai aller à la poste prendre les lettres dans les grandes villes, bureau restant. Je serai là à vous attendre pour vous remettre vos lettres. » Il va trouver le colonel et je fus approuvé dans ma demande. Tous les jours, j'étais arrivé avant le corps; mes hommes et mes chevaux ne souffraient pas de la chaleur. Arrivé aux séjours, je faisais réparer les avaries survenues.

L'Empereur était parti pour Dresde en compagnie de l'Impératrice.

Dans cette belle ville est la plus belle famille royale d'Europe; le père et le fils n'ont pas moins de cinq pieds dix pouces. L'Empereur y resta dix jours pour s'entendre avec les rois. Après avoir donné et reçu de l'eau

bénite de cour, il se sépara de son épouse. Les adieux furent tristes; les
beaux équipages partirent pour Paris, et l'Empereur resta avec ses autres
pensées, à la tête de ses grandes armées.

Nous arrivâmes le 3 juin à Posen, et le 12 à Kœnigsberg où il établit
son quartier général. Là nous avons eu un peu de repos, parce qu'il était allé
à Dantzig, où il resta quatre jours. Cela rétablit la vieille garde, qui avait
fait des marches forcées. Nous reçûmes ordre de départ pour Insterbourg,
et nous arrivâmes le 21 juin à Wilkowski. Nous en partîmes dans la nuit
du 22 au 23 juin, et on établit le quartier général dans un hameau, à une
lieue et demie de Kowno. Le lendemain à neuf heures du soir, construction
de trois ponts sur le Niémen; les travaux furent terminés le 25 à minuit,
et l'armée commença à pénétrer sur le territoire russe.

C'était fabuleux de voir ces masses se mouvoir dans des plaines souvent
arides. On était souvent sans gîte, sans pain; on arrivait dans la plus
profonde obscurité, sans savoir où tourner ses pas pour trouver son
nécessaire. Mais la Providence et le courage n'abandonnent jamais le
bon soldat.

SEPTIÈME CAHIER

Campagne de Russie. — Je suis nommé lieutenant au petit état-major impérial.
La retraite de Moscou.

Le 26 juin 1812, nous passâmes le Niémen. Le prince Murat formait
l'avant-garde avec sa cavalerie ; le maréchal Davout, avec soixante mille
hommes, marchait en colonne ainsi que toute la garde et son artillerie sur
la grande route de Vilna. On ne peut se faire une idée de voir de pareilles
colonnes se mouvoir dans des plaines arides, sans autres habitations que
de mauvais villages dévastés par les Russes. Le prince Murat les atteignit
au pont de Kowno ; ils furent obligés de se retirer sur Vilna. Le temps,
qui avait été très beau jusque-là, changea tout à coup. Le 29 juin, un violent
orage nous prit sur les trois heures, avant d'arriver à un village que j'eus
toutes les peines du monde à pouvoir atteindre. Arrivés à l'abri dans ce
village, nous ne pûmes dételer nos chevaux ; il fallut les débrider, leur
faucher de l'herbe et faire allumer des feux. La tempête était si forte en
grêle et en neige que nous eûmes du mal à contenir nos chevaux, il fallut
les attacher après les roues. J'étais mort de froid ; ne pouvant plus tenir,

j'ouvre un de mes fourgons, et je m'y cachai. Le matin, quel spectacle déchirant! Dans le camp de cavalerie, près de nous, la terre était couverte de chevaux morts de froid; plus de dix mille succombèrent dans cette nuit d'horreur. En sortant transi de mon fourgon, je vois trois de mes chevaux morts. Je fais de suite distribuer ceux qui me restaient après mes quatre fourgons; ces malheureux tremblaient si fort qu'ils brisaient tout sitôt attelés, ils se jetaient dans leurs colliers à corps perdu, ils étaient fous et faisaient des sauts de rage. Si j'avais tardé d'une heure, je les perdais tous. Je puis dire qu'il fallut employer tout notre courage pour les dompter.

Arrivés sur la route, nous trouvâmes des soldats morts qui n'avaient pas pu soutenir ce monstrueux orage; ça démoralisa une grande quantité de nos hommes. Heureusement, nos marches forcées firent partir de Vilna l'empereur de Russie, qui y avait établi son quartier général. Dans cette grande ville, on put mettre de l'ordre dans l'armée. L'Empereur donna des ordres dès son arrivée, le 29 juin, pour arrêter les traînards de toutes armes, et les parquer dans un enclos en dehors de la ville; ils y étaient bien enfermés, et on leur donnait des rations; la gendarmerie était sur tous les points pour les ramasser. On en forma trois bataillons de sept à huit cents hommes; ils avaient tous conservé leurs armes.

Après un peu de repos, l'armée se porta en avant dans des forêts immenses qu'il fallut fouiller, par crainte de quelques embûches de l'ennemi. Une armée n'y peut marcher qu'à pas comptés, pour n'être pas coupée. Avant son départ, l'Empereur fit partir les chasseurs de sa garde, et nous restâmes près de lui. Le 13 juillet, il donna l'ordre de lui présenter vingt-deux sous-officiers pour passer lieutenants dans la ligne. Comme les chasseurs étaient partis, toutes les promotions tombèrent sur nous; il fallait se trouver sur la place à deux heures pour être présenté à l'Empereur. A midi, je me trouvai sur la place revenant avec mon paquet de lettres sous le bras pour les distribuer. Le major Belcourt me prit par le bras, et, me serrant fortement : « Mon brave, vous passerez aujourd'hui lieutenant dans la ligne. — Je vous remercie, je ne veux pas retourner dans la ligne. — Je vous dis, moi, que vous porterez aujourd'hui des épaulettes de lieutenant. Je vous donne ma parole que si l'Empereur vous fait passer dans la ligne, je vous fais revenir dans la garde. Ainsi, pas de réplique! à deux heures sur la place, sans manquer! — Eh bien, je m'y trouverai. — J'y serai avant vous. — Ça suffit, mon capitaine. »

A deux heures, l'Empereur arrive nous passer en revue; nous étions tous les vingt-deux sur un rang. Commençant par la droite, regardant ces beaux sous-officiers, et les toisant de la tête aux pieds, il dit au général Dorsenne : « Ça fera de beaux officiers dans les régiments. » Arrivé près de moi, il me regarde comme le plus petit; le major lui dit : « C'est notre instructeur, il ne veut pas passer dans la ligne. — Comment! tu ne veux pas passer dans la ligne? — Non, Sire, je désire rester dans votre garde. — Eh bien, je te nomme à mon petit état-major. »

S'adressant à son chef d'état-major, le comte Monthyon, il dit : « Tu prendras ce petit grognard comme adjoint au petit quartier général. » Comme je me trouvai heureux de rester près de l'Empereur! Je ne me doutais pas que je quittais le paradis pour tomber dans l'enfer : le temps me l'a bien appris.

Le brave général Monthyon vint vers moi : « Voilà mon adresse. Demain, à huit heures, chez moi, pour prendre mes ordres! » Le même soir, mes camarades fusillèrent mon sac [1].

Le lendemain, à l'heure dite, j'arrive près du général, qui me reçut avec la figure gracieuse d'un homme qui aime les vieux soldats : « Hé bien, me dit-il, vous ferez le service près de l'Empereur. Si ça ne vous faisait pas de peine de couper vos longues moustaches, vous me ferez plaisir; l'Empereur n'aime pas la moustache à son état-major. Eh bien, faites-en le sacrifice. Si je vous envoyais en mission, est-ce que vous auriez peur d'un cosaque? — Non, général. — Il me faut deux de vos camarades qui sachent commander, pour conduire chacun un bataillon d'isolés. Vous les connaissez, faites-les venir près de moi! Pour vous, je vous ai vu commander; vous connaissez votre affaire. J'ai trois bataillons de traînards à renvoyer à leurs corps d'armée. C'est vous qui demain les commanderez devant l'Empereur. Donc, vous viendrez avec vos deux camarades, et nous partirons de suite pour organiser les trois bataillons. »

Arrivé dans cet enclos, le général appela les soldats du 3ᵉ corps, les mit de côté et ainsi de suite. L'opération faite, nous rentrâmes

---

1. Cérémonie symbolique en usage dans l'ancienne armée. Elle annonçait que le nouveau promu n'avait plus de havresac à porter.

pour terminer nos comptes avec le quartier-maître de la garde, pour recevoir nos certificats et notre masse. Heureusement pour moi, les soldats du train m'avaient pourvu d'un beau cheval, avec la selle et le portemanteau. Je me trouvais en mesure de ce côté-là, mais je n'avais pas de chapeau, pas de sabre; je n'avais que mon bonnet de police et on m'avait retiré mes galons; je me trouvais comme un sous-officier dégradé; cela me fit de la peine.

Je fus toucher ce qui m'était dû chez le quartier-maître ainsi que le certificat de mes services, et faire mes adieux à mes bons chefs. Ils me dirent de choisir un cheval dans mes attelages : « Je vous remercie, je suis bien monté, j'avais mis de côté un joli cheval tout sellé et bridé qui ne fait pas partie des équipages; je vous laisse tout en bon état. — Adieu, mon brave, nous nous verrons souvent. — Si j'avais un chapeau, je serais content. — Eh bien, passez ce soir, vous en trouverez un chez le quartier-maître; je m'en charge, dit l'adjudant-major. — Je suis sauvé. — Et si je puis vous trouver un sabre, je vais m'en occuper de suite. On vous doit bien cela. »

Je les quittai confus; je vais trouver le comte Monthyon pour lui faire part que j'étais libéré : « Je vous ferai payer votre entrée en campagne comme lieutenant pour vous monter. Dépêchez-vous de finir vos affaires; nous ne tarderons pas à partir. — Demain, mon général, tous mes comptes seront terminés. »

Le soir, je fus chez le quartier-maître, je trouvai un chapeau, un vieux sabre, et je me sentis une fois plus fort. Le lendemain matin, je me présente avec le grand sabre au côté et le chapeau à cornes : « Ah! c'est bien, dit-il, je vous trouverai des épaulettes. Nous partons le 16 juillet; venez deux fois par jour prendre mes ordres. »

Le 15 au matin, je me présente chez le comte Monthyon, qui dit : « Nous partons demain, vous aurez sept cents hommes à conduire au 3e corps. A midi, au château, devant l'Empereur. Je viens de faire prévenir vos deux camarades de se trouver à onze heures pour prendre le commandement de leurs bataillons. Il faut aller de suite pour les passer en revue; les contrôles sont faits par régiment; mon aide de camp est parti pour faire l'appel; nous trouverons tout prêt. »

Nous arrivâmes dans l'enclos, tous étaient sous les armes, formant trois bataillons. Il nous remit le commandement, et nous fit reconnaître pour leurs chefs; il nous donna nos feuilles de route et le contrôle par régiment. A six heures, le 15, j'étais dans l'enclos pour faire l'appel par régiment. Je trouvai d'abord cent trente-trois Espagnols du régiment de Joseph Napoléon, et ainsi de suite. Mon appel fait, je fais prendre les armes. On ne m'avait pas adjoint un sergent ! Un tambour et un petit musicien, voilà quel était tout mon état-major pour maintenir sept cents hommes! Je fais porter les armes et former les faisceaux. A neuf heures, la soupe, et à dix heures, tout le monde prêt. Mes deux camarades mirent le même zèle. A onze heures le comte Monthyon arrive, passe rapidement, et nous partons.... Heureusement, j'avais un tambour; sans cela, je marchais à la muette.

Mon petit musicien était à la droite du bataillon avec sa petite épée à la main. Nous arrivons au palais; je fais mettre mon bataillon sur la droite en bataille, et en première ligne; les deux autres derrière moi. Je plaçai des guides sur la ligne. Comme ils ne savaient rien, il me fallait les prendre par le bras, et l'Empereur me voyait de son balcon.

Je fais porter les armes, et commande : « Sur le centre, alignement! Guides, à vos places! » Je rectifie l'alignement, et vais me placer à la droite de mon bataillon. Le comte Monthyon va trouver l'Empereur; ils descendent et l'on me fit signe d'approcher. L'Empereur me demande : « Combien te manque-t-il de cartouches? — Trois cent soixante-treize paquets, Sire. — Fais un bon pour tes cartouches et un bon pour deux rations de pain et de viande. Fais porter les armes, par le flanc droit, et conduis-les sur la place; je vais les faire garder. Et de suite au pain, à la viande et aux cartouches! »

Toutes les issues de la place étaient gardées; mes faisceaux formés, je prends mes hommes de corvée, je vais aux cartouches et les distribue. Puis, je vais au pain et à la viande. A sept heures, toutes les distributions étaient terminées; j'étais mort de besoin; j'allai me restaurer, et préparer mon beau cheval; je choisis un soldat à cheval démonté pour me servir de domestique. Je reçois l'ordre de partir à huit heures.

Au sortir de Vilna, nous nous trouvons engouffrés dans des forêts. Je quitte la tête de mon bataillon pour me porter derrière, et faire suivre tous ces traînards, en plaçant mon petit musicien à la droite pour marquer le pas. La nuit venue, je vois de mes déserteurs se glisser dans le fourré sans pouvoir les faire rentrer, vu l'obscurité. Il fallait mordre son frein. Que faire contre de pareils soldats? Je me disais : « Ils vont tous déserter. »

Ils marchèrent pendant deux heures; la tête de mon bataillon trouvant à gauche un rond-point où il n'y avait pas de bois, ils s'y établissent de leur chef. La queue arrivait que les feux étaient déjà allumés. Jugez de ma surprise : « Que faites-vous là? Pourquoi ne marchez-vous pas? — C'est assez marché, nous avons besoin de repos, et de manger. »

Les feux s'établissent et les marmites aussi. A minuit, voici l'Empereur qui passe avec son escorte. Voyant mon bivouac bien éclairé, il fait arrêter et me fait venir près de sa portière : « Que fais-tu là? — Mais, Majesté, ce n'est pas moi qui commande, c'est eux. Je faisais l'arrière-garde, et j'ai trouvé la tête du bataillon établie, les feux allumés. J'ai déjà beaucoup de déserteurs qui sont retournés à Vilna avec leurs deux rations. Que faire seul avec sept cents traînards? — Fais comme tu pourras, je vais donner des ordres pour les arrêter. »

Il part, et moi je reste pour passer la nuit avec ces soldats indociles, regrettant mes galons de sergent. Je n'étais pas au bout de mes peines. Le matin, je fais battre l'assemblée, et au jour le rappel, et de suite en route, en leur signifiant que l'Empereur allait faire arrêter les déserteurs. Je marche jusqu'à midi, et, sortant du bois, je trouve un parc de vaches qui paissaient dans un pré. Voilà mes soldats qui prennent leurs gamelles, et vont traire les vaches pour les remplir; il fallut les attendre. Le soir, ils campaient toujours avant la nuit, et, toutes les fois qu'ils trouvaient des vaches, il fallait s'arrêter. Comme c'était amusant pour moi! Enfin, j'arrivai dans des bois très éloignés des villes; des parties considérables se trouvaient détruites par les flammes. Une forêt incendiée longeait ma droite, et je m'aperçois qu'une partie de mes troupes prend à droite dans ce bois brûlé. Je pars au galop pour les faire rentrer sur la route. Quelle est ma surprise de voir ces soldats faire volte-face et tirer sur moi! Je suis contraint de lâcher prise. C'était un complot des soldats de Joseph Napoléon, tous Espagnols. Ils étaient cent trente-trois; pas un seul Français ne s'était mêlé avec ces brigands. Arrivé près de mon détachement, je leur fais former le cercle, et leur dis : « Je suis forcé de faire mon rapport; soyez Français et suivez-moi. Je ne ferai plus l'arrière-garde, cela vous regarde. Par le flanc droit! »

Je sors de cette maudite forêt le soir même, et j'arrive près d'un village où était une station de cavalerie avec un colonel qui gardait l'embranchement pour diriger les troupes de passage. Arrivé près de lui, je fais mon rapport; il fait camper mon bataillon, et, sur les indications que je lui donne, il fait venir des juifs et son interprète. Il juge, par la distance de mes déserteurs, du village où ils ont pu tomber; il fait partir cinquante chasseurs à cheval, et les juifs pour les conduire. A moitié chemin, ils rencontrèrent les paysans opprimés qui venaient chercher du secours. Ils arrivèrent à minuit et entourèrent le village, où ils surprirent les Espagnols endormis; ils les saisirent, les désarmèrent, mirent leurs fusils dans une charrette. Les hommes furent attachés dans de petites charrettes bien escortées. Le matin, à huit heures, les cent trente-trois Espagnols arrivaient, et étaient déliés de leurs entraves. Le colonel les fit mettre sur un rang, et leur dit : « Vous vous êtes mal conduits; je vais vous former par ordinaires. Y a-t-il parmi les sergents ou des caporaux pour former vos ordinaires? » Voilà deux sergents qui font voir leurs galons cachés par leurs capotes : « Mettez-vous là. Y a-t-il des caporaux? » En voilà trois qui se font connaître : « Mettez-vous là! Il n'y en a plus?... C'est bien! Maintenant, vous autres, tirez un billet! »

Celui qui tirait un billet blanc était mis d'un côté, et celui qui tirait noir était mis de l'autre. Lorsque tout fut fini, il leur dit : « Vous avez volé, vous avez mis le feu, vous avez fait feu sur votre officier; la loi vous condamne à la peine de mort; vous allez subir votre peine.... Je pouvais vous faire tous fusiller; j'en épargne la moitié. Que cela serve d'exemple! Commandant, faites charger les armes à votre bataillon. Mon adjoint va

commander le feu. » On en fusilla soixante-deux. Dieu, quelle scène!
Je partis de suite le cœur navré, mais les juifs étaient contents[1]. Voilà
mon étrenne de lieutenant!

Je désirais arriver à mon terme, mais le maréchal avait de l'avance
sur moi. A Gluskoó, où je trouve la garde, je mets mes soldats au bivouac,
et je leur fais donner des vivres. Le lendemain, je pars pour Witepsk, où
deux forts combats avaient eu lieu. Combien il me tardait d'être débarrassé
de ce pesant fardeau! Enfin j'arrive à Witepsk, le cœur en joie, croyant
être au bout. Pas du tout! le corps du maréchal était à trois lieues en
avant. Je vais prendre des ordres sur la route à suivre, et je ne trouve
plus en revenant que le tambour qui m'attendait : « Eh bien, où sont-ils?
— Tous sauvés! disent mon tambour et mon soldat; on leur a dit que
le 3e corps n'était qu'à une lieue. »
Je pars avec mon tambour et mon soldat; j'avais trois lieues à faire.
J'arrive à quatre heures près du chef d'état-major du maréchal; les aides
de camp et les officiers, me voyant seul avec un tambour et un soldat, se
mirent à rire : « Ça ne vous sied guère, messieurs, de rire de moi. Tenez,
général, voilà ma feuille de route; vous verrez ma conduite depuis Vilna. »
Lorsque ce chef d'état-major eut jeté un coup d'œil sur mon rapport,
il me prit à l'écart : « Où sont-ils, vos soldats? — Ils m'ont abandonné à
Witepsk avant d'entrer en ville, au moment où je partais au galop prendre
des ordres sur la route que je devais suivre pour vous rejoindre. Ils sont
partis dans la joie de rejoindre leur corps plus vite. Quant aux soixante-deux
fusillés, ce ne sont pas des Français. — Mais vous avez souffert avec ces
traînards. — J'ai sué du sang, général. — Je vais vous présenter au maréchal.
— Je le connais et il me connaît, lui. Il ne rira pas en me voyant, comme
vos officiers; ils m'ont bien blessé. — Allons, mon brave, ne pensons plus
à cela! Venez avec moi, je vais tout concilier. »
Il arrive près de ses officiers : « Vous allez mener ce brave à ma tente;
faites-le rafraîchir, je vais chez le maréchal, car il nous apporte du nouveau;
vous verrez cela tout à l'heure. Je vous rejoins dans l'instant. » Il revient,
et, me prenant le bras devant ses officiers qui étaient bien sots : « Venez,
dit-il, le maréchal veut vous voir. »
Le maréchal, voyant mon uniforme, dit : « Vous êtes un de mes vieux

---

1. Ils avaient les dépouilles des hommes fusillés.

On en fusilla soixante-deux.

On en fusilla soixante-deux.

grognards. — Oui, mon général. C'est vous qui m'avez fait mettre des jeux de cartes dans mes bas, afin que je sois assez grand pour être admis dans les grenadiers, que vous commandiez à cette époque. — C'est juste, je me le rappelle. Vous aviez déjà un fusil d'honneur de la bataille de Montebello, et vous avez été décoré dans ce temps. — Oui, général, le premier en 1804. — C'est un de mes vieux grenadiers. Vous ne partirez que demain; je vous donnerai mes dépêches. Où est votre corps? — Adjoint au petit quartier général de l'Empereur, sous les ordres du comte Monthyon. — Ah! vous êtes bien. Demain, à dix heures, vous prendrez mes dépêches. Faites donner à ce vieux militaire la table de vos officiers, et du fourrage à son cheval. — Oui, maréchal. — Et faites-lui remettre tous les reçus des hommes rentrants. Voyez dans tous les régiments s'ils sont rentrés; vous m'en ferez le rapport ce soir à huit heures. » Et il me dit : « A dix heures, demain, vous partirez pour Witepsk; vous y trouverez l'Empereur. Je vous donnerai une lettre pour Monthyon. » En arrivant près des officiers, ce chef d'état-major leur dit : « Cet officier est notre ancien à tous; recevez-le comme il le mérite; il est bien connu du maréchal. Faites-le dîner, et après, mon aide de camp le conduira aux chefs de corps pour recevoir le reçu des hommes rentrés. »

Pour le coup, ils chantaient messe basse avec moi, et ils mirent de l'eau dans leur vin. Je fus bien reçu; après avoir bien dîné, je fus conduit au camp, où je trouvai mes soldats rentrés qui accouraient demander leur pardon de leur échauffourée à mon égard. « Je n'ai point de plainte à faire de vos soldats, disais-je, c'est le zèle qui les a emportés. »

Arrivé près du colonel des Espagnols, qui était Français, je lui demande mon reçu : « Mais, me dit-il, il en manque la moitié. — Ils sont morts, colonel. Voyez le maréchal. — Comment, morts? — La moitié a été fusillée. — Eh bien, je vais faire fusiller les autres. — Ils ont leur pardon, vous n'en avez pas le droit; ils ont subi leur peine; c'est à l'Empereur à décider. — Combien de morts? — Soixante-deux, dont deux sergents et trois caporaux. — Donnez-moi des détails. — Je ne le puis, le maréchal attend. Mon reçu, s'il vous plaît; je pars de suite. » L'aide de camp le prend à l'écart, et, après quelques mots, nous partons. Le lendemain, à huit heures, j'étais près du maréchal : « Voilà vos dépêches, partez! »

A midi, j'étais arrivé à Witepsk, près du comte Monthyon; je lui remis mes dépêches et mes reçus; il savait tout ce qui s'était passé et l'Empereur en était instruit. Le maréchal avait mis deux mots pour moi qui flattèrent mon général : « Vous ne ferez point de service, dit-il, que nous ne soyons arrivés aux environs de Smolensk. »

Witepsk est une grande ville; là je trouvai mes anciens camarades et mes bons chefs. Nous restâmes pour attendre les munitions. Les chaleurs excessives, jointes à des privations de tous genres, occasionnèrent des dysenteries qui amenèrent des pertes considérables dans l'armée. L'Empereur quitta Witepsk dans la nuit du 12 août; tous les corps sous ses ordres se portèrent à marches forcées sur Smolensk, place forte à environ trente-deux lieues; l'investissement fut achevé le 17 août au matin. Napoléon ordonna d'attaquer sur toute la ligne vers deux heures de l'après-midi, la bataille fut des plus sanglantes. Lorsqu'elle fut engagée, je fus appelé près de lui : « Tu vas partir de suite pour Witepsk avec cet ordre qui enjoint à tous, de telle arme qu'ils soient, de te prêter main-forte pour desseller ton cheval. Aux relais, tous les chevaux sont à ta disposition en cas de besoin, sauf les chevaux d'artillerie. Es-tu monté? — Oui, Sire, j'ai deux chevaux. — Prends-les. Lorsque tu auras crevé l'un, tu prendras l'autre; mets dans cette mission toute la vitesse possible. Je t'attends demain; il est trois heures, pars. » Je monte à cheval; le comte Monthyon me dit : « Ça presse, mon vieux, prenez votre second cheval en main, et vous laisserez le premier sur la route. — Mais ils sont sellés tous les deux. — Laissez votre meilleure selle à mes domestiques, ne perdez pas une minute. »

Je pars comme la foudre, mon second cheval en main. Lorsque le premier fléchit sous moi, je mets pied à terre: D'un tour de main, je desselle et resselle, laissant ma pauvre bête sur place. Je poursuis ma route; arrivé dans un bois, je trouve des cantines qui rejoignaient leur corps : « Halte-là! un cheval! de suite!! je vous laisse le mien tout habillé, je suis pressé. Dételez! et dessellez mon cheval. — Voilà quatre beaux chevaux polonais, dit le cantinier, lequel voulez-vous? — Celui-là! habille, habille! Ça presse, je n'ai pas une minute. »

Ah! le bon cheval, qu'il me porta loin! Je trouvai dans cette forêt une correspondance pour protéger la route. Arrivé vers le chef du poste : « Voyez mon ordre; vite un cheval! Gardez le mien! »

Pas une heure de perte pour arriver à Witepsk! Je donne mes dépêches au général commandant la place. Après avoir lu, il dit : « Faites dîner cet officier, faites-le mettre sur un matelas une heure, préparez-lui un bon cheval et un chasseur pour l'escorter. Vous trouverez près des bois un régiment campé. Il pourra changer de cheval dans les bois, à la correspondance. » Au bout d'une heure, le général arrive : « Votre paquet est prêt, partez, mon brave! Si vous n'avez pas de retard en route, vous ne mettrez pas vingt-quatre heures, y compris la perte de temps pour changer de chevaux. » Je pars bien monté et bien escorté. Dans la forêt, je trouve le régiment campé; je présente mon ordre au colonel.

Aussitôt lu, il dit : « Donnez votre cheval, a d j u d a n t - major, c'est l'ordre de l'Empereur! Dessellez son cheval , ça presse. »

Je comptais trouver les stations de cavalerie dans le bois, mais pas du tout. Toutes s'étaient

sauvées, ou étaient prises. Je me trouve seul sans escorte, je réfléchis; je ralentis le pas, je vois à une distance éloignée de moi, sur une éminence, de la cavalerie pied à terre. Je me range sur le côté pour ne pas être aperçu, car c'étaient bien des Cosaques qui attendaient. Je longe au plus près du bois. Tout à coup il sort du bois un paysan qui me dit : « Cosaques! »

Je les avais bien vus; sans hésiter, je mets pied à terre, et, saisissant mon pistolet, j'aborde mon paysan, lui montrant de l'or d'une main, et mon pistolet de l'autre. Il comprit, et me dit : « Toc! toc! » Ce qui veut dire : « C'est bon. » Remettant mon or dans la poche de mon gilet, tenant mon cheval avec la bride passée au bras, pistolet armé dans la main gauche, je tiens de la droite mon Russe qui me conduit par un sentier. Après un long détour, il me ramène sur ma route, en me disant : « *Nien, nien, Cosaques !* »

Je reconnais alors mon chemin en voyant des bouleaux ; tout en joie, je donnai trois napoléons à mon paysan et montai à cheval. Comme je serrais ses flancs ! La route disparaissait derrière moi ; j'eus le bonheur d'atteindre une ferme avant que mon cheval ne fît faux bond. Je me jette dans la cour ; je vois trois jeunes médecins, je mets pied à terre et cours à l'écurie : « Ce cheval de suite ! je vous laisse le mien. Lisez cet ordre. »

Je monte encore un bon cheval qui détalait bien, mais il m'en fallait encore au moins un pour arriver ; et la nuit venait, je ne voyais plus devant moi. Par bonheur, je trouve quatre officiers bien montés, je recommence la même cérémonie : « Voyez si vous pouvez lire cet ordre de l'Empereur pour me faire remplacer mon cheval. » Un gros monsieur, que je pris pour un général, dit à l'un d'eux : « Dessellez votre cheval, donnez-le à cet officier. Ses ordres pressent ; aidez-lui. »

Je fus sauvé. J'arrive sur le champ de bataille. Me voici cherchant l'Empereur, le demandant. On me répond : « Nous ne savons pas. » Poursuivant ma course, je quitte la route et je vois quelques feux sur ma gauche. Je me trouve dans de petites broussailles ; j'avance, je passe près d'une batterie. On me crie : « Qui vive ? — Officier d'ordonnance. — Arrêtez ! Vous allez à l'ennemi. — Où est l'Empereur ? — Venez par ici, je vais vous mener près du poste. » Arrivé près de l'officier, il dit : « Conduisez-le à la tente de l'Empereur. — Je vous remercie. » J'arrive près de la tente ; je me fais annoncer. Le général Monthyon sort et me dit : « C'est vous, mon brave. Je vais vous présenter à l'Empereur de suite ; il vous croit pris. »

Mon général dit alors à l'Empereur : « Voilà l'officier qui arrive de Witepsk. » Je donne mes dépêches ; il regarde mon état déplorable : « Comment as-tu passé dans la forêt ? les Cosaques y étaient. — Avec de l'or, Sire ; un paysan m'a fait faire un détour et m'a sauvé. — Combien lui as-tu donné ? — Trois napoléons. — Et tes chevaux ? — Je n'en ai plus. — Monthyon, paye-lui ses frais de route, ses deux chevaux et les soixante francs que le paysan a bien gagnés ; donne le temps à mon vieux grognard de se remonter. Pour ses deux chevaux, seize cents francs et les frais de poste ! Je suis content de toi. »

Le lendemain, on fit l'entrée de Smolensk. Au matin, on ne pouvait pénétrer dans cette ville. Les Russes, de l'autre côté sur les hauteurs, criblaient la ville d'obus et de boulets; elle était dans un état déplorable. On ordonna d'attaquer sur toute la ligne vers deux heures de l'après-midi. La bataille fut des plus sanglantes et ne cessa qu'à la fin du jour. La ville était en feu par la plus belle nuit du mois d'août. Pour y arriver, il fallait passer par un bas-fond et remonter jusqu'à une porte barricadée par des sacs de sel; des milliers de sacs fermaient cette belle entrée. Quant à la rue, on la traversait entre des fournaises; tous ces beaux magasins étaient en braise, surtout un entrepôt de sucre. On ne peut se figurer un pareil embrasement de feux de toutes couleurs. C'est le cas de dire que Smolensk nous coûta cher, et aux Russes davantage; les pertes de part et d'autre furent considérables. Il fallut tourner la ville pour se rendre maître des hauteurs; puis nous restâmes à Smolensk quelques jours. Pour sortir, il faut descendre une pente très rapide, traverser un pont et tourner de suite à droite. De Smolensk à Moscou on compte quatre-vingt-treize lieues, toujours dans de grandes forêts. C'est le 19 août qu'eut lieu le combat soutenu par le maréchal Ney à Valoutina. L'Empereur reçut un courrier de cette affaire, et apprit que le maréchal Davout avait dépassé la ligne de bataille de trois lieues; il avait franchi une forêt sans la fouiller et pouvait se faire couper par les Russes. L'Empereur le prévut, et me fit partir pour le faire rétrograder.

Arrivé près du maréchal, je lui remets des dépêches. Sur-le-champ, il fait faire demi-tour à sa réserve, donne des ordres de retraite à tout son corps, et me renvoie. Je trouve déjà sa division de réserve en colonnes serrées qui occupait toute la route dans le bois. Ne pouvant passer, je prends un chemin à gauche qui longeait la route, je vais au galop pour gagner le devant de la division en retraite, et je tombe au milieu d'une colonne russe qui traversait ce chemin étroit. Voyant qu'elle était en déroute, je ne perds pas la carte, je me mets à crier d'une voix de stentor : « En avant! » Et, rebroussant chemin, je traverse ces fuyards épouvantés qui baissaient le dos en traversant le chemin. Je finis par me dégager, et, regagnant la grande route, je dis aux chefs de corps que les Russes étaient dans le bois.

Je rencontrai la garde en marche, partie de Smolensk le 25 août pour se rendre aux avant-postes; je trouvai l'Empereur, et rendis compte de mon aventure. « As-tu vu le champ de bataille? demanda l'Empereur.

— Non, Sire ; mais la route est couverte de Russes, et de beaucoup de
Français. — Tu ne peux me suivre ; tu partiras demain avec mes équipages
pour me rejoindre. »

Il dit à son piqueur : « Recevez-mon vieux grognard, il vous suivra. »
Je fus bien traité, et le lendemain j'eus un cheval pour laisser reposer le
mien. On rejoignit l'Empereur à marches forcées. En abandonnant une
ville sur les bords de la Wiazma, le 29, les Russes mirent le feu aux
magasins, et le quart de la ville fut la proie des flammes. Ils continuèrent
ainsi pendant quarante lieues, faisant brûler sans pitié leurs chaumières
encombrées de leurs blessés, que nous trouvions réduits en charbons.
Pas une baraque ne restait sur notre route ; quant à leurs blessés, les
amputations étaient bien faites, les bandes bien posées, mais ils les envoyaient
ensuite dans l'autre monde. Et s'ils n'avaient pas le temps de leur donner
la sépulture, ils les laissaient en piles à nos regards. C'était un tableau
déchirant.

L'Empereur, après avoir consacré une partie de la journée du 6 septembre
à reconnaître la position de l'ennemi, envoya des ordres pour la bataille
qui devait se livrer le lendemain ; elle est connue sous le nom de la bataille
de la Moscowa. Pour déboucher dans la plaine où étaient les Russes, il
fallait sortir d'un bois. Dès le début, on trouvait à droite de la route une
grande redoute qui foudroyait tout ce qui débouchait ; il fallut des efforts
inouïs pour la prendre. Les cuirassiers l'enlevèrent, et alors les colonnes
débordèrent dans la plaine. La grande réserve était placée à gauche de
la grande route, et l'on ne pouvait découvrir les colonnes en bataille ;
ce n'étaient que des osiers en taillis et des bouquets de bois. La nuit fut
employée à se mettre en mesure ; au petit jour, tous furent sur pied, et
l'artillerie commença des deux côtés. L'Empereur fit faire un grand
mouvement à sa réserve, et la fit passer à droite de la grande route,
appuyée sur un profond ravin d'où il ne bougea pas de la journée. Il y
avait là vingt à vingt-cinq mille hommes, l'élite de la France, tous en grande
tenue. De temps en temps, on venait lui demander de faire donner la garde
pour en finir, mais c'était en vain ; il tint bon toute la journée. Nos troupes
firent tous leurs efforts pour prendre les redoutes qui foudroyaient sur notre
droite notre infanterie ; elles étaient toujours repoussées, et de cette position
dépendait la victoire. Voilà le général qui m'amène à l'Empereur : « Es-tu

bien monté? — Oui, Sire. — Pars de suite porter cet ordre à Caulaincourt, tu le trouveras à droite le long d'un bois; tu apercevras des cuirassiers, c'est lui qui les commande. Ne reviens qu'après la fin. »

Arrivé près du général, je lui présente l'ordre. Il lit, et dit à son aide de camp : « Voilà l'ordre que j'attendais. Faites sonner à cheval, faites venir les colonels à l'ordre! » Ils arrivèrent à cheval, et formèrent le cercle.

Caulaincourt leur lit l'ordre de prendre les redoutes, et leur distribue les redoutes dont ils devaient s'emparer, disant : « Je me réserve la deuxième. Vous, officier d'état-major, suivez-moi, ne me perdez pas de vue. — Ça suffit, mon général. — Si je succombe, c'est vous, colonel, qui prendrez le commandement; il faut que ces redoutes soient enlevées à la première charge. » Puis il dit aux colonels : « Vous m'entendez, allez prendre la tête de vos régiments. Les grenadiers nous attendent. Pas une minute à perdre! Au trot à mon commandement, et au galop dès qu'on sera à portée de fusil! Les grenadiers enfonceront les barrières. »

Les cuirassiers longèrent le bois, et fondirent sur les redoutes à l'opposé du front d'attaque, pendant que les grenadiers arrivaient aux barrières.

Cuirassiers et grenadiers français luttèrent pêle-mêle avec les Russes. Le brave Caulaincourt tomba raide mort près de moi. Je me rattachai au vieux colonel qui avait le commandement, et ne le perdis pas de vue. La charge terminée et les redoutes en notre pouvoir, le vieux colonel me dit : « Partez, dites à l'Empereur que la victoire est à nous. Je vais lui envoyer l'état-major pris dans les redoutes. »

Tous les efforts des Russes se portaient au secours de ces redoutes, mais le maréchal Ney les foudroyait sur leur droite. Parti au galop et traversant le champ de bataille, je voyais les boulets labourer le champ de bataille, et je ne croyais pas en sortir. Mettant pied à terre en arrivant près de l'Empereur et ôtant la mentonnière qui retenait mon chapeau, je vois qu'il lui manque la corne de derrière : « Eh bien, me dit-il, tu l'as échappé belle. — Je ne m'en suis pas aperçu là-bas ; les redoutes sont prises, le général Caulaincourt est mort. — Quelle perte ! — On va vous amener beaucoup d'officiers. »

Tout le monde riait de mon chapeau avec une seule corne. Je n'en étais pas fier, car on rit de tout. L'Empereur demanda sa peau d'ours; comme il se trouvait sur la pente du ravin, il était couché et presque debout. Là vinrent les officiers pris dans les redoutes, escortés d'une compagnie de grenadiers. Ils furent mis sur un rang par ordre de grade. L'Empereur les passa en revue, et leur demanda si ses soldats leur avaient pris quelque chose; ils répondirent que pas un soldat ne les avait touchés. Un vieux grenadier de la compagnie sort du rang et dit en présentant son arme à l'Empereur : « C'est moi qui ai pris cet officier supérieur. » L'Empereur reçoit toutes les déclarations du grenadier, et fait prendre son nom. « Et ton capitaine, qu'a-t-il fait ? — Il est entré le premier dans la troisième redoute. » L'Empereur dit à celui-ci : « Je te nomme chef de bataillon, et tes officiers auront la croix. Commandant, ajoute-t-il, fais faire par le flanc droit, et partez au champ d'honneur. » On crie : « Vive l'Empereur ! » et ils volèrent rejoindre leur aigle. Nous passâmes la nuit sur le champ de bataille, et le lendemain l'Empereur fit ramasser les blessés. Cela faisait frémir; les fusils russes couvraient la terre; près de leurs grandes ambulances on voyait des piles de cadavres; les membres détachés du tronc étaient en tas.

Murat les poursuivit si rapidement qu'ils brûlèrent tous leurs blessés; nous les trouvâmes tous en charbon. Voilà le cas qu'ils font d'un soldat.

L'Empereur quitta Mojaïsk dans l'après-midi du 12, et transporta son quartier
général à Tartaki, petit village. Le comte Monthyon me fait demander :
« Vous êtes bien heureux, me dit-il, l'Empereur vous désigne pour joindre
le prince Murat qui entre demain à Moscou. Venez prendre les ordres de
l'Empereur. » Arrivé près de Sa Majesté : « Je t'ai désigné pour aller
rejoindre Murat; tu prendras vingt gendarmes, et, en arrivant au Kremlin,
tu visiteras les caveaux; tu poseras les gendarmes aux issues du palais.
Monthyon, donne-lui ton interprète, et mes dépêches pour Murat.

Demain matin, tu partiras. »
Que j'étais fier d'une pareille
mission! A dix heures, j'étais
près du prince Murat; je lui remets
mes dépêches : « Nous allons partir, me dit-il; vous me suivrez avec
vos gendarmes. — Oui, mon prince. — Mais vous n'avez que la moitié
d'un chapeau! — Ce sont les Russes qui en avaient besoin pour faire de
l'amadou. », Il se mit à rire aux éclats : « Vous sortez de la garde? —
Oui, mon prince, des grenadiers à pied. — Vous êtes un de nos vieux.
Donnez l'ordre à vos gendarmes d'être à cheval à onze heures pour nous
rendre au pont. »

On sort de la forêt. Une plaine aride et sablonneuse descend en pente
assez rapide, et fait face à un grand pont d'une longueur démesurée, bâti sur

pilotis, sans eau; il ne sert qu'à la fonte des neiges. Arrivés près du pont, nous trouvons les autorités et un général russe, qui présentèrent les clefs au prince. Après les cérémonies d'usage, le prince donna une boîte enrichie de diamants au général russe, et nous entrâmes par une belle rue large et bien bâtie[1]. Nous étions précédés de quatre pièces de canon, d'un bataillon et d'un piquet de cavalerie; tout le peuple était aux croisées pour nous voir passer; des dames nous présentaient des bouteilles, mais personne ne s'arrêtait. Nous avancions au petit pas. Au bout de cette immense rue, on arrive au pied du Kremlin. Pour y monter, c'est rapide; c'est un château fort qui domine la ville, divisée en deux parties qui sont, on peut le dire, deux villes basses d'une grandeur immense. Sur le sommet, à droite, se trouve le beau palais des empereurs. Sur la place du Kremlin, à gauche, un grand arsenal; à droite, l'église qui est adossée au palais, et, en face de cette place, un hôtel de ville magnifique. Comme nous détournions à droite, nous fûmes assaillis d'une grêle de balles parties des croisées de l'arsenal. Nous fîmes demi-tour; les portes furent enfoncées; le rez-de-chaussée et le premier étaient remplis de soldats et paysans ivres. Il s'ensuivit un carnage; ceux qui échappèrent furent mis dans l'église. J'y perdis mon cheval. Après cette échauffourée, le prince Murat continua sa marche, descendit dans la ville basse pour sortir de la ville et se porter sur la route de Kalouga.

Je quittai le prince au Kremlin pour aller remplir ma mission; mon interprète me mène près des magistrats pour faire loger mes gendarmes, et me faire ensuite introduire dans le palais. L'interprète leur en dit trop sur mon compte, car ils me firent donner de suite des rafraîchissements, et c'est là que je pris pour la première fois du thé au rhum. Un logement me fut donné chez un général russe, ainsi qu'à quatre gendarmes et à l'interprète. Je me fais accompagner des gardes pour visiter les souterrains, et je remonte au palais. Il y avait de quoi se perdre. Je plaçai mes gendarmes, et leur fis donner des vivres par ces messieurs qui m'avaient bien reçu. Je fus invité dans une tabagie avec mon guide. Je ne sais si mon chapeau à une

1. Si l'intérêt des *Cahiers de Coignet* n'était pas ailleurs que dans l'énonciation des faits, il y aurait, ici comme ailleurs, beaucoup à vérifier. On ne présenta pas les clefs de la ville; les *autorités* n'étaient que des négociants étrangers, et le général russe n'était qu'un officier chargé de proposer une sorte d'armistice tacite pour faciliter la retraite à travers la ville. Comme l'avant-garde française touchait les derniers rangs de l'arrière-garde russe, Murat demanda le chef de celle-ci, et fit avec lui assaut de courtoisie. Il en reçut un petit manteau à longs poils, et lui offrit en échange la montre de Gourgaud, que Coignet, posté un peu plus loin sans doute, a prise pour une boîte enrichie de diamants. La montre était d'ailleurs fort riche.

corne leur faisait de l'effet; mais ils auraient bien voulu le toucher, et ils jetaient tous des regards dessus.

Je revins près du tombeau des czars. Quelle est ma surprise de voir au pied de ce gigantesque monument une cloche d'une hauteur démesurée; elle s'est enfouie, dit-on, en tombant du haut de là charpente. On a décoré le tour de cette cloche pour la faire voir comme un monument extraordinaire; elle est entourée de briques disposées de manière à pouvoir la voir. J'ai monté dans le tombeau des empereurs; j'ai vu la cloche qui remplace celle dont j'ai parlé; elle est aussi monstrueuse, le battant est un morceau sans pareil; des milliers de noms sont inscrits sur cette cloche.

Une belle rue, partant du Kremlin, aboutit sur un beau boulevard; de riches palais en font le tour. Cette partie ne fut pas incendiée et devint notre refuge.

Lorsque j'eus rempli la mission qui m'était confiée, j'attendis l'Empereur, mais en vain; il ne vint pas. Il avait établi son quartier général dans le faubourg; la garde vint s'emparer du palais, et relever mes quatre gendarmes. Passant sur la place du Kremlin, je trouve des soldats chargés de fourrures et de peaux d'ours; je les arrête et marchande leurs belles pelisses en zibeline. « Combien celle-ci? — Quarante francs. » Je m'en empare et lui donne le prix convenu. « Et cette peau d'ours? — Quarante francs. — Les voilà. » Quelle bonne rencontre que ces deux objets d'un prix inestimable pour moi! Je partis avec mes gendarmes chez mon général russe. L'Empereur fut forcé dans la nuit de quitter son quartier général du faubourg pour venir habiter le Kremlin par suite de l'incendie qui se manifestait dans les deux parties des villes basses; il fallait un monde considérable pour pouvoir mettre le feu dans tous les quartiers à la fois. On dit que tous les galériens étaient du nombre; ils avaient chacun leur rue, et, sortant d'une maison, ils mettaient le feu dans l'autre. Nous fûmes obligés de nous sauver sur des places immenses et des jardins considérables. Il en fut arrêté sept cents, mèche à la main, qui furent conduits dans les souterrains du Kremlin. Cet incendie était effroyable par un vent qui enlevait les tôles des palais et des églises; tout le peuple et les troupes se trouvaient sous le feu. Le vent était terrible, les tôles volaient dans les airs à deux lieues. Il y avait à Moscou huit cents pompes, mais on les avait emmenées.

A onze heures du soir, nous entendîmes crier dans les jardins : c'étaient nos soldats qui dévalisaient les dames de leurs châles et de leurs boucles d'oreilles; nous courûmes faire cesser ce pillage. On pouvait voir de deux à trois mille femmes, en groupes, avec leurs enfants sur les bras, qui contemplaient les horreurs de l'incendie, et je puis dire que je ne leur vis pas verser une larme.

L'Empereur fut forcé de s'éloigner, le 16 au soir, pour aller s'établir, à une lieue de Moscou, au château de Pétrowskoï; l'armée sortit aussi de la ville, qui resta livrée sans défense au pillage et à l'incendie. L'Empereur séjourna quatre jours à Pétrowskoï pour y attendre la fin de l'embrasement de Moscou; il y rentra le 20 septembre et alla de nouveau habiter le Kremlin, qui fut préservé du feu. Le grand état-major était établi au Kremlin, et le petit état-major, dont je faisais partie, était près des remparts, à peu de distance du Kremlin. Je fus employé comme adjoint, avec deux camarades, auprès d'un colonel d'état-major pour l'évacuation des hôpitaux.

Nous étions logés chez une princesse, tous les quatre avec nos chevaux et nos domestiques; le colonel en avait trois pour lui seul, et il savait les employer. Il nous envoyait dans les hôpitaux pour faire évacuer les malades, mais lui jamais. Il restait pour faire ses affaires. Il partait le soir avec ses trois domestiques munis de bougies; il savait que les tableaux des églises sont en relief sur une plaque d'argent; il les faisait décrocher pour en prendre la feuille en argent, mettait tous les saints et saintes dans le creuset, et en faisait des lingots; il vendait ses vols aux juifs pour des billets de banque. C'était un homme dur, à figure ingrate.

Nous avions des milliers de bouteilles de bordeaux, de vin de

Champagne, des milliers de sucre et de cassonade. Tous les soirs, la vieille princesse nous faisait porter quatre bouteilles de bon vin et du sucre. Ses caves étaient pleines de tonneaux. Elle venait souvent nous visiter, aussi sa maison fut respectée; elle parlait bon français. Un soir, le colonel nous fit voir ses emplettes ou ses vols, car il était toujours en route avec ses trois domestiques. Il nous fit voir de belles fourrures en renard de Sibérie. J'eus l'imprudence de lui montrer la mienne, et il exigea de moi de la changer pour une de renard de Sibérie; la mienne était de zibeline, mais il fallut céder. Je craignais sa vengeance. Il eut la barbarie de m'en dépouiller pour la vendre au prince Murat trois mille francs. Ce pillard d'églises déshonorait le nom français; aussi je l'ai vu près de Vilna tomber raide mort gelé! Dieu l'a puni! Ses domestiques sautèrent sur lui pour le dévaliser.

Tous les hôpitaux de Moscou sont sous voûtes rondes. Russes et Français mouraient dans ces lieux infects; tous les matins, on en chargeait des voitures et il fallait présider à cet enlèvement, faire renverser ces charrettes dans des trous de vingt pieds de profondeur. On ne peut se faire une idée de pareils tableaux. Après l'incendie, on fit faire un relevé des maisons brûlées; le chiffre montait à dix mille; et les palais et églises, à plus de cinq cents. Il ne restait que les cheminées et les poêles qui sont très grands; c'était comme une forêt coupée; il ne reste que les baliveaux. On pouvait y mettre la charrue, car il n'y avait pas une pierre en fondation.

Les palais occupaient la ville avec des parcs, des ruisseaux, des serres considérables qui contenaient des arbres à haute tige et des fruits en hiver; c'était le luxe de Moscou. Quant aux pertes, personne ne put les calculer. Personne ne peut voir de plus tristes tableaux.

Mon pénible service terminé, j'eus quelques jours de repos. Mon général me dit : « Je vous attache près de moi; vous ne me quitterez plus, vous mangerez à ma table. Vous avez souffert dans l'emploi de l'évacuation des hôpitaux. Reposez-vous! » Je fus heureux d'être sous un pareil général; je n'avais que le souci d'approvisionner nos chevaux, et de me mettre à table. Mon général avait douze couverts, et, comme son aide de camp était un peu paresseux, je lui dis : « Ne vous tourmentez plus, je veillerai. » Aussi tout arrivait à la maison; nous avions des provisions pour passer l'hiver, nous et nos chevaux. Je n'étais pas non plus exempt de service pour porter les dépêches à mon tour. L'Empereur passait des revues tous les jours;

il faisait enlever des trophées de Moscou et la croix du tombeau des czars. Il fallait voir cette charpente pour descendre la croix ; les hommes paraissaient des nains. Cette croix avait trente pieds de hauteur, elle était massive en argent. Tous les trophées étant chargés dans de grands fourgons, ils furent remis au général Claparède avec un bataillon d'escorte, et il partit des premiers lors de la retraite. Les juifs dénoncèrent à nos soldats des cachettes enfouies ; leur cupidité fit des torts considérables à des malheureux. Personne dans l'armée ne fit cesser ce brigandage. C'était déplorable à voir.

Je fus envoyé pour porter des ordres au prince Murat, dans un village, à dix-huit ou vingt lieues de Moscou. Je tombe dans une déroute de cavalerie ; les nôtres, montés à poil nu, avaient été surpris au pansement de leurs chevaux. Je ne pus voir le prince Murat ; il s'était sauvé en chemise. C'était pitié de voir ces beaux cavaliers se sauver. Je demandai le prince : « Il est pris, me disaient-ils ; ils l'ont pris au lit. » Et je ne pouvais rien savoir[1]. L'Empereur le sut de suite par les aides de camp de Nansouty, et, arrivant de cette pénible mission, je trouvai l'armée en route pour venir au secours de Murat. J'étais moitié mort, et mon cheval ne pouvait plus marcher ; heureusement mon domestique s'en était procuré deux bons, et je fus remonté. L'Empereur avait donné l'ordre, pour le 23 octobre, de faire partir de Moscou sa maison, tous ses bureaux, et de rejoindre à Mojaïsk. On ne peut se faire une idée de la rapidité de l'exécution des ordres ; les préparatifs furent terminés dans trois heures. Nous arrivâmes chez notre princesse ; là nous trouvâmes de bons chevaux qu'on avait cachés dans une cave. Nous en fîmes monter deux superbes, et ils furent attelés de suite à un beau carrosse. Durant cette opération, je préparais des provisions : d'abord dix pains de sucre, une boîte de thé considérable, des tasses superbes, et une chaudière. Il y avait des provisions plein le carrosse.

A trois heures nous sortîmes de Moscou. Il n'était pas possible d'avancer ; la route était encombrée de carrosses, et tous les pillards de l'armée en avaient en profusion. A trois lieues de Moscou, une détonation se fit entendre[2] ; la secousse fut si terrible que la terre fit un mouvement sous nos pieds.

---

1. Le 18 octobre, le retour offensif des Russes avait en effet compromis notre réserve de cavalerie, et Murat avait failli être pris. Dès le lendemain, l'armée française sortait de Moscou.

2. Il y en eut même cinq. Mortier avait été laissé à Moscou avec des instructions pour faire sauter le Kremlin. La dépêche annonçant l'exécution de cet ordre parvint à Napoléon le 27 octobre.

On dit qu'il y avait soixante tonneaux de poudre[1] sous le Kremlin, avec sept traînées de poudre et des artifices plantés sur les tonneaux. Nos sept cents brigands, pris mèche à la main, subirent leur sort. C'étaient tous des galériens.

Il y avait donc sur la route douze lieues de carrosses. Lorsque nous eûmes atteint l'endroit de notre premier gîte, j'en avais assez du carrosse; je fis mettre toutes nos provisions sur nos chevaux, et brûler la voiture. Dès lors, nous pouvions passer partout. Ce fut avec des peines inouïes que nous rejoignîmes le quar-

tier général au delà de Mojaïsk. Le lendemain, l'Empereur traversa le champ de bataille de la Moscowa, et gémit de voir encore des cadavres sans sépulture. Le 31 octobre, à quatre heures de l'après-midi, il atteignit Wiazma. L'hiver russe commença avec toutes ses rigueurs dès le 6 novembre. L'Empereur faisait de petites étapes au milieu de sa garde, suivant sa voiture à pied avec un bâton ferré à la main, et nous sur les côtés de la route avec les officiers de cavalerie. Tous l'oreille basse, nous arrivâmes le 9 novembre à Smolensk.

Les étapes étaient des plus pénibles, les chevaux mouraient de faim et de froid, et, quand nous trouvions des chaumières, ils dévoraient les chaumes. Le froid était terrible déjà; dix-sept degrés au-dessous de zéro. Cela produisit de grandes pertes dans l'armée; Smolensk et les environs regorgeaient de cadavres.

Je pris toutes mes précautions pour ma conservation. Nos chevaux tombaient sur la glace; passant près d'un bivouac, je m'empare de deux haches, je fais sauter les fers de mes chevaux et ils ne glissent plus. Je me munis d'une petite chaudière pour faire du thé. Arrivé à l'endroit

---

1. Il y avait bien plus de soixante tonneaux; la quantité des poudres du Kremlin était de cent quatre-vingts milliers (voy. l'*Itinéraire* du baron Deniée).

où l'Empereur s'arrêtait, je faisais un feu considérable, je plaçais mon
général pour le faire dégeler, et de suite la chaudière sur le feu, pour
faire fondre de la neige. Quelle mauvaise eau que la neige fondue au milieu
de la fumée! Mon eau bouillant, je mettais une poignée de thé, je cassais
du sucre, et les jolies tasses faisaient leur jeu; on prenait son thé tous
les jours. Jusqu'à Vilna, je ne manquai pas d'amis; ils suivaient ma
chaudière, et j'avais dix beaux pains de sucre. Ils étaient trois capitaines,
et nous ne nous sommes quittés qu'à la mort. C'est-à-dire que je suis
resté seul.

Je suivais mon général, toujours au plus près de la vieille garde et de
l'Empereur. Lorsque nous fûmes atteints par les Russes, il fallait se concentrer
le plus possible. Tous les jours les cosaques faisaient des *hourras* sur la route,
mais tant qu'il y eut des armes dans les rangs, ils n'osaient approcher, ils se
mettaient sur le côté de la route pour nous voir passer. Mais ils couchaient
dans de bons logements, et nous sur la neige. Nous partîmes de Smolensk avec
l'Empereur le 14 novembre. Le 22, il apprit que les cosaques venaient de
s'emparer de la tête du pont de Borisow, et se vit forcé d'exécuter le passage
de la Bérézina. Nous passâmes devant le grand pont que les Russes avaient
brûlé à moitié ; ils étaient de l'autre côté à nous attendre dans les bois et dans
la neige. Sans échanger un seul coup de fusil, nous étions déjà dans la misère.
A une heure de l'après-midi, 26 novembre, le pont de droite fut achevé et
l'Empereur fit immédiatement passer sous ses yeux le corps du duc de Reggio
et le maréchal Ney avec ses cuirassiers. L'artillerie de la garde passa avec les
deux corps et traversa un marais heureusement glacé. Afin de pouvoir gagner
un village, ils repoussèrent les Russes à gauche dans le bois, et donnèrent le
temps à l'armée de passer le 27. L'Empereur passa la Bérézina à une heure
de l'après-midi, et alla établir son quartier général dans le petit hameau. Le
passage de la rivière continua dans la nuit du 27 au 28. L'Empereur fit appeler
le maréchal Davout, et je fus nommé pour garder la tête du pont et ne laisser
passer que l'artillerie et les munitions, le maréchal à droite et moi à gauche.
Lorsque tout le matériel fut passé, le maréchal me dit : « Allons, mon brave,
tout est passé. Allons rejoindre l'Empereur. » Nous traversâmes le pont et le
marais gelé ; il pouvait porter notre matériel, sans quoi tout était perdu.

Durant notre pénible service, le maréchal Ney avait taillé les Russes qui
remontaient pour nous couper la route; nos troupes les avaient surpris

en plein bois et cette bataille leur coûta cher. Nos braves cuirassiers les ramenaient couverts de sang; c'était pitié à voir. Nous arrivons sur un beau plateau. L'Empereur passait les prisonniers en revue; la neige tombait si large que tout le monde en était couvert; on ne se voyait pas.

Mais derrière nous il se passait une scène effrayante; à notre départ du pont, les Russes dirigèrent sur la foule[1] qui entourait les ponts les feux de plusieurs batteries. De notre position on voyait ces malheureux se précipiter vers les ponts, les voitures se renverser et tout s'engloutir dans les glaces. Non, personne ne peut se faire une idée d'un pareil tableau. Les ponts furent brûlés le lendemain à huit heures et demie. Aussitôt la revue des prisonniers, l'Empereur me fit appeler : « Pars de suite, porte ces ordres sur la route de Vilna; voilà un guide sûr qui te conduira. Fais tous tes efforts pour arriver demain au petit jour. » Il fit interroger mon guide; récompense lui fut donnée devant moi, et on nous donna à chacun un bon cheval russe. Je partis sur une belle route blanche de neige, mais ce n'était que peu de chose encore; nos chevaux ne glissaient pas. Arrivés dans un bois à la nuit, pour plus de sûreté, je passai une forte ficelle autour du cou de mon guide, de crainte qu'il ne s'échappât. Il me dit : *Tac, tac.* Cela veut dire : *C'est bon.* Enfin, j'eus le bonheur d'arriver sans aucune mauvaise rencontre. Je mis pied à terre, et mon guide me fit connaître au maire, qui fit conduire nos chevaux dans une grange. Je lui remis mes dépêches, il présenta un verre de *schnapps,* et il en but le premier : « Buvez! » me dit-il en français. Il décachette mon paquet et me dit : « Il n'est pas possible que je fasse apprêter les immenses quantités de rations que votre souverain me demande à trois lieues d'ici. C'est bien dans mon diocèse, mais il faudrait un mois pour cela. — Cela ne me regarde pas. — C'est bien, me dit-il, je ferai mon possible. »

Mais il n'en put dire davantage. Celui qui venait de conduire mon cheval à la grange se mit à crier : *Cosaques! Cosaques!* Je me voyais pris. Ce brave maire me fait sortir de son cabinet dans l'antichambre, tourner de suite à droite, et, me prenant par les épaules, me fait baisser la tête et me pousse dans le four. Je n'ai pas le temps de la réflexion. Ce four est au ras de terre, sous voûte, très haut et long; il avait déjà été allumé, mais il n'était pas trop chaud, c'était supportable. Je n'eus pas le temps de me retourner; je mis le genou droit à

---

1. Cette foule se composait de traînards qui avaient refusé de passer les jours précédents, et qui bivaquaient sur la rive ; il fallut le canon russe pour les émouvoir. Les détails précis de ce passage se trouvent dans une relation fort intéressante des colonels Chapelle et Chapuis (in-8, Versailles, 1844).

terre et restai. J'étais dans une grande anxiété. Cet aimable maire avait eu la présence d'esprit de prendre du bois qu'il mit devant l'entrée de son four pour me cacher. Sitôt fait, des officiers parurent chez le maire, mais ils passaient devant la gueule du four où j'attendais mon sort. Les minutes étaient des siècles ; mes cheveux se dressaient, je me croyais perdu. Que le temps est long quand la tête travaille !

J'entendis enfin sortir du cabinet tous ces officiers qui passèrent devant mon refuge. Un frisson mortel passa dans tout mon être, je me crus perdu, mais la Providence veillait sur moi. Ils s'étaient emparés de mes dépêches et partirent rejoindre leur régiment au bout du village, pour se porter sur le point indiqué dans mes dépêches. (Je sus plus tard que l'Empereur m'avait sacrifié pour faire prendre mes dépêches et pour détourner l'ennemi.) Ce digne maire vint près de moi : « Sortez, me dit-il, les Russes sont partis avec vos dépêches, et vont pour arrêter votre armée. Votre route est libre. »

Sorti de ce four, je saute au cou de cet homme généreux, je le serre dans mes bras, je lui dis : « Je rendrai compte à mon souverain de votre action. » Après avoir pris un verre de *schnapps*, il me présenta du pain que je mis dans ma poche. Je trouve mon cheval à la porte, je pars au galop, je fendais le vent pendant une lieue ; enfin je me modérai, car mon cheval aurait succombé. Je ne m'occupai plus de mon guide, qui resta dans le village. Lorsque j'eus atteint nos éclaireurs, quelle joie ! je respirais en criant : *gare ! gare !* et je mis alors la main sur mon morceau de pain que je dévorai. L'armée marchait silencieusement ; les chevaux glissaient, car les routes étaient unies par les troupes qui frayaient le chemin. Le froid devenait de plus fort en plus fort ; enfin je rencontrai l'Empereur, son état-major ; j'arrive près de lui chapeau bas : « Comment, te voilà ! Et ta mission ? — Elle est faite, Sire. — Comment ! tu n'es pas pris ! Et tes dépêches, où sont-elles ? — Entre les mains des cosaques. — Comment ! approche, que dis-tu ? — La vérité ! Arrivé chez le maire, je lui donne mes dépêches, et un instant après les cosaques sont arrivés, et le maire m'a caché dans son four. — Dans son four ! — Oui, Sire, et je n'étais pas à mon aise ; ils ont passé près de moi pour entrer dans le cabinet du maire, ils ont pris mes dépêches et se sont sauvés. — C'est curieux, mon vieux grognard, tu devais être pris. — Le brave maire m'a sauvé. — Je le verrai, ce Russe. »

Il conta mon aventure à ses généraux et dit : « Marquez-le pour huit jours de repos et ses frais doubles. » Je rejoins le général Monthyon, je

retrouve mes chevaux et mon sucre ; j'étais mort de besoin. Le soir, arrivé
à une lieue de l'endroit où mes dépêches avaient été prises par les cosaques,
il fit appeler le maire et eut une conférence avec lui. Ce maire le conduisit
à une lieue de son village, et je lui donnai en passant près de lui une bonne
poignée de main : « J'aime les Français, me dit-il. Adieu, brave officier. »
Je bénis encore cet homme qui me sauva la vie.

Le froid devenait toujours plus rigoureux ; les chevaux mouraient dans les
bivouacs, de faim et de froid ;
tous les jours il en res-
tait où l'on couchait.
Les routes étaient
comme des mi-
roirs ; les che-
vaux tombaient
sans pouvoir
se relever.
Nos soldats
exténués n'a-
vaient plus la
force de por-
ter leurs ar-
mes ; le canon
de leur fusil
prenait après
leurs mains par
la force de la
gelée. Il y avait vingt-huit
degrés au-dessous de zéro. Mais la garde ne quitta son sac et son fusil
qu'avec la vie. Pour vivre, il fallait avoir recours aux chevaux qui tombaient
sur la glace ; les soldats avec leurs couteaux fendaient la cuisse pour en
prendre des grillades, qu'ils faisaient rôtir sur des charbons quand ils
trouvaient du feu. Sinon, ils les dévoraient toutes crues. Ils s'étaient repus du
cheval avant qu'il mourût. J'usai aussi de cette nourriture, tant que les
chevaux purent durer. Jusqu'à Vilna, nous faisions de petites journées avec
l'Empereur ; tout son état-major marchait sur les côtés de la route. Dans
l'armée, toute démoralisée, on marchait comme des prisonniers, sans armes et

sans sacs. Plus de discipline, plus d'humanité les uns pour les autres! Chacun marchait pour son compte; le sentiment de l'humanité était éteint chez tous les hommes; on n'aurait pas tendu la main à son père, et cela se conçoit. Celui qui se serait baissé pour prêter secours à son semblable n'aurait pu se relever. Il fallait marcher droit, faire des grimaces pour empêcher que le nez et les oreilles ne se gelassent. Toute sensibilité et humanité était éteinte chez les hommes ; personne même ne murmurait contre l'adversité. Les hommes tombaient raides sur la route. Si par hasard on trouvait un bivouac de malheureux qui se dégelaient, sans pitié les arrivants les jetaient de côté et s'emparaient de leur feu; ces malheureux gisaient sur la neige. Il faut avoir vu ces horreurs pour le croire. Je peux certifier que la déroute de Moscou tenait plus de quarante lieues de route, sans sacs ni fusils. C'est à Vilna que nous éprouvâmes le plus de souffrances. Le temps était si rigoureux, que les hommes ne pouvaient plus le supporter; les corbeaux gelaient.

Dans ce temps rigoureux, je fus envoyé près du général chargé de la conduite des trophées de Moscou pour les faire renverser dans un lac, à droite de notre route. En même temps, on livra le trésor aux traînards[1]. Ces malheureux se jetèrent dessus et enfoncèrent les barriques; les trois quarts gelèrent près de leur pillage. Leurs fardeaux étaient si lourds, qu'ils tombèrent. J'eus toutes les peines du monde à rejoindre mon poste ; je le dois à mon cheval déferré, qui ne glissait pas. Je suis certain que l'homme dans l'état de faiblesse où il se trouvait n'était pas capable de porter cinq cents francs. Moi, je possédais sept cents francs d'économies dans mon portemanteau. Mon cheval se couchait tant il était faible. Je m'en aperçus, et prenant le sac, je vais trouver mes vieux grognards dans leur bivouac, et leur propose de me débarrasser de mes sept cents francs. « Donnez-moi vingt francs d'or, je vais vous donner vingt-cinq francs. » Tous s'en firent un plaisir, et je fus débarrassé, car je les aurais laissés sur place. Toute ma fortune se montait donc à quatre-vingt-trois napoléons qui me sauvèrent la vie.

A Smorghoni, l'Empereur fit ses adieux, avant de quitter l'armée, à ceux des chefs qu'il put réunir autour de lui. Il partit à sept heures du soir, accompagné des généraux Duroc, Mouton et Caulaincourt. Nous restâmes sous

---

1. A Krasnoë, l'ennemi avait déjà pris douze cent quatre-vingt-quatorze mille francs. A Vilna, on n'aurait rien sauvé sans l'énergie et la probité d'un officier allemand (Badois ou Wurtembergeois), qui plaça sur son traineau quatre cent mille francs en or et vint fidèlement les déposer, le 24 décembre, à Kœnigsberg, chez le payeur de l'armée.

La déroute de Moscou tenait plus de quarante lieues de route.

La déroute de Moscou tenait plus de quarante lieues de route.

J. Le Blant

le commandement du roi de Naples, assez déconcertés, car c'est le premier
soldat pour donner un coup de sabre ou braver les dangers; mais on peut lui
reprocher d'être le bourreau de notre cavalerie. Il tenait des divisions toutes
bridées sur les routes, mais toute cette cavalerie mourait de besoin, et le soir
ces malheureux ne pouvaient plus se servir de leurs chevaux pour aller au
fourrage. Pour lui, le roi de Naples avait vingt à trente chevaux de relais, et
tous les matins il partait avec un cheval frais; aussi c'était le plus beau cavalier
d'Europe, mais sans prévoyance, car il ne s'agit pas d'être un intrépide soldat,
il faut ménager ses ressources. Et il nous perdit (je l'ai entendu dire au
maréchal Davout) quarante mille chevaux de sa faute. De blâmer ses chefs on
a toujours tort, mais l'Empereur pouvait faire un meilleur choix. Il se trouvait
à notre tête deux guerriers rivaux de gloire, le maréchal Ney et le prince de
Beauharnais, qui nous sauvèrent des plus grands périls par leur sang-froid et
leur courage.

Le roi de Naples se porta sur Vilna; il y arriva le 8 décembre, et nous
le 10, avec la garde. Nous arrivâmes le soir aux portes de la ville, barricadées
avec de fortes pièces de bois; il fallut des efforts inouïs pour pénétrer. Je
me trouvais avec mon camarade dans un collège bien chauffé. Quand je
fus trouver mon général pour prendre ses ordres : « Tenez-vous prêt à quatre
heures du matin pour sortir de la ville, dit-il, car l'ennemi arrive sur la hauteur
et nous serons bombardés au jour. Ne perdez pas de temps. » Rentré dans
mon logement, je me prépare pour partir; je réveille mon camarade, qui
n'entendait pas de cette oreille; il était dégelé et préférait rester au pouvoir
de l'ennemi. A trois heures, je lui dis : « Partons ! — Non, dit-il, je reste. —
Eh bien, je te tue, si tu ne me suis pas. — Eh bien, tue-moi ! » Je tire mon
sabre et lui en applique de forts coups en le forçant à me suivre. Je l'aimais,
ce brave camarade, je ne voulais pas le laisser à l'ennemi.

Nous fûmes prêts à partir au moment où les Russes forcèrent la porte de
Vitepsk; nous n'eûmes que le temps de sortir. Ils commirent des horreurs
dans la ville, tous ces malheureux couchés dans leurs logements furent
égorgés; les rues étaient encombrées de cadavres français. Là les juifs furent
les bourreaux de nos Français. Heureusement que l'intrépide Ney arrêta le
désordre. Les ailes droite et gauche de l'armée russe avaient dépassé la ville,
et nous regardaient passer; avec quelques coups de fusil, on les arrêta, mais
la déroute était complète. Arrivés à la montagne de Vilna, le désordre était à

son comble. Tout le matériel de l'armée et les voitures de l'Empereur restèrent au pied ; les soldats se chargèrent de vaisselle plate ; toutes les caisses et les tonneaux furent défoncés. Que de butin resta sur la place ! Non, mille fois non, on ne peut voir un pareil tableau.

Nous marchâmes sur Kowno, que le roi de Naples atteignit le 11 décembre à minuit ; il en partit le 13 à cinq heures du matin et se porta sur Gumbinnen avec la garde. Malgré les efforts du maréchal Ney, secondé par le général Gérard, Kowno ne tarda pas à tomber au pouvoir des Russes. La retraite était urgente ; le maréchal Ney l'effectua à neuf heures du soir après avoir détruit tout ce qui restait en matériel d'artillerie, en approvisionnements, et avoir mis le feu aux ponts. Je puis dire, à la louange du maréchal Ney, qu'il maintint l'ennemi à Kowno par son intrépidité ; je l'ai vu prendre un fusil avec cinq hommes et faire face à l'ennemi[1]. A de pareils hommes, la patrie peut être reconnaissante. Nous eûmes le bonheur d'être sous le commandement du prince Eugène, qui fit tous ses efforts pour réunir nos débris. A Kœnigsberg, nous trouvâmes des factionnaires prussiens qui insultaient nos malheureux soldats sans armes ; toutes les portes leur étaient fermées ; ils mouraient sur le pavé de froid et de faim. Je me portai de suite avec mes deux camarades à l'hôtel de ville ; personne ne pouvait approcher ; je fis voir ma décoration, mes épaulettes, et l'on me fit passer par la croisée ; on me donna trois billets de logement, et nous fûmes dans le meilleur. On ne nous parla de rien ; on se mit à nous regarder. Ils étaient à dîner. Voyant ce sang-froid de leur part, je tire vingt francs, et leur dis : « Faites-nous donner à manger, nous vous donnerons vingt francs par jour. — Ça suffit, dit le maître. Je vais vous faire allumer un poêle dans cette chambre, vous faire mettre de la paille et des draps. »

On nous servit un potage de suite, et on nous donna à manger pour trente francs par jour, non compris le café (un franc par homme). Ce Prussien eut la bonté de loger nos chevaux et de leur faire donner leurs rations. Les pauvres bêtes n'avaient pas mangé de foin et d'avoine depuis Vilna ; comme elles étaient heureuses de pouvoir mordre dans une botte de foin ! Et nous, bien heureux de coucher sur la paille, dans une chambre chaude !

Je fis venir de suite un médecin et un bottier pour visiter mon pied gauche

---

1. Fusil à la main, Ney et Gérard, retranchés derrière une palissade avec quelques hommes isolés, empêchèrent en effet pendant quelques heures le passage du pont de Kowno.

qui avait été gelé. Il fallait consulter le médecin pour me faire faire une botte.
Il fut décidé de m'en faire une, fourrée en lapin, et d'y laisser mon pied en
prison après avoir fendu la botte pour me panser : « Faites la botte cette nuit,
dis-je, je vous donne vingt francs. — Demain, à huit heures, vous l'aurez. » Je
gardai donc mes bottes. Le lendemain, arrivèrent le médecin et le bottier;
celui-ci fendit ma botte, et on vit le pied d'un nouveau-
né; plus d'ongles, plus de peau, mais dans un état
parfait. — Vous êtes sauvé, » me dit le médecin.

Il fait appeler le maître et son épouse :
« Venez voir, leur dit-il, un pied de
poulet. Il me faudrait du linge pour
l'envelopper. » Ils donnèrent de
bonne grâce du linge fin
et bien blanc; mon pied
fut remis dans ma botte
bien lacée. Je demande
au médecin : « Combien
vous faut-il ? —
Je suis payé, me
dit-il, ce service
ne se paye pas. —
Mais.... — Pas
de mais, s'il vous
plaît. »

Je lui tendis
la main. « Je vais
vous donner, ajouta-t-il,
un moyen de vous guérir. Votre pied va craindre le froid et la chaleur; ne
le mettez pas à l'air, il faut qu'il reste longtemps comme il se trouve; mais,
si vous pouvez arriver à la saison des fraises, vous en écraserez plein un plat
contenant deux à trois livres, et vous en ferez une compresse autour de votre
pied. Vous continuerez ainsi pendant la saison des fraises, et jamais vous ne
sentirez de douleurs. — Je vous remercie, docteur. — Et vous, monsieur le
bottier, voilà vingt francs. — Pas du tout, me dit-il. Mes déboursés seulement,
s'il vous plaît. — Combien ? lui dis-je. — Dix francs. — Mais vous vous êtes
entendus tous les deux. — Eh bien, dirent mes deux camarades, prenons un

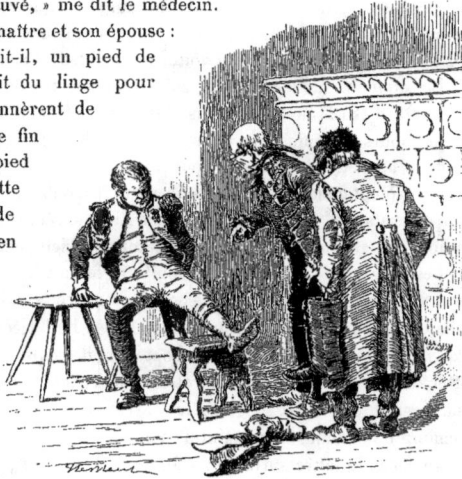

punch au rhum. — Non, dirent-ils, le temps est précieux, nous rentrons. Adieu, braves Français. »

Je suivis l'ordonnance du médecin, et jamais je ne m'en suis ressenti ; mais cela me coûta douze francs de fraises.

Je fus au palais prendre les ordres du comte Monthyon ; je trouvai là le prince Eugène et le prince Berthier. Le comte Monthyon dit au ministre de la guerre : « Je désire avoir pour aide de camp le vaguemestre Contant, et pour le remplacer, le lieutenant Coignet ; c'est un bon serviteur. J'ai besoin de lui pour faire disparaître toutes les voitures nuisibles à l'armée. »

Le ministre me nomma de suite vaguemestre du quartier général, le 28 décembre 1812. Je ne craignais plus de passer dans la ligne. Nous restâmes quelques jours à Kœnigsberg pour réunir tous les débris de cette grande armée réduite à un petit corps. Nous nous mîmes en marche sur Berlin, qu'il fallut évacuer promptement pour nous retirer sur Magdebourg. Là l'armée prit une petite consistance. Sur l'Elbe, le prince Eugène réunit l'armée dans une belle position ; il avait tout prévu. Soins et attentions, rien ne manquait ; il ne dormait pas. Les vivres se distribuaient la nuit ; il veillait à tout, il n'était pas trois jours sans se porter aux avant-postes pour reconnaître l'ennemi, et leur souhaiter le bonjour pendant trois mois, avec huit pièces de canon, quinze à seize mille hommes d'infanterie, sept à huit cents de cavalerie. La petite frottée donnée, il commandait la retraite, marchant toujours le dernier ; jamais il ne laissait un soldat derrière lui. Et toujours gracieux ! Quel joli soldat au champ d'honneur ! Il se maintint pendant trois mois sans perdre de terrain.

Je reçus la lettre suivante : « Je vous envoie ci-joint un exemplaire du *Moniteur* qui contient les dispositions prescrites par l'Empereur pour les équipages de l'armée. Le prince vice-roi se propose de faire un ordre du jour à cet égard, mais en attendant vous devez vous occuper de prévenir les personnes qui ne peuvent plus avoir de voitures que, le 15 de ce mois, elles seront brûlées.

« Signé : *Le général de division, chef d'état-major du major général,*

« Cte MONTHYON. »

Je me rends chez mon général, et je dis : « Voilà un ordre sévère, mon général. — Je vais débarrasser l'armée de ses entraves. Pas de grâce pour personne ! Je vous donnerai des gendarmes, et toutes les voitures qui n'auront pas de plaque, vous les ferez brûler. Je les tiens, ces pillards d'armée ;

je vais reprendre leurs chevaux volés et les remettre à notre artillerie. — Vous êtes le maître d'agir. Cette mission sera orageuse pour moi. — Je suis là pour vous seconder. Qu'ils viennent se plaindre! Je les recevrai. Laissez-leur les chevaux de bât; et le reste, vous le remettrez à l'artillerie. Allez! le prince compte sur vous. »

Je reçus l'ordre de faire faire les plaques de fer-blanc avec écusson pour tous ceux qui avaient droit de conserver leurs voitures; leurs noms et qualités devaient être sur les plaques, ainsi que leur rang dans l'ordre de marche. Ces plaques coûtaient trois francs. Le vice-roi n'était pas exempt de cet ordre. Je n'eus que le temps nécessaire de faire poser toutes mes plaques avant de partir; je me disais : « Je vais joliment débarrasser l'armée. »

HUITIÈME CAHIER

Je suis nommé capitaine. — Campagnes de 1813 et de 1814.
Les adieux de Fontainebleau. — Ma visite à Coulommiers.

Le général faisait part, tous les jours, des nouvelles de Paris et de
l'armée qu'on mettait sur pied. L'Empereur arriva dans le but d'opérer sa
jonction avec le vice-roi, mais il fut trompé dans son attente; les Russes
et les Prussiens furent au-devant de lui à marches forcées, nous laissant
tranquilles dans notre camp. Ils longèrent notre gauche sans être aperçus,
atteignirent l'Empereur, et lui livrèrent bataille. Lorsqu'il se vit attaqué,
il fit ses dispositions de défense, et en même temps fit partir un de ses
aides de camp à toute bride pour informer le prince Eugène qu'il était aux
prises. Celui-ci prit les ennemis en flanc; ils furent forcés de battre en
retraite sur la route de Lutzen. L'armée continua sa marche sur Leipzig;
le corps du maréchal Ney formait l'avant-garde. C'est le 2 mai qu'eut lieu
la bataille mémorable de Lutzen, dont le succès fut dû à l'infanterie française,
et principalement à la valeur de nos jeunes conscrits, malgré l'absence de
toute cavalerie. On ne peut se faire une idée de l'acharnement de nos

troupes. Devant Lutzen, tous les blessés étaient emportés par de jeunes garçons et de jeunes filles. Trente couples au moins allaient de la ville au champ de bataille, et revenaient avec leur pénible fardeau pour retourner de suite. J'ai vu ce trait, il ne doit pas être passé sous silence; ces garçons méritaient des lauriers, et les filles des couronnes.

Quant aux équipages de l'armée, je les faisais parquer d'après l'ordre reçu, avec une forte escorte de gendarmes d'élite, et tous les piqueurs; l'Empereur me faisait prévenir pour rejoindre le soir. Je faisais toujours former le carré, tous les chevaux en dedans, et les voitures se touchant de manière qu'il était impossible à l'ennemi de pénétrer.

Le 8 mai, l'armée entra vers midi à Dresde. Le 12, l'Empereur fut à la rencontre du roi de Saxe revenant de Prague où il s'était retiré, et le conduisit jusqu'à son palais, au son des cloches et au bruit du canon.

Avant d'arriver à Dresde, je reçus l'ordre de me porter au passage du pont avec mes gendarmes pour ne laisser passer que les équipages des états-majors ainsi que les cantines appartenant au corps. Tout le reste fut dételé sur-le-champ, et les chevaux mis de côté. Ce qu'il y avait de curieux, c'était de voir les sergents-majors à cheval. Je faisais descendre ces messieurs. J'avais ainsi des chevaux tout harnachés, sans compter les voitures attelées de bœufs. Je fis conduire deux cents chevaux à l'artillerie, qui eut le choix; la cavalerie eut le reste; les bœufs furent envoyés au grand parc. Messieurs les juifs me montraient de l'or pour les prendre; mais, moi, de suite, je leur détachais un coup de plat de sabre sur le dos : « Va porter cela à la cuisine ! »

Je fis si bien mon devoir que ça fit du bruit dans le cabinet du ministre prince Berthier, mon général Monthyon présent : « Ce vieux grognard fait marcher tout le monde à pied, dit-il. — Il se peut, mon prince, mais il fait conduire les chevaux à l'artillerie. — Eh bien, je le nomme capitaine à l'état-major général de l'Empereur, et il continuera ses fonctions. »

Le soir, je rentre avec mes gendarmes à l'hôtel, près de mon général. Il se mit à rire : « Eh bien, avez-vous fait une bonne journée? — Oui, mon général, j'ai envoyé de bons chevaux à l'artillerie. — Allons dîner! »

Et, se mettant à table, il dit : « Capitaine, nous monterons à cheval

demain. — Mais, mon général, vous dites : « Capitaine... » — Oui, voilà la
lettre du ministre; il vient de vous nommer sur le rapport que je lui ai
fait de vous; venez embrasser votre général. Et voilà votre nomination, en
attendant votre lettre de service. — Combien je suis heureux ! — Vous restez
toujours près de l'Empereur, tâchez de vous procurer de suite des épaulettes
de capitaine. — Mais, général, comment? — J'ai fait donner permission à un
passementier de s'installer dans la grande rue. — Je vais le trouver, si vous
me le permettez. — Allez, mon brave. — Mon général, dans la joie d'être
capitaine, j'ai oublié de vous dire que j'avais renvoyé deux paysans de Lutzen
avec leurs voitures et leurs chevaux; ils s'étaient mis à genoux; et je leur
ai demandé de quel pays ils étaient : « De Lutzen, » m'ont-ils répondu. Je
leur ai dit alors : « Eh bien, je vous accorde votre demande pour récompenser
la bonne action des jeunes gens et des jeunes filles de votre endroit qui
ont ramassé nos blessés. Vous pouvez choisir les meilleures voitures à la
place des vôtres, et prendre des chemins de traverse pour vous rendre
chez vous. Vous devez cela aux bonnes actions de vos jeunes gens... » Ai-je
bien fait, mon général? — Je rendrai compte au ministre de ce fait; je vous
en loue. Mais les autres voitures? — Je ne les ai pas brûlées; je les ai
laissées au profit de la ville. Voilà, mon général, ma conduite. J'ai pris cela
sous ma responsabilité. — Vous avez bien fait. »

Le lendemain, je parus à table avec mes belles épaulettes qui m'avaient
coûté deux cent vingt francs, et de belles torsades à mon chapeau. « Ah!
cela, c'est du beau, me dit-on; c'est absolument les épaulettes de la
garde. »

Le 19 mai, l'Empereur se porta devant Bautzen, et s'y prépara à une
bataille. Le 20 mai, la canonnade s'engagea à midi et dura cinq heures sans
interruption. Deux heures après, la bataille recommença sur une plus large
échelle. Le lendemain 21 mai, l'ennemi opéra sa retraite vers six heures
du soir. Le 22 mai, à quatre heures du matin, l'armée se mit en marche
pour suivre l'ennemi; les Russes furent enfoncés par la cavalerie de Latour-
Maubourg après un combat meurtrier; le général de cavalerie Bruyère eut
les jambes emportées par un boulet de canon. Comme nous étions à la
poursuite des Russes sur la grande route, il part deux coups de canon sur
notre côté droit. L'Empereur s'arrête, et dit au maréchal Duroc : « Va voir
cela. » Ils arrivèrent sur une hauteur, et le maréchal fut frappé d'un boulet

par ricochet; le général du génie qui était avec lui mourut sur le coup. Duroc ne survécut que quelques heures. L'Empereur ordonna que la garde s'arrêtât. Les tentes du quartier impérial furent dressées dans un champ sur la droite de la route. Napoléon entra dans le carré de la garde, et y passa le reste de la soirée, assis sur un tabouret devant sa tente, les mains jointes, la tête baissée. Nous étions tous là autour de lui sans bouger; il gardait le plus morne silence. « Pauvre homme! disaient les vieux grenadiers, il a perdu ses enfants. »

Lorsque la nuit fut tout à fait close, l'Empereur sortit du camp, accompagné du prince de Neuchâtel, du duc de Vicence et du docteur Ivan; il voulut voir Duroc et l'embrasser une dernière fois. Rentré au camp, il se mit à se promener seul devant sa tente; personne n'osait l'aborder; nous étions tous autour de lui, l'oreille basse.

Un armistice fut conclu le 4 juin. L'Empereur repartit immédiatement pour Dresde, où il s'occupa avec activité des préparatifs d'une nouvelle campagne. Le 10 août, l'armistice fut rompu. Les armées coalisées formaient un effectif de plus de huit cent mille combattants; les forces qu'on était en mesure de leur opposer ne s'élevaient pas au delà de trois cent douze mille hommes. Plusieurs engagements, dans lesquels l'ennemi perdit sept mille hommes, eurent lieu dans les trois journées des 21, 22 et 23 août.

L'Empereur reçut à cette époque des nouvelles de Dresde, qui l'obligèrent à y revenir précipitamment. Le corps du maréchal Gouvion Saint-Cyr restait seul chargé de la défense de Dresde. Les coalisés, qui ignoraient le retour de Napoléon, attaquèrent le 26 août, à quatre heures de l'après-midi. L'ennemi fut repoussé; il perdit quatre mille hommes et deux mille prisonniers dans la première journée; les Français eurent environ trois mille hommes hors de combat; mais cinq généraux de la garde furent blessés. Le lendemain 27, on ordonna l'attaque; la pluie tombait par torrents, mais l'élan de nos soldats n'en fut pas ralenti. L'Empereur présidait à tous les mouvements. Sa garde était dans une rue sur notre gauche, et ne pouvait sortir de la ville sans être foudroyée par une redoute défendue par huit cents hommes et quatre pièces de canon.

Il n'y avait pas de temps à perdre; leurs obus tombaient au milieu de la ville. L'Empereur fait venir un capitaine de fusiliers de la garde, nommé Gagnard (d'Avallon). Ce brave se présente devant l'Empereur, la figure un

Napoléon entra dans le carré de la garde et y passa le reste de la soirée,

assis devant sa tente, les mains jointes, la tête baissée.

Napoléon entra lo carré do la garde et y passa le reste do la soirée, assis devant sa tente, les mains jointes, la tête baissée.

peu de travers. « Qu'as-tu à la joue? — C'est mon pruneau, Sire. — Ah! tu chiques? — Oui, Sire. — Prends ta compagnie, et va prendre cette redoute qui me gêne. — Ça suffit. — Tu marcheras le long des palissades par le flanc, ensuite cours dessus. Qu'elle soit enlevée de suite! »

Mon bon camarade part au pas de course par le flanc droit. Arrivée à cent pas de la barrière de la redoute, sa compagnie fait halte; il court à la barrière. L'officier qui tenait la barre des deux portes, le voyant seul, croit qu'il va se rendre, et ne bouge pas. Mon gaillard lui passe son sabre au travers du corps, et ouvre la barrière; sa compagnie, en deux sauts, est dans la redoute, et fait mettre bas les armes. L'Empereur, qui suivait le mouvement, dit : « La redoute est prise. » La pluie tombant par torrents, ils se rendirent à discrétion, et mon gaillard les ramena au milieu de sa compagnie.

Je cours près de mon camarade (car nous sortions de la même compagnie), je l'embrasse, le prends par le bras et le conduis à l'Empereur, qui avait fait signe à Gagnard de monter près de lui : « Eh bien, je suis content de toi. Tu vas passer dans mes vieux grognards; ton premier lieutenant sera capitaine; ton sous-lieutenant, lieutenant, et ton sergent-major, sous-lieutenant. Va garder tes prisonniers. » La pluie tombait si fort que le chapeau de l'Empereur lui tombait sur les épaules.

Sitôt la redoute prise, la vieille garde sortit de la ville, et vint prendre sa ligne de bataille; toutes nos troupes étaient en ligne dans des bas-fonds, et notre droite appuyée sur la route de France. L'Empereur nous fit partir à trois pour porter des ordres sur toute la ligne pour l'attaque. Je fus envoyé à la division de cuirassiers; arrivé de ma mission, je rentre près de l'Empereur. Il avait dans sa redoute une très longue lorgnette sur pivot, et à chaque instant il regardait dedans. Ses généraux regardaient aussi tandis que, avec sa petite lorgnette à la main, il voyait les grands mouvements. Notre aile droite gagnait du terrain, nos soldats étaient maîtres de la route de France, et l'Empereur prenait sa prise de tabac dans la poche de sa petite veste. Tout d'un coup, jetant ses regards sur la hauteur, il se met à crier : « Voilà Moreau! Voyez-le en habit vert, à la tête d'une colonne, avec les empereurs. Canonniers à vos pièces! Pointeurs, jetez un coup d'œil dans la grande lunette. Dépêchez-vous. Lorsqu'ils seront à mi-côte, ils seront à portée. » La redoute était armée de seize pièces de la garde; leur salve

fit trembler tout le monde, et l'Empereur avec sa petite lorgnette dit :
« Moreau est tombé! »

Une charge de cuirassiers mit la colonne en déroute et ramena l'escorte
du général, et on sut que Moreau était mort. Un colonel, fait prisonnier
dans la charge des cuirassiers, fut interrogé par notre Napoléon en présence
du prince Berthier et du comte Monthyon; il dit que les empereurs avaient
voulu donner le commandement à Moreau et qu'il l'avait refusé, avec ces
paroles : « Je ne veux pas prendre les armes contre ma patrie. Mais vous
ne les battrez jamais en masse. Il faut vous diviser en sept colonnes, ils
ne pourront faire tête à toutes; s'ils en écrasent une, les autres marcheront
en avant. » A trois heures de l'après-midi, l'ennemi précipitait sa retraite
par des chemins de traverse et des défilés presque impraticables. Cette
victoire fut mémorable, mais nos généraux n'en voulaient plus. J'avais
mon couvert au grand état-major, et j'entendais des propos de toutes les
manières. On blasphémait contre l'Empereur : « C'est un ....., disaient-ils,
qui nous fera tous périr. »

J'en fus pétrifié; je me dis : « Nous sommes perdus. » Le lendemain
de cette conversation, je me hasardai de dire à mon général : « Je crois que
notre place n'est plus ici, que c'est sur le Rhin qu'il faudrait nous porter
à marches forcées. — J'approuve votre idée, mais l'Empereur est têtu;
personne ne peut lui faire entendre raison. »

L'Empereur poursuivit l'armée ennemie jusqu'à Pirna; mais, au moment
d'entrer dans cette place, il fut pris de vomissements causés par la fatigue;
ils l'obligèrent à revenir sur Dresde, où le repos rétablit sa santé en peu
de temps. Le général Vandamme, sur lequel l'Empereur comptait pour
arrêter les débris de l'armée ennemie, s'étant aventuré dans les vallées de
Tœplitz, se fit écraser le 30 août. Cette défaite, celles de Macdonald sur la
Katzbach et d'Oudinot dans la plaine de Grosbeeren, firent perdre les
fruits de la victoire de Dresde. Le 14 septembre, on reçut la nouvelle de
la défection de la Bavière, qui fit diriger nos forces sur Leipzig; l'Empereur
y arriva dans la matinée du 15. Le 16 octobre, à neuf heures du matin,
l'armée ennemie commença l'attaque, et aussitôt la canonnade s'engagea
sur toute la ligne. Cette première journée, quoique marquée par de sanglants
engagements, laissa la victoire indécise.

Pendant la journée du 17 octobre, les deux armées restèrent en
présence sans se livrer à aucun acte d'hostilité. Le 17, à midi, l'Empereur

m'envoya par un aide de camp l'ordre de partir avec la maison composée de dix-sept attelages et de tous ses piqueurs, avec le trésor et les cartes de l'armée. Je traverse la ville, j'arrive sur le champ de bataille, à gauche, près d'un grand enclos bien masqué. J'avais l'ordre de ne pas bouger. Me voilà établi, les marmites au feu. Le lendemain, 18 octobre, de grand matin,

l'armée coalisée prit encore l'initiative. Je voyais de ma position les divisions françaises se porter en ligne sur le champ de bataille. Je découvrais toute l'étendue du front de bataille; de fortes colonnes autrichiennes débusquaient des bois et marchaient en colonnes sur notre armée. Voyant une forte division d'infanterie saxonne marcher sur l'ennemi avec douze pièces de canon, je donne l'ordre à tous mes hommes de manger leur soupe et de se tenir prêts à partir. Je pars au galop sur la ligne, suivant le centre de cette division; mais les voilà qui tournent le derrière à l'ennemi et tirent à toutes volées sur nous.

J'étais si bien monté que je pus rejoindre mon poste que je n'aurais pas dû quitter. Une fois de retour, j'avais repris mon sang-froid et je dis aux piqueurs : « A cheval de suite pour retourner à Leipzig! » Deux minutes après, un aide de camp arrive au galop : « Partez de suite, capitaine. Portez-vous derrière la rivière, c'est l'ordre de l'Empereur. Suivez les boulevards et la grande chaussée. »

Je pars en plaçant le premier piqueur à la tête de mes attelages. Près du boulevard, je trouve une pièce de canon attelée de quatre chevaux et deux soldats : « Que faites-vous là? » leur criai-je. Ils me disent en italien : « Ils sont morts (les canonniers). — Mettez-vous à la tête des voitures. Je vous sauverai. Allons! au galop, prenez la tête! » Je me trouvais fier d'avoir cette pièce pour ouvrir ma marche. Une fois sur le premier boulevard, je donne l'ordre de pas se laisser couper, mais là le plus grand péril nous attendait. Arrivé sur le second boulevard, je vais me faire donner du feu à un bivouac au bas côté de la promenade; ma pipe n'est pas plutôt allumée qu'un obus tombe près de moi. Mon cheval fait un saut; je ne perds pas l'équilibre, mais voilà les boulets qui traversent mes voitures. Un vent terrible régnait; je ne pouvais pas maintenir mon chapeau sur ma tête. Je le prends, je le jette dans la première voiture. Tirant mon sabre et me portant le long des attelages, je criais : « Messieurs les piqueurs, maintenez vos postillons; le premier qui mettra pied à terre, il faut lui brûler la cervelle. Vos pistolets au poing! Quant à moi, le premier qui bouge, je lui fends la tête; il faut savoir au besoin mourir à son poste. Sauvons les voitures de notre maître. » Deux de mes piqueurs avaient été atteints; la mitraille avait enlevé deux boutons à l'un et percé l'habit de l'autre; j'avais reçu dix boulets dans mes voitures. Mais un seul cheval fut blessé, et je me trouvai tout à fait hors de danger à l'embouchure du défilé qui longe les promenades et qui reçoit les eaux des marais, sur le flanc droit de la ville.

Il y a là un petit pont de pierre, et il faut le passer pour gagner la grande chaussée qui aboutit au grand pont. Je vois devant moi un parc d'artillerie qui enfilait le petit pont; je pars au galop, je trouve le colonel d'artillerie qui faisait défiler son parc. Je l'aborde : « Colonel, au nom de l'Empereur, veuillez me prêter votre concours pour que je puisse vous suivre. Voilà les voitures de l'Empereur, le trésor et les cartes de l'armée. J'ai l'ordre de les conduire au delà du fleuve. — Oui, mon brave; sitôt que nous aurons passé, tenez-vous prêts, je vous laisserai vingt hommes pour vous faire traverser le pont. — Voilà, lui dis-je, une pièce de canon qui était abandonnée; je vous la remets tout attelée. — Allez la chercher, dit-il à deux canonniers, je la prendrai. »

Je retourne au galop vers mon convoi : « Nous sommes sauvés, dis-je aux piqueurs; nous passerons; faites atteler. » Je reste près du petit pont et mes voitures arrivent. Sitôt mes premiers fourgons enfilés sur le pont, je dis aux canonniers : « Partez rejoindre vos pièces; » je remercie ces braves soldats.

Arrivé sur ce grand défilé, je ne trouve plus l'artillerie, elle était partie au galop prendre position. Je rencontre les ambulances de l'armée commandées

par un colonel de l'état major de l'Empereur, qui tenait le milieu de la chaussée. Mon premier piqueur lui dit : « Monsieur le colonel, veuillez bien nous céder la moitié du chemin. — Je n'ai pas d'ordre à recevoir de vous. — Je vais en faire part à l'officier qui commande, répliqua le piqueur. — Qu'il vienne, je l'attends! »

Il vient me rendre compte; je pars au galop. Arrivé près du colonel, je le prie de me céder la moitié du chemin. « Puisque vous l'avez cédée au parc d'artillerie, lui dis-je, vous pouvez bien faire appuyer à droite, et nous doublerons. — Je n'ai pas d'ordre à recevoir de vous. — Est-ce là votre dernier mot, colonel? — Oui. — Eh bien, au nom de l'Empereur, appuyez à droite de suite, ou je vous bouscule. » Je le pousse du poitrail de mon cheval, répétant : « Faites appuyer à droite, » vous dis-je. Il veut mettre la main à son épée : « Si vous tirez votre épée, je vous fends la tête. » Il appelle à son secours des gendarmes qui disent : « Démêlez-vous avec le vaguemestre de l'Empereur, cela ne nous regarde pas. » Le colonel hésitait néanmoins. Me retournant vers son ambulance, je fais appuyer. Comme je passais devant le colonel, il me dit : « Je rendrai compte de votre conduite à l'Empereur. — Faites votre rapport. Je vous attends, et n'irai qu'après vous; je vous en donne ma parole. »

Je passai le grand pont; à gauche est un moulin, et entre les deux un gué où toute l'armée pouvait passer sans danger. Mais cette rivière est encaissée et très profonde, les bords sont à pic. Je montai sur le plateau avec mes dix-sept voitures, et fus me placer derrière cette belle batterie qui m'avait protégé. Quand la nuit vint, les armées étaient dans la même position qu'au commencement de la bataille, nos troupes ayant repoussé vaillamment les attaques de quatre armées réunies. Aussi nos munitions se trouvaient-elles épuisées : nous avions tiré dans la journée quatre-vingt-quinze mille coups de canon, et il nous en restait à peine seize mille; il était impossible de conserver plus longtemps le champ de bataille, et il fallut se résigner à la retraite.

A huit heures du soir, l'Empereur quitta son bivouac pour descendre dans la ville, et s'établit dans l'auberge des *Armes de Prusse*, où il passa la nuit à dicter des ordres; je l'attendais, il ne vint que le lendemain; mais le comte Monthyon fut dépêché pour donner des ordres à l'artillerie et aux troupes. Il me fit appeler : « Eh bien, et vos voitures? Comment vous êtes-vous tiré de cette bagarre? — Bien, mon général; toute la maison de l'Empereur est sauvée, le trésor et les cartes de l'armée; rien n'est resté en arrière, j'ai tout sauvé, mais j'ai dix boulets qui ont entamé mes voitures et deux piqueurs atteints légèrement. » Et je lui conte mon affaire du défilé avec le colonel. Il me dit qu'il en ferait son rapport à l'Empereur. « Restez tranquille, ajouta-t-il, je verrai l'Empereur demain matin. Qu'il se présente; il devait être sur le champ de bataille pour ramasser nos généraux blessés qui sont au pouvoir de l'ennemi; il va avoir son *savon* de l'Empereur. Vous étiez à votre poste, et lui n'y était pas. — Mais, général, je l'ai mené dur; je voulais lui fendre la tête. S'il avait été mon égal, je l'aurais sabré, mais j'ai toujours eu tort de lui manquer de respect. — Eh bien, je me charge de tout. Allez, mon brave, vous ne serez pas puni; vous étiez autorisé de l'Empereur, et lui pas. » Jugez si j'étais content !

Sur les deux heures du matin, nous voyons du feu sur le champ de bataille : on faisait brûler tous les fourgons et sauter les caissons. C'était affreux à voir. Le 19 octobre, Napoléon, après une entrevue touchante avec le roi de Saxe et sa famille, s'éloigna de Leipzig. Il se dirigea par les boulevards qui conduisent au grand pont du faubourg de Lindenau, et recommanda aux officiers du génie et de l'artillerie de ne faire sauter ce pont que quand le dernier peloton serait sorti de la ville, l'arrière-garde devant tenir encore vingt-quatre heures dans Leipzig. Mais les tirailleurs d'Augereau d'une part, les Saxons et les Badois de l'autre, ayant fait feu sur les Français, les sapeurs crurent que l'armée ennemie arrivait et que le moment était venu pour mettre le feu à la mine. Le pont ainsi détruit, tout moyen de retraite fut enlevé aux troupes de Macdonald, de Lauriston, de Régnier, de Poniatowski. Ce dernier ayant voulu, quoique blessé au bras, franchir l'Elster à la nage, trouva la mort dans un gouffre. Le maréchal Macdonald fut plus heureux et put gagner la rive opposée. Vingt-trois mille Français, échappés au carnage qui eut lieu dans Leipzig jusqu'à deux heures de l'après-midi, furent faits prisonniers; deux cent cinquante pièces d'artillerie restèrent au pouvoir de l'ennemi.

L'Empereur arriva à son quartier général, bien fatigué; il avait passé la nuit sans dormir; il était tout défait : « Eh bien, dit-il à Monthyon, mes voitures et le trésor où sont-ils? — Tout est sauvé, Sire. Votre grognard a essuyé une bordée sur les promenades. — Fais-le venir! Il a eu une affaire sérieuse avec un colonel. — Je le sais, dit le général. —Fais-les venir tous les deux, qu'ils s'expliquent. » J'arrive près de l'Empereur. Le général conte l'affaire. « Où est ton chapeau? — Sire, je l'ai jeté dans une des voitures, je ne peux le retrouver. — Tu as eu des raisons sur la grande chaussée? — Je voulais doubler avec les ambulances, et le colonel m'a répondu qu'il n'avait pas d'ordres à recevoir de moi. Je lui ai dit : *Au nom de l'Empereur, appuyez à droite!* Il l'avait fait pour l'artillerie, et il ne voulait pas me céder la moitié du chemin. Alors je l'ai menacé; s'il avait été mon égal, je l'aurais sabré. »

L'Empereur se tournant vers le colonel : « Eh bien, que dis-tu? Tu l'as échappé belle. Tu garderas les arrêts quinze jours pour être parti sans mon ordre, et si tu n'es pas satisfait, mon grognard te fera raison. Pour toi, me dit-il, tu as fait ton devoir, va chercher ton chapeau! »

Après que l'Empereur eut réuni tous nos débris, l'armée traversa la Saale dans la journée du 20 octobre. L'Empereur passa la nuit dans un petit pavillon, sur un coteau planté de vignes. Le 23, à Erfurt, le roi Murat quitta Napoléon pour retourner à Naples. Pendant cette première journée de marche, le reste des Saxons désertèrent[1] dans la nuit ainsi que les Bavarois; il n'y eut que les Polonais qui nous restèrent fidèles. L'armée partit d'Erfurt le 25 octobre et se porta successivement sur Gotha et Fulde. L'Empereur, ayant été informé d'une manœuvre du général bavarois de Wrède, se dirigea précipitamment sur Hanau. Arrivé devant la forêt que la route traverse aux approches de cette ville, Napoléon passa la nuit à faire ses dispositions. Le lendemain matin, les bras croisés, il passait devant la garde et disait : « Je compte sur vous pour me faire de la place pour arriver à Francfort. Tenez-vous prêts; il faut leur passer sur le ventre. Ne vous embarrassez pas de prisonniers; passez outre, faites-les repentir de nous barrer le chemin. C'est assez de deux bataillons (un de chasseurs et un de grenadiers), deux escadrons de chasseurs et deux de grenadiers. Vous serez commandés par Friant. » Et il se promenait, parlait à tout le monde, mais les traînards n'étaient pas bien reçus. Tout cela se passait dans un grand bois de sapins, qui nous dérobait aux regards de l'ennemi; mais nous avions affaire à un plus fort que nous : l'armée bavaroise qui nous était opposée sur ce point comptait plus de quarante mille hommes. L'Empereur donne le signal; les chasseurs partent les premiers, les grenadiers ensuite. L'ennemi formait une masse imposante. En voyant partir mes vieux camarades, je frissonnais. Les grenadiers à cheval, avec toute la cavalerie, font un mouvement en avant. Je me porte vers l'Empereur : « Si Sa Majesté me permettait de suivre les grenadiers à cheval? — Va, me dit-il, c'est un brave de plus. »

Que je fus content de ma hardiesse! jamais, je ne lui avais rien demandé; je le craignais trop. Nos vieux grognards à pied arrivent sur cette masse qui les attendait de pied ferme de l'autre côté d'un ruisseau qui traverse la grande route, et qui reçoit les eaux de marais considérables. Nous fûmes un moment entre deux feux; si l'ennemi en avait profité, il fallait poser les armes. Impossible de manœuvrer, on enfonçait dans la bourbe jusqu'aux genoux. Mais on parvient à tourner la position ; les chasseurs se précipitèrent sur les Bavarois épouvantés, qui ne purent résister un instant et furent taillés en pièces. Nous arrivâmes comme la foudre quand la cavalerie put ouvrir ses rangs, et ce fut le carnage le

---

1. Exception doit être faite pour la cavalerie saxonne, qui ne quitta notre armée dans cette campagne qu'après avoir manifesté ses regrets d'être forcée au départ. Les officiers vinrent solennellement serrer la main des nôtres. Le commandant Thirion fut témoin de ce fait, et le raconte dans ses *Souvenirs* (publiés en 1854 par un journal de Metz, le *Vœu national*).

plus épouvantable que j'aie vu de ma vie. Je me trouvais à l'extrême
gauche des grenadiers à cheval, et je voulais suivre le capitaine : « Non,
me dit-il, vous et votre cheval vous n'êtes pas de taille, vous gêneriez la
manœuvre. »

J'étais contrarié, mais je me contins. En jetant un coup d'œil à ma
gauche, je vois un chemin qui longe le mur de la ville. Hanau est entouré,
du côté où je me trouvais, d'une muraille très élevée qui masque les
maisons. Je m'élance au galop. Un peloton de Bavarois arrivait de
mon côté, avec un bel officier à sa tête. Me voyant seul, il fond sur moi.
Je m'arrête; il m'aborde, et m'envoie un coup de pointe avec sa longue
épée. Je lui pare son coup du revers de mon grand sabre (que j'ai encore chez
moi). Je l'aborde à mon tour, lui coupe la moitié de la tête. Il tombe
comme une masse. Je prends son cheval par la bride et pars au galop. Et
son peloton de faire feu sur moi. J'arrivai comme le vent près de mon
Empereur avec un joli cheval blanc arabe qui portait sa queue en panache.
L'Empereur, me voyant près de lui : « Te voilà de retour? A qui ce cheval?
— A moi, Sire (j'avais encore mon sabre pendant), j'ai coupé la figure à
un bel officier. Il était temps, car il était brave; c'est lui qui m'a chargé.
— Te voilà monté sur un bon cheval; fais préparer toutes mes voitures;
vous partirez cette nuit pour Francfort, sitôt le chemin libre. — Nous
ne pourrons passer, ils sont tous les uns sur les autres. — Je vais faire
déblayer la route de suite. »

Les aides de camp arrivaient, disant à Sa Majesté : « La victoire est
complète. » Et il prenait de grosses prises de tabac; il eut encore une journée
de bonheur.

Il fit partir tous les traînards pour déblayer la grande route, afin de
faire passer son parc. Je reçus l'ordre de partir sous bonne escorte; il
faisait nuit à ne pas se voir, et nous arrivâmes à Francfort dans la nuit
du 1er au 2 novembre. Sur une grande place, il y avait des piles de beau
bois qui nous firent avoir de bons feux. L'armée fit son entrée à Mayence
le 3 novembre avec les malheureux débris de cette grande armée naguère
si florissante. On les logeait dans des couvents et des églises; ils furent
atteints d'une fièvre jaune, et on les trouvait morts tous pêle-mêle. Dans
leurs transports effrayants, ils nommaient leurs parents, leurs bestiaux.
J'eus encore cette pénible corvée à faire, car je fus désigné pour faire
enlever tous les cadavres des hommes morts dans la nuit. Il fallut

prendre des forçats pour les charger dans de grandes charrettes, et les corder comme des voitures de foin. Ils voulurent s'y refuser, mais ils furent menacés d'être mitraillés; on renversait les morts en mettant la voiture à cul. Comme à Moscou, c'était à moi que cette pénible corvée était échue; toutes les voitures de l'Empereur étaient parties. Que de pareilles horreurs ne reparaissent jamais!

Le petit quartier général se porta sur Metz, et nous restâmes longtemps dans cette grande ville; toutes les troupes prirent leurs cantonnements, et nous fûmes plus de deux mois dans l'inaction.

Les colonnes ennemies remontaient le Rhin pour gagner la Champagne et la Lorraine. Le 27 janvier 1814, le combat de Saint-Dizier eut lieu; ce n'était pas un combat, mais une vraie bataille, des plus acharnées. La ville fut massacrée par la fusillade, et l'on pouvait compter dans les fermetures des portes et des contrevents des milliers de balles; les arbres d'une petite place étaient criblés, toutes les maisons furent pillées, pas un habitant ne put rester dans cette ville.

Les alliés perdirent beaucoup de monde, et furent obligés de se retirer pour prendre position sur les hauteurs de Brienne; ils occupaient une position d'où ils pouvaient nous foudroyer; tous les efforts de nos troupes, à plusieurs reprises, furent repoussés par leur artillerie. A force de manœuvrer, les terres se détrempèrent; la journée s'avançait, on ne pouvait se dégager dans des terres effondrées. Cependant l'Empereur, à cheval près d'un enclos, se préparait à tenter un dernier coup. Le prince Berthier voit des Cosaques sur notre droite qui emmenaient une pièce de canon : « A moi! me dit-il; au galop! » Il part comme la foudre; les quatre cosaques se sauvèrent, et les malheureux soldats du train ramenèrent leur pièce. A ce moment l'Empereur lui dit : « Je veux coucher au château de Brienne; il faut que cela finisse. Mets-toi à la tête de mon état-major, et suis mon mouvement. »

Le voilà qui passe devant sa première ligne; s'arrêtant au centre des régiments, il dit : « Soldats, je suis votre colonel; je marche à votre tête. Il faut que Brienne soit pris. » Tous les soldats crient : « Vive l'Empereur! » La nuit arrivait, il n'y avait pas de temps à perdre; chaque soldat en valut quatre. La fureur de nos troupes fut telle que l'Empereur ne put les contenir, ils passèrent à la course devant l'état-major. Au pied de la montagne qui

Je l'aborde à mon tour et lui coupe la moitié de la tête.

Je l'aborde à mon tour et lui coupe la moitié de la tête.

fait face au château et à la grande rue de Brienne, la pente est rapide.
Il fallait faire des efforts inouïs pour atteindre le but. Tous les obstacles
sont surmontés. La nuit étant survenue, on ne distinguait plus les combattants;
on était les uns sur les autres, baïonnette en avant. Les Russes amassés dans
la grande rue furent chassés; nos troupes de gauche montèrent si rapidement

de leur côté, qu'elles heurtèrent l'état-major du général Blucher; il perdit
beaucoup d'officiers. Parmi les prisonniers se trouvait un neveu de M. de
Hardenberg, chancelier de Prusse; il raconta que, entouré à plusieurs
reprises par nos tirailleurs, le feldmaréchal n'avait dû son salut qu'à la
défense la plus énergique et à la vigueur de son cheval.

L'Empereur fit alors faire un *à-gauche*, ne s'arrêta pas au château, et
poursuivit l'ennemi jusqu'à Mézières. Comme il était nuit noire, une
bande de cosaques qui rôdait, cherchant quelque occasion de butin,
entendit le passage des chevaux montés par Napoléon et son escorte. Cela

les fit courir; ils se ruèrent d'abord sur un des généraux, qui cria : « Aux cosaques ! » et se défendit. Un des cosaques apercevant à quelques pas de là un cavalier à redingote grise courut sur lui ; le général Corbineau se jeta d'abord à la traverse, mais sans succès. Le colonel Gourgaud, qui causait en ce moment avec Napoléon, se mit en défense, et, d'un coup de pistolet tiré à bout portant, abattit le cosaque. Au coup de pistolet, nous arrivâmes sur ces maraudeurs. Il était temps de s'arrêter; tout le monde était sur les dents et tombait de besoin. Vingt-quatre heures sans débrider, sans manger ; je puis dire que les soldats avaient fait plus que leurs forces; un contre quatre.

De Brienne, l'Empereur se dirigea sur Troyes en passant sur la rive gauche de l'Aube, et nous restâmes trois jours pour nous reposer. Le 1er février, nous retrouvâmes les ennemis à Champaubert; ils reçurent une bonne frottée; il nous fallut rétrograder sur la rive droite de l'Aube, au village de la Rothière. La journée de la Rothière était la première bataille rangée de la campagne; nous conservâmes notre champ de bataille, mais rien au delà; nous ne pûmes recommencer le lendemain. Toutefois, les coalisés ne purent se vanter de nous avoir battus. Le 11 février, on se battait à Montmirail.

Partout où l'Empereur se trouvait, l'ennemi était battu. Le 12, combat de Château-Thierry; le 15, combat de Gennevilliers. Le 17, nous arrivâmes à Nangis, après des marches forcées de nuit dans des chemins de traverse pour gagner les têtes de colonne de nos ennemis. Nous poussions devant nous des colonnes considérables sur Montereau; c'est là que l'Empereur avait placé un corps d'armée pour les recevoir. Pas du tout; il fut trahi par celui qui les laissa passer, et tout le poids retomba sur nous. Cette bataille eut lieu le 18 ; Montereau fut dévasté; de tous les côtés les boulets tombaient sur cette ville. L'Empereur, furieux de ne pas entendre le canon de son armée, dit : « Au galop! » Nous étions sur la route de Nangis, à gauche de la route de Paris. Arrivé sur une hauteur à gauche de cette route, il distingua de cette position l'ennemi qui défilait sur le pont de Montereau. Furieux de ce contretemps, il dit au maréchal Lefebvre : « Prends tout mon état-major; je garde près de moi Monthyon, un tel et un tel; pars au galop; va t'emparer du pont. L'affaire est manquée. Je vole à ton secours avec ma vieille garde. »

Et nous voilà partis. Descendus au bas de la montagne avec cet intrépide maréchal, nous arrivâmes sans être arrêtés; nous tournons à gauche par quatre sur le pont, ventre à terre. Toute leur arrière-garde n'était pas passée. En arrivant sur le milieu du pont, une brèche large ne fut pas un obstacle pour nous, à cause de la rapidité avec laquelle nous étions conduits; nos chevaux volaient. J'étais monté sur mon beau cheval arabe pris à la bataille de Hanau. Voici un trait qui mérite d'être rapporté. En franchissant cette arcade du pont détruit, je vis un homme à plat ventre le long du parapet glisser des pièces de bois pour aider au passage.

Au bout du pont, qui est long, se trouve une rue à gauche. Ce faubourg étant encombré des voitures de l'arrière-garde, nous ne pouvions passer qu'à coups de sabre. Nous balayons tout; ceux qui échappèrent à notre fureur se fourrèrent sous les fourgons. L'écume sortait de la bouche du maréchal, tellement il frappait.

Arrivés sur une belle chaussée qui conduit à Saint-Dizier, devant une plaine immense, le maréchal nous fit poursuivre notre charge; mais l'Empereur, nous voyant engagés dans un péril certain, avait fait poser les sacs à un bataillon de chasseurs à pied pour venir à notre secours. Ce bataillon nous sauva. Nous fûmes ramenés par une masse de cavalerie. Les chasseurs étaient à plat ventre le long de la chaussée, et, après les avoir dépassés, la cavalerie ennemie fut surprise par un feu de file. La terre fut jonchée de chevaux et d'hommes, et nous pûmes atteindre le faubourg. Durant la charge, l'Empereur, avec sa vieille garde et son artillerie, montait la côte qui fait face à Montereau. En face du pont, sur un mur formant rotonde et garni de belles charmilles, nos pièces en batterie foudroyaient les masses dans la plaine. C'est là que l'Empereur fut canonnier; il pointait lui-même les pièces. On voulut le faire retirer : « Non, dit-il, le boulet qui doit me tuer n'est pas encore fondu. » Que ne trouva-t-il là cette mort glorieuse après avoir été trahi par l'homme qu'il avait élevé à une haute dignité! Il était furieux d'un pareil échec. De notre côté, nous repassâmes les ponts, et nous remontâmes près de l'Empereur. « Votre rapidité dans cette charge, dit-il, me donne deux mille prisonniers. Je vous croyais tous pris. — Vos chasseurs nous ont sauvés, » dit le maréchal.

J'étais si content de moi que, mettant pied à terre, j'embrassai mon cheval; grâce à lui, j'avais sabré à mon aise.

Le 21, combat de Méry-sur-Seine; le 28, combat de Sézanne; le 5 mars, combat de Berry-au-Bac, où les Polonais furent vainqueurs des cosaques; le 7, bataille de Craonne. Celle-ci fut terrible; des hauteurs considérables furent enlevées par les chasseurs à pied de la vieille garde, et par douze cents gendarmes à pied, arrivant d'Espagne, qui firent des prodiges de valeur. Le 13 mars, nous arrivâmes aux portes de Reims à la nuit.

Une armée russe occupait la ville, retranchée par des redoutes faites avec du fumier et des tonneaux bien remplis. Les portes de la ville étaient barricadées. Près de la porte qui fait face à la route de Paris, se trouve une élévation surmontée d'un moulin à vent. L'Empereur y établit son quartier général en plein air. Nous lui fîmes un bon feu; l'on ne voyait pas à deux pas, et il était si fatigué de la journée de Craonne qu'il demanda sa peau d'ours et s'allongea près du bon feu, nous tous en silence à le contempler. Les Russes prirent l'avance à dix heures du soir; ils firent une sortie avec une fusillade épouvantable sur notre gauche; l'Empereur se leva furieux : « Que se passe-t-il par là? — C'est un *hourra*, Sire, lui répond son aide de camp. — Où est un tel? (C'était un capitaine commandant une batterie de seize pièces.) — Le voilà, Sire! » lui dit-on. Il approche de l'Empereur : « Où sont tes pièces? — Sur la route. — Va les faire venir. — Je ne puis passer, lui dit-il, l'artillerie de la ligne est devant moi. — Il faut renverser toutes ces pièces dans les fossés, il faut que je sois à minuit dans Reims. Tu es un... si tu ne perces pas les portes!... Allez, nous dit-il, renversez tout dans les fossés. »

Nous voilà tous partis. Arrivés près des pièces et des caissons, au lieu de les renverser, nous les portâmes sur le côté avec tous les canonniers et les soldats du train. Tout cela fut fait à la minute, et les seize pièces passèrent sous les regards de l'Empereur, qui les voyait passer, tournant le derrière à son feu. Elles se mirent en batterie à droite de la route dans une belle place, face à la porte. L'on ne voyait pas d'un pas, et le malheur voulut qu'il se trouvât deux pièces[1] en batterie près des portes, en cas de sortie de la part des Russes; on ne les voyait pas du tout. Nos pièces en batterie lâchèrent leurs bordées sur les portes et les redoutes; les obus tombaient au milieu de la ville. Durant la canonnade, l'Empereur

---

1. Deux pièces de l'artillerie de ligne française.

donnait ordre aux cuirassiers de se tenir prêts à entrer en ville, en leur
indiquant les rues qu'ils devaient prendre pour chaque escadron. Puis il
donna le signal; la foudre des cuirassiers partit se mettre en bataille
derrière les pièces; on fait cesser le feu, et tous se précipitèrent dans
la ville. Cette charge fut si terrible qu'ils traversèrent tout, et le peuple
renfermé entendant un pareil vacarme éclaira les croisées. Ce n'étaient que
lumières; on aurait pu ramasser une aiguille. L'Empereur, à la tête de
son état-major, était à minuit dans Reims, et les Russes en pleine
déroute; leur *hourra* leur coûta cher. Nos
cuirassiers sabrèrent à discrétion. Si l'Empereur avait été secondé en France comme il
le fut en Champagne, les alliés étaient
perdus. Mais que faire? dix contre
un! Nous avions la bravoure, non
la force; il fallut succomber.

Fontainebleau fut le terme
de nos malheurs;
nous voulûmes

tenter un dernier effort, marcher sur Paris, mais il était trop tard. L'ennemi était au bord de la forêt, et Paris s'était rendu sans résistance. Il fallut revenir à Fontainebleau. L'Empereur se trouvait sous la faux de tous les hommes qu'il avait élevés aux hautes dignités ; ils le forcèrent d'abdiquer. Je désirais le suivre, le comte Monthyon fut le trouver et lui parla de moi : « Je ne puis pas le prendre ; il ne fait pas partie de ma garde. Si ma signature pouvait lui servir, je le nommerais chef de bataillon, mais il est trop tard. » Il lui fut accordé six cents hommes pour sa garde ; il fit prendre les armes et demanda des hommes de bonne volonté ; tous sortirent des rangs, et il fut forcé de les faire rentrer : « Je vais les choisir. Que personne ne bouge ! » Et, passant devant le rang, il désignait lui-même : « Sors, toi ! » et ainsi de suite. Cela fut long. Puis il dit : « Voyez si j'ai mon compte. — Il vous en faut encore vingt, dit le général Drouot. — Je vais les faire sortir. »

Son contingent fini, il choisit les sous-officiers, les officiers, et il rentra dans son palais, disant au général Drouot : « Tu conduiras ma garde à Louis XVIII à Paris après mon départ. »

Lorsque tous les préparatifs furent terminés, et ses équipages prêts, il donna l'ordre pour la dernière fois de prendre les armes. Tous ces vieux guerriers arrivés dans cette grande cour naguère si brillante, il descendit du perron, accompagné de son état-major, et se présenta devant ses vieux grognards : « Que l'on m'apporte mon aigle ! » Et, le prenant dans ses bras, il lui donna le baiser d'adieu. Que ce fut touchant ! On n'entendait qu'un gémissement dans tous les rangs ; je puis dire que je versai des larmes de voir mon cher Empereur partir pour l'île d'Elbe. Ce n'était qu'un cri : « Nous voilà donc laissés à la discrétion d'un nouveau gouvernement. » Si Paris avait tenu vingt-quatre heures, la France était sauvée. Mais dans ce temps la populace de Paris ne savait pas faire de barricades ; elle ne l'a appris que pour en faire contre des concitoyens. Il fallut prendre la cocarde blanche, mais j'ai conservé la mienne comme souvenir.

À la suite de nos fredaines à Paris, contre les officiers des alliés, mon frère me fit garder les arrêts : « Ne sors plus, me dit-il, tu serais arrêté. » Je le lui promis[1].

---

1. Cet épisode du retour à Coulommiers a été ajouté au manuscrit original sous les yeux de l'auteur, lors de l'impression de la première édition.

Cependant je pensais souvent à mes anciens maîtres, qui s'étaient montrés si bons pour moi, et je grillais d'avoir de leurs nouvelles. Or, un jour que j'étais sorti avec l'agrément de mon frère, et que je me rendais au faubourg Saint-Antoine, arrivé auprès de la Bastille, un grand bel homme qui passait là, vêtu d'une blouse, m'arrête tout à coup en m'abordant : « Voilà, me dit-il, un monsieur qui doit connaître Coulommiers, ou je me trompe fort. — Vous ne vous trompez pas, répondis-je aussitôt en toisant mon homme de mes plus grands yeux. J'ai connu beaucoup à Coulommiers M. Potier. — C'est donc bien vous, monsieur Coignet? — Oui, c'est bien moi, monsieur Moirot, car je crois vous remettre à mon tour. Mais M. et Mme Potier, comment vont-ils[1]? — A merveille. Ils vous croient bien perdu, et il y a longtemps, car nous parlons souvent de vous. — Cependant me voilà, et, comme vous voyez, gaillard et bien portant. — Mais vous avez donc la croix? — Oui, mon ami, et, de plus, le grade de capitaine. Il y a bien longtemps que nous ne nous étions vus. Voulez-vous me permettre de vous embrasser. — Très volontiers. Je n'en reviens pas de surprise et de joie de vous retrouver, mon cher monsieur Coignet; nous vous croyions tous si bien mort! Mais où restez-vous donc? — Chez mon frère, marché d'Aguesseau. — Moi, je décharge mes farines chez le boulanger du coin du marché. — C'est mon frère qui l'approvisionne. — Vous savez maintenant mon adresse; il faut me faire l'amitié de venir dîner avec moi dès ce soir, nous causerons. — J'accepte avec le plus grand plaisir. »

J'arrivai de bonne heure au rendez-vous, et Moirot m'apprit qu'il n'était plus chez M. Potier; il était établi à son compte. Il avait gagné dans cette maison soixante mille francs, et, grâce à sa bonne conduite, il avait obtenu d'épouser une cousine de M. Potier. En nous quittant, il me serrait les mains avec émotion : « Ah! que demain je vais faire des heureux, me dit-il, en leur apprenant que je vous ai vu! »

A peine de retour à Coulommiers, il vole au moulin des Prés : « Qu'y a-t-il donc d'extraordinaire, Moirot, que vous courez si vite? lui dit en l'apercevant de loin M. Potier. — Ah! monsieur, j'ai retrouvé M. Coignet, l'enfant perdu. — Comment? que dites-vous? — Oui, M. Coignet : il n'est pas mort, mais très vivant, décoré, capitaine! — Vous vous trompez: il ne savait ni lire ni écrire; il lui a été impossible d'occuper aucun grade. C'est,

---

1. Moirot avait été en même temps que Coignet domestique au service de M. Potier.

sans doute, quelque autre Coignet que vous aurez pris pour le nôtre. — C'est bien lui-même : j'ai reconnu tout de suite son gros nez, sa stature et sa voix. C'est un beau militaire. Il m'a dit qu'il avait trois chevaux et un domestique. Il désire bien vous voir. Il vous a tenu parole, car il a gagné le fusil d'argent qu'il vous avait promis de rapporter en partant de chez vous. — Mais c'est incroyable : tout cela m'étonne et me surpasse ; il faudrait que je le visse pour y croire. » Et M. Potier, à son tour, s'en va faire part de cette bonne nouvelle à madame, qui ne fut pas la moins surprise et la moins heureuse en apprenant que Jean Coignet, son fidèle domestique, était retrouvé, et que, décoré et officier, il avait un domestique et trois chevaux à sa disposition. « Il faut le faire venir, ce cher enfant, » disait-elle à son mari.

Mais les troupes alliées occupaient toujours Paris, et il fallait un permis spécial du préfet de police pour que je pusse sortir. Avec l'intervention du procureur du roi, à qui il fit part de ses intentions, M. Potier obtint tout ce qu'il demandait, et, dès le lendemain, son fils arrivait me chercher à Paris. J'éprouvai beaucoup de joie de revoir ce jeune homme, qui me dit : « Papa et maman m'envoient vous chercher : voilà la permission du préfet de police ; nous partons demain pour Coulommiers, domestique, chevaux, tout enfin. J'emmène tout, papa le veut. » Mon frère voulut le retenir au moins jusqu'après déjeuner. Impossible ! Dès quatre heures, il était sur pied et nous pressait de partir. « Nous avons quinze grandes lieues à faire, répétait-il, et on nous attend de bonne heure. »

Nous marchions bon train, et j'arrive avec ma petite livrée, car mon domestique portait la livrée d'ordonnance. Cœur haut, fortune basse ! Mais il fallait bien paraître. Je mets pied à terre à la porte du moulin. Moi, vieux grognard, j'éprouvais un saisissement de cœur à la vue de tous ceux que je reconnaissais. Mes membres tremblaient.

Je cours chez mes bons maîtres leur sauter au cou. Mme Potier était au lit. Je demandai la permission de la voir : « Entrez, me cria-t-elle tout émue, entrez de suite. Malheureux enfant ! Pourquoi ne nous avoir pas donné de vos nouvelles et demandé de l'argent ? — J'ai eu grand tort, madame, mais vous voyez qu'en ce moment je ne manque de rien. Je suis votre ouvrage. Je vous dois mon existence, ma fortune ; c'est vous et M. Potier qui avez fait de moi un homme. — Vous avez bien souffert ?

— Tout ce qu'un homme peut endurer, je l'ai enduré. — Je suis heureuse de vous voir sous un pareil uniforme. Vous avez un beau grade? — Capitaine à l'état-major de l'Empereur, et le premier décoré de la Légion d'honneur. Vous voyez que vous m'avez porté bonheur. — C'est vous, c'est votre bon courage qui vous a sauvé. Mon mari se fait une fête de vous présenter à nos amis. » M. Potier m'accueillit, de son côté, comme un bon père. Il voulut voir mes chevaux. Après les avoir tous passés en revue : « En voilà un, dit-il, qui est bien beau, il a dû vous coûter cher. — Il ne m'a rien coûté du tout, qu'un coup de sabre donné à un officier bavarois à la bataille de Hanau. Mais je vous conterai cette histoire-là en dînant. — C'est cela. Après dîner, nous irons voir mes enfants; puis demain nous monterons à cheval avec votre domestique, car vous avez changé de rôle. Ce n'est plus notre petit Jean d'autrefois, c'est le beau capitaine. Que de plaisir je me réserve en vous présentant à mes amis; ils ne vont pas vous reconnaître. »

En effet, arrivés chez ces gros fermiers, et reçus partout à bras ouverts : « Je viens, disait M. Potier, vous demander à dîner pour moi et mon escorte. Je vous présente un capitaine qui est venu me voir. — Soyez tous les bienvenus, » répondait-on. Et comme j'étais militaire, on me parlait le plus souvent des ravages qu'avait faits l'ennemi en envahissant les environs de Paris. Jusqu'au dîner M. Potier ne disait rien de moi : ce n'est qu'après le premier service qu'il demandait à nos hôtes s'ils ne connaissaient pas l'officier qu'il avait amené. Chacun regardait avec de grands yeux, mais personne ne me reconnaissait.

« Vous l'avez cependant vu chez moi pendant dix ans, reprenait M. Potier. C'est l'enfant perdu que j'ai ramené de la foire d'Entrains, il y a vingt ans. C'est lui que je vous présente aujourd'hui. Il n'a pas perdu son temps, comme vous voyez. Il m'avait dit en partant : « Je veux un fusil d'argent. » Il a rempli sa promesse, car il en a gagné un la première fois qu'il a été au feu, et vous le voyez avec la croix d'honneur et le grade de capitaine, attaché à la personne du grand homme... aujourd'hui déchu.... Voilà mon fidèle domestique d'il y a quinze ans, buvons à sa santé! »

Et nous buvions, et j'étais partout comblé de prévenances et d'amitiés. Il me fallut leur conter mon histoire, et plus d'une fois nous passions des heures, des journées entières, moi à leur raconter, eux à m'écouter, aussi contents, aussi heureux les uns que les autres. Car c'étaient des jours de bonheur que je passais ainsi au milieu de toutes ces vieilles connaissances, qui m'avaient vu jadis portant le sac de trois cent vingt-cinq livres et maniant la charrue.

Après avoir fait ainsi chez tous les gros fermiers et meuniers des environs une promenade que je ne puis comparer qu'à celle du bœuf gras à l'époque du carnaval, je fis mes adieux à tous les amis de M. Potier. J'embrassai mes bienfaiteurs, et je revins à Paris, où je reçus l'ordre de partir immédiatement pour mon département.

NEUVIÈME CAHIER

Le gouvernement nous renvoya planter des choux dans nos départements, avec demi-solde, soixante-treize francs par mois. Il fallut se résigner. Je partis pour Auxerre, chef-lieu de mon département, et je végétai dans cette ville toute l'année 1814.

Je ne connaissais personne; je finis par être invité chez M. Marais, avoué, rue Neuve, un vrai patriote. Il m'offrit mon couvert chez lui; il poursuivait un procès au nom de mon frère contre ma famille, qui nous avait dépouillés d'un peu de bien du côté de notre mère. C'était le beau-père de M. Marais qui avait entamé le maudit procès, qui dura dix-sept ans.

Je pris mon mal en patience, et j'attendis mon sort de la justice des hommes. Je me casai dans un modique logement que je ne payais pas; je louai un lit de sangle, un matelas. Dans cette maison inhabitée, par bonheur il y avait une petite écurie pour mon cheval. J'allai trouver le général, et de là chez M. de Goyon, le payeur. Le premier du mois, il fallait se présenter pour recevoir ses soixante-treize francs. On nous retint deux et demi pour cent d'avance sur notre croix. Tout doucement, ils frappèrent le grand coup. Ils nous retinrent cent vingt-cinq francs par an sur notre Légion d'honneur, et toujours deux et demi, de manière que la demi-solde se trouvait réduite au tiers. Cette vie dura sept ans.

Je pris patience. Je me rendais au café Milon. Un jour, je trouvai des groupes de vieux habitués qui parlaient politique; ils m'abordèrent pour me demander si je savais des nouvelles : « Point du tout, dis-je. — Vous ne voulez pas parler, vous avez peur de vous compromettre. — Je vous jure que je ne sais rien. — Eh bien, dit un gros papa, on dit qu'il est passé un capucin déguisé, et un autre grand personnage que le préfet voulait faire arrêter. — Je ne vous comprends pas. — Vous faites l'ignorant. — C'est pour cela qu'il a gardé son cheval, dit l'un d'eux; il attend la *capote grise*. — Je tombe des nues en vous entendant parler; vous pouvez vous compromettre. » Je me retirai confus de joie, je puis le dire, et je croyais déjà voir mon Empereur arriver.

On débitait dans les rues d'Auxerre que l'Empereur était débarqué à Cannes, qu'il marchait sur Grenoble et de là sur Lyon. Tout le monde était

dans la consternation; mais la certitude éclata lorsqu'il nous arriva de bon matin un beau régiment de ligne, le 14ᵉ, avec le maréchal Ney à sa tête. On disait qu'il allait pour arrêter l'Empereur. « Ça n'est pas possible, me dis-je, l'homme que j'ai vu à Kowno prendre un fusil et avec cinq hommes arrêter les ennemis, ce maréchal que l'Empereur nommait son lion, ne peut mettre la main sur son souverain. » Cela me faisait frémir. J'étais aux écoutes; je n'arrêtais pas. Enfin le maréchal se rend chez le préfet. Il fut fait une proclamation publiée dans toute la ville. Le commissaire de police, bien escorté, publiait que Bonaparte était revenu, et que l'ordre du Gouvernement était de l'arrêter.

Et : *A bas Bona-parte! Vive le roi!* Dieu! que je souffrais! Mais ce beau 14ᵉ de ligne mit les shakos au bout des baïonnettes, au cri de : *Vive l'Empereur!* Qu'aurait fait ce maréchal sans soldats? Il fut contraint de fléchir.

Le soir, cette avant-garde arriva à l'hôtel de ville, mais pas comme elle était partie : cocardes blanches le matin, et cocardes tricolores le soir. Ils s'emparèrent de l'hôtel de ville, et, aux flambeaux, il fallut que le même commissaire se promenât pour faire une autre proclamation et crier à tue-tête : « Vive l'Empereur! » Je puis dire que je me dilatais la rate.

Le lendemain, tout le peuple se porta sur la route de Saint-Bris pour voir arriver l'Empereur dans sa voiture, bien escorté. La boule de neige avait grossi : sept cents vieux officiers formaient un bataillon, et les troupes arrivaient de toutes parts. Arrivé sur la place Saint-Étienne, le 14ᵉ de ligne se forme en carré, et l'Empereur le passe en revue. Ensuite il fit former le cercle aux officiers, et m'apercevant me fit venir près de lui : « Te

voilà, grognard? — Oui, Sire. — Quel grade avais-tu à mon état-major?
— Vaguemestre du grand quartier général. — Eh bien, je te nomme
fourrier de mon palais, et vaguemestre général du grand quartier général.
Es-tu monté? — Oui, Sire. — Eh bien, suis-moi, va trouver Monthyon
à Paris. »

Le lendemain, je partis pour Joigny, et le jour suivant je m'embarquai
avec dix officiers dans une barque pour Sens. La rivière était couverte de
bateaux pleins de troupes, et nous en trouvâmes de submergés au passage
des ponts, car on marchait de nuit; les bords étaient couverts de neige.
Nous quittâmes notre barque et nous prîmes des pataches pour arriver à
Paris. Je descendis chez mon frère faire ma toilette, et fus faire visite
à mon général Monthyon. Je lui fis part que l'Empereur m'avait nommé
à Auxerre vaguemestre général du grand quartier général. « Que je suis
content, mon brave, de vous avoir près de moi! J'irai prendre votre brevet,
cela me regarde. » Je vais aux Tuileries et me fais annoncer : « Je désire
parler au général Bertrand. — Je vais l'appeler, » me dit le général Drouot.
Le général arrive : « Déjà, mon brave! vous avez donc pris la poste? — Je
suis venu le plus promptement possible; je vous demande permission de six
jours, mon général. — Accordé! partez! »

Je pars de Paris le soir même pour Auxerre, et j'arrive le samedi
matin. A cette époque, le public se promenait à l'Arquebuse le dimanche.
Sur les quatre heures, étant en grand uniforme, je partis pour me faire voir
comme si je n'avais pas quitté Auxerre. Le lundi, je fus chez mon avoué
qui me dit : « Votre affaire est suspendue comme bien d'autres. — Mais
il faut que je parte, je n'ai que six jours pour me rendre à Paris. — Eh
bien, elle restera en suspens. » Je partis pour prendre mon poste, j'arrivai
chez mon frère; je fus le lendemain chez mon général : « Vous voilà,
mon brave? Voilà votre brevet; vous avez droit au logement avec votre
domestique et vos chevaux; vous irez trouver le maire de l'arrondissement
de votre frère pour être près des Tuileries. Il faut vous monter; il vous
faut au moins deux chevaux, et puis vous avez droit, comme faisant
partie du *bataillon sacré*, à trois cents francs : vous irez les toucher place
Vendôme, 3. Tous les jours, vous viendrez prendre mes ordres, et vous
passerez aux Tuileries à midi. »

Le lendemain, je vais place Vendôme, 3, chercher mes trois cents francs de gratification du *bataillon sacré*. Arrivé près du capitaine qui commandait la 3ᵉ compagnie d'officiers, car les simples officiers n'étaient que soldats (il fallait être officier supérieur pour être capitaine d'une compagnie de cent officiers) : « Je viens, capitaine, réclamer les trois cents francs qui me sont dus. — Comment vous nommez-vous? — Coignet. » Il regarde sur sa feuille et trouve mon nom : « Je n'ai plus d'argent, il fallait vous trouver avec les autres.

— Mais vous avez mon argent. — Je vous dis que la paye est terminée. — Ça suffit, capitaine, je vais voir cela. »

C'était un vieil émigré qui s'était présenté à l'Empereur pour reprendre du service, et qui avait été mis en activité. Je rends compte au général Bertrand du désappointement que j'avais eu : « Ce n'est pas possible! Ce vieux chevalier ne veut pas vous payer? — Du tout, mon général. — Hé bien, je vais vous donner un petit poulet pour lui. »

Je reviens avec la lettre : « Capitaine, il ne faut pas de broche pour faire cuire ce poulet, il est tout plumé. » Son aide de camp près de lui, il lit le petit billet, et se retournant de mon côté : « Pourquoi avoir été aux Tuileries? Ce n'est pas votre place. — Pardonnez, capitaine, je suis vaguemestre général et fourrier du palais; c'est moi qui suis chargé du logement de l'armée. Je vous promets de vous loger de la même manière que vous m'avez reçu. Mes trois cents francs, s'il vous plaît? » Je fus payé de suite, et portai cet argent à mon frère; je fus chercher mes coupons pour toucher mes rations de fourrage chez le fournisseur, qui me les remboursa. J'avais droit à trois rations par jour; cela ajouté à mon mois de trois cents francs, je me vis en peu de temps huit cents francs. Alors

il fallut se monter, et je me mis à la recherche pour trouver des chevaux. J'en trouvai deux près du Carrousel, chez un royaliste qui s'était sauvé; je les achetai deux mille sept cents francs; ils étaient très beaux. Mon frère me prêta deux mille cinq cents francs.

Je me rendis ensuite chez le notaire de mon frère; il me fit un contrat par lequel je reconnaissais devoir à mon frère la somme de deux mille cinq cents francs. Pendant qu'on rédigeait l'acte, je fis mon testament, que je déposai entre les mains du notaire. Mon frère me gronda en voyant la grosse du contrat : « Eh bien, lui dis-je, si je meurs dans cette campagne, tu trouveras mon testament chez ton notaire. »

Je m'occupai de trouver un bon domestique et de faire harnacher mes deux chevaux. Tout cela terminé, j'allai chez mon général lui faire visite à cheval, domestique derrière, comme un commandant de place faisant sa ronde. J'entrai à l'hôtel du comte Monthyon : « Mon général, me voilà monté. — Déjà! dit-il; c'est affaire à vous, et deux beaux chevaux! — Mon cheval de bataille me coûte dix-huit cents francs, et mon cheval de domestique neuf cents francs. — Vous êtes mieux monté que moi. Je suis content, mon brave; vous pouvez entrer en campagne. Sont-ils payés? — C'est mon frère qui m'a prêté. »

Souvent le bon général venait me prendre chez mon frère pour m'emmener à la promenade, à cheval ou en voiture, et m'invitait à dîner en famille. Il se rappelait les bons feux que je lui faisais à la retraite de Moscou.

Tous mes préparatifs faits pour entrer en campagne, je m'occupai de régler l'ordre de marche des équipages par rang de grade, pour éviter la confusion dans les marches, ainsi que pour les distributions. Cette précaution me servit, et je fus félicité plus tard.

Les préparatifs du Champ de Mai se faisaient au Champ de Mars, devant la façade de l'École militaire. L'Empereur, en grand costume, entouré de l'état-major, vint y recevoir les députés et les pairs de France. La réception finie, l'Empereur descendit de son majestueux amphithéâtre pour en gagner un autre au milieu du Champ de Mars. Nous eûmes toutes les peines du monde à traverser la foule, si serrée qu'il fallut la refouler pour arriver; et là, tout l'état-major rangé, l'Empereur fit un discours. Il se fit apporter les aigles pour les distribuer à l'armée et à la garde nationale.

De cette voix de stentor, il leur criait : « Jurez de défendre vos aigles! Le
jurez-vous? » leur répétait-il

Mais les serments étaient sans énergie; l'enthousiasme était faible; ce
n'étaient pas les cris d'Austerlitz et de Wagram; l'Empereur s'en aperçut.

De retour de cette grande cérémonie, je fis mes préparatifs de départ
pour l'armée. Je quittai Paris le 4 juin pour me rendre à Soissons, et de
là à Avesnes, où je devais attendre de nouveaux ordres. L'Empereur arriva
le 13, et n'y resta que peu de temps; il fut coucher à Laon. Le 14 juin,
il ordonna des marches forcées. Lorsque nous fûmes entrés dans ce pays
fertile de la Belgique, au milieu de seigles très hauts, les colonnes avaient
de la peine à se frayer des routes; les premiers rangs ne pouvaient
avancer. Quand on les avait foulés aux pieds, ce n'était que paille, où la
cavalerie se perdait. Ce fut un de nos malheurs.

Pour mettre le pied dans la plaine de Fleurus, l'Empereur se porta
en avant, suivant la grande route avec son état-major et un escadron de
grenadiers à cheval. Il s'entretenait avec un aide de camp. Il regarde à sa
gauche, prend sa petite lorgnette et regarde avec attention sur une hauteur
à pic très loin de la route, dans une plaine immense. Il aperçoit de la
cavalerie pied à terre, et dit : « Ce n'est pas de ma cavalerie? Il faut s'en
assurer. Faites venir un officier de mon escorte, et qu'il parte reconnaître
cette troupe! » On me fait signe d'approcher près de l'Empereur : « C'est toi?
— Oui, Sire. — Va au galop reconnaître la troupe sur cette montagne; tu vois
cela d'ici. — Oui, Sire. — Ne te fais pas pincer. » Je pars au galop. Arrivé
au pied de cette montagne rapide, je m'aperçus que trois officiers montaient
à cheval, et je crus voir des lances, mais je n'étais pas sûr. Je continuai
de monter doucement, et je vis que leurs soldats faisaient le tour de la
montagne pour couper ma retraite. A moitié de la montagne, je vois mes
trois gaillards qui descendaient en faisant le tire-bouchon; ils se croisaient,
et ne pouvaient descendre qu'à petits pas. Moi, je m'arrête tout court : je
vois des ennemis. Alors très poli, je les salue, et redescends. Ils descendirent
tous trois; je n'en étais pas en peine, mais c'étaient les autres qui faisaient
la route pour me couper. Je regardai à ma gauche, et rien ne parut. Arrivé
au bas de la montagne, ces messieurs descendaient toujours.

Une fois dans cette plaine, je me tourne de leur côté, et leur fais un
grand salut en voyant mon chemin libre. Je disais à mon beau cheval de
bataille : « Doucement, Coco! » (C'était le nom de ce bel animal.) J'avais de

l'avance, lorsque l'un d'eux se chargea de me poursuivre; les deux autres attendirent. Il gagnait du terrain, et ça l'encourageait. Lorsque je le vis à moitié chemin de la montagne et de l'état-major de l'Empereur (qui regardait mes mouvements, et, me voyant serré de près, envoya deux grenadiers à cheval à mon secours), je flattai mon cheval pour qu'il ne s'emportât pas. Je regarde en arrière, et je vois que j'ai le temps nécessaire pour faire mon à-gauche, et fondre sur lui à mon tour. Il me crie : « Je te tiens. — Et moi aussi, je te tiens. » Appuyant à gauche, je fonds sur lui. Me voyant faire ce brusque demi-tour, il fléchit, mais il n'était plus temps; le vin était versé, il fallait le boire. Il n'était pas encore sur son retrait au galop que j'étais à son côté, lui enfonçant un coup de pointe. Il tomba raide mort, la tête en bas. Lâchant mon sabre pendant au poignet, je saisis son cheval et m'en revins fier près de l'Empereur : « Eh bien, grognard, je te croyais pris. Qui t'a montré à faire un pareil tour? — C'est un de vos gendarmes d'élite à la campagne de Russie. — Tu t'y es bien pris, tu es bien monté. L'as-tu vu, cet officier? — Il m'a paru blond. — C'est toujours un lâche, il devait engager le combat et s'est laissé tuer comme un enfant. Un coup de sabre comme cela n'a pas de mérite.... Tu grognes, je crois. — Oui, Sire, j'aurais dû prendre le cheval par la bride et vous le ramener. » il fit un petit sourire, et le cheval arriva. (On dit) : « C'est tel régiment anglais. » Tout le monde flattait mon cheval, et un officier me pria de le lui céder : « Donnez quinze napoléons à mon domestique, vingt francs aux grenadiers, et prenez-le. »

L'Empereur dit au maréchal : « Mettez le vieux grognard en note. Après la campagne, je verrai. »

C'était, je crois, le 14, de l'autre côté de Gilly, que nous rencontrâmes une forte avant-garde prussienne. Les cuirassiers traversèrent cette ville d'un tel galop, que les fers des chevaux volaient par-dessus les maisons. L'Empereur les regardait passer pour sortir; ça montait raide et l'on ne peut se figurer la rapidité de cette cavalerie pour franchir la montagne. Nos intrépides cuirassiers arrivèrent sur les Prussiens, et les sabrèrent sans faire de prisonniers; ils furent renversés sur leur première ligne avec une perte considérable. La campagne était commencée.

Nos troupes bivouaquèrent à l'entrée de la plaine de Charleroi que l'on nomme Fleurus. L'ennemi ne pouvait pas nous voir et ne croyait pas à une armée réunie. Notre Empereur ne les croyait pas réunis non plus, et le 15, dans la nuit, il était de sa personne à la tête de son armée. Le matin, il envoya sur tous les points reconnaître la position de l'ennemi dans toutes les directions. Il ne restait près de lui que le grand maréchal, le comte Monthyon et moi. Il se porta près d'un village à gauche de la plaine, au pied d'un moulin à vent, et les armées prussiennes se trouvaient en grande partie sur sa droite, masquées par des enclos, des massifs de bois et des fermes. « Leur position est à couvert; on ne peut les voir, » dirent tous les officiers qui arrivèrent.

On donna l'ordre d'attaquer sur toute la ligne; l'Empereur monta dans le moulin à vent, et là, par un trou, il voyait tous les mouvements. Le grand maréchal lui dit :

« Voilà le corps du maréchal Gérard qui passe. — Faites monter Gérard. » Il arrive près de l'Empereur : « Gérard, lui dit-il, votre Bourmont, dont vous me répondiez, est passé à l'ennemi! » Et lui montrant par le trou du moulin un clocher à droite : « Il faut te porter sur ce clocher, et pousser les Prussiens à outrance; je te ferai soutenir. Grouchy a mes ordres. »

Tous les officiers de l'état-major partaient et ne revenaient pas. Alors l'Empereur me fit partir près du général Gérard : « Dirige-toi sur le clocher, va trouver Gérard, tu attendras ses ordres pour revenir. » Je partis au galop; ce n'était pas une petite mission, il fallait faire des détours. Ce n'étaient que des enclos; je ne savais quel chemin prendre. Enfin je trouve cet intrépide général qui était aux prises, couvert de boue; je l'abordai : « L'Empereur m'envoie près de vous, mon général. — Allez dire à l'Empereur que s'il m'envoie du renfort, les Prussiens seront enfoncés. Dites-lui que j'ai perdu la moitié de mes soldats, mais que, si je suis soutenu, la victoire est assurée. »

Ce n'était pas une bataille, c'était une boucherie. La charge battait de tous côtés; ce n'était qu'un cri : « En avant! » Je rendis compte à l'Empereur. Après m'avoir entendu : « Ah! dit-il, si j'avais quatre lieutenants comme Gérard, les Prussiens seraient perdus. » J'étais de retour de beaucoup avant ceux que l'Empereur avait envoyés avant moi; il y en eut le soir, après la bataille gagnée, six qui ne parurent pas. L'Empereur se frottait les mains après mon récit, il me fit dépeindre tous les endroits par où j'avais passé. « Ce n'est que vergers, gros arbres et fermes. — C'est cela, me dit-il; on croyait que c'étaient des bois. — Non, Sire, ce sont des chemins couverts. » Toutes nos colonnes avançaient, la victoire était décidée; l'Empereur nous dit : « A cheval, au galop! voilà mes colonnes qui montent le mamelon. » Nous voilà partis. Au travers de la plaine, se trouve un fossé de trois à quatre pas de large. Le cheval de l'Empereur fit un petit temps d'arrêt; mon cheval franchit, et je me trouvai devant Sa Majesté, emporté par sa rapidité. Je craignais d'être grondé de ma témérité, mais pas du tout. Arrivé sur le mamelon, l'Empereur me regarde et me dit : « Si ton cheval était entier, je le prendrais. »

Il venait encore des boulets au pied du mamelon, mais nos colonnes renversèrent les Prussiens dans les fonds sur la droite; cela dura jusqu'à la nuit. La victoire fut complète; l'Empereur se retira fort tard du champ de bataille et revint au village près du moulin à vent. Là il fit partir des officiers sur tous les points. C'est le comte Monthyon qui dictait ces dépêches par ordre du major général, et les officiers de service partaient de suite. Nous étions cette nuit-là tous de service; personne ne prit de repos.

Le lendemain, 17 juin 1815, à trois heures du matin, les ordres furent expédiés pour se porter en avant. A sept heures, nos colonnes étaient arrivées. Nous n'avions que les Anglais devant nous à cette heure; l'Empereur envoya un officier du génie, afin de reconnaître leur position sur les hauteurs de la Belle-Alliance, et pour voir s'ils n'étaient pas fortifiés. De retour, il dit n'avoir rien vu. Le maréchal Ney arriva, et fut tancé de n'avoir pas poursuivi les Anglais, car il ne se trouvait aux Quatre-Bras que les *sans-culottes*[1]. « Partez, monsieur le maréchal, vous emparer des hauteurs; ils sont adossés près du bois. Lorsque j'aurai des nouvelles de Grouchy,

1. Les Écossais, ainsi nommés à cause de leurs jambes nues.

je vous donnerai l'ordre d'attaquer. » Le maréchal partit, et l'Empereur se porta sur une hauteur, près d'un château sur le bord de la route; de là il découvrait son aile gauche, au point le plus fort de l'armée anglaise. Je fus appelé et j'eus l'ordre d'aller un peu à droite de la route de Bruxelles pour m'assurer de l'aile gauche des Anglais, qui était appuyée au bois. Je fus obligé, en descendant, de côtoyer la route à cause d'un ravin large et profond que je ne pouvais franchir, et d'un mamelon où l'artillerie de la garde était en batterie. Il faut dire que nous avions été inondés de pluie et que les terres étaient détrempées; notre artillerie ne pouvait manœuvrer. Je passai près d'eux, et, lorsque je fus en face de cet immense ravin, je vis des colonnes d'infanterie réunies en masses serrées dans sa partie basse. Je le dépassai, j'appuyai un peu à droite, et arrivai près d'une baraque isolée, à peu de distance de la route. Je m'arrête pour regarder : sur ma droite, je voyais de grands seigles et leurs pièces en batterie, mais personne ne bougeait. Je fis un peu le fanfaron; je m'approchai de ces grands seigles, et je vis une masse de cavalerie derrière. J'en avais assez vu. Il paraît qu'il ne leur convenait pas de me voir approcher d'eux; ils me saluèrent de trois coups de canon. Je m'en reviens rendre compte à l'Empereur que, sur la droite, leur cavalerie était cachée derrière les seigles; leur infanterie, masquée par le ravin; qu'une batterie m'avait salué.

L'Empereur donna l'ordre de l'attaque sur toute la ligne. Le maréchal Ney fit des prodiges de courage et de bravoure. Cet intrépide maréchal avait devant lui une position formidable; il ne pouvait la franchir. A chaque instant, il envoyait près de l'Empereur pour avoir du renfort et *en finir*, disait-il. Enfin, le soir, il reçut de la cavalerie, qui mit les Anglais en déroute, mais sans succès prononcé. Encore un effort, et ils étaient renversés dans la forêt. Notre centre faisait des progrès, on avait passé la baraque malgré la mitraille qui tombait dans les rangs. Nous ne connaissions pas les malheurs qui nous attendaient.

Il arrive un officier de notre aile droite; il dit à l'Empereur que nos soldats battaient en retraite : « Vous vous trompez, dit-il, c'est Grouchy qui arrive. » Il fit partir de suite dans cette direction pour s'assurer de la vérité. L'officier de retour confirma la nouvelle ; il n'y avait pas moyen de tenir. L'Empereur, se voyant débordé, prit sa garde, se porta en avant au centre de son armée en colonnes serrées. Suivi de tout son état-major, il fait former les bataillons en carrés. Cette manœuvre terminée, il pousse son cheval pour entrer dans le carré que commandait Cambronne, mais tous ses généraux l'entourent : « Que faites-vous? criaient-ils. Ne sont-ils pas assez heureux d'avoir la victoire! » Son dessein était de se faire tuer. Que ne le laissèrent-ils s'accomplir! Ils lui auraient épargné bien des souffrances, et au moins nous serions morts à ses côtés; mais les grands dignitaires qui l'entouraient n'étaient pas décidés à faire un tel sacrifice. Cependant je dois dire qu'il fut entouré par nous et contraint de se retirer.

Nous eûmes toutes les peines du monde à en sortir; on ne pouvait se faire jour à travers cette foule ébranlée par la peur. Ce fut bien pis quand nous fûmes arrivés à Jemmapes. Le désordre dura un temps considérable. Rien ne pouvait les calmer; ils n'écoutaient personne, les cavaliers brûlaient la cervelle à leurs chevaux; des fantassins se la brûlaient pour ne pas rester au pouvoir de l'ennemi ; tous étaient pêle-mêle. Je me voyais pour la seconde fois dans une déroute pareille à celle de Moscou : « Nous sommes trahis! » criaient-ils. Ce grand malheur nous venait de notre aile droite enfoncée; l'Empereur ne vit le désastre qu'arrivé à Jemmapes.

L'Empereur quitta Jemmapes et se dirigea sur Charleroi, où il arriva entre quatre et cinq heures du matin. Il donna des ordres pour tous ses équipages avec injonction de se retirer sur Laon, partie par Avesnes, partie par Philippeville, où il entra vers dix heures. Des officiers furent encore envoyés au maréchal Grouchy avec l'ordre de se porter sur Laon. L'Empereur descendit au pied de la ville.

Après qu'il eut donné ses ordres et fait son bulletin pour Paris, arrive un officier qui annonce une colonne. L'Empereur envoie la reconnaître : c'était la vieille garde qui revenait en ordre du champ de bataille. Lorsque l'Empereur apprit cette nouvelle, il ne voulait plus partir pour Paris, mais il y fut contraint par la majorité des généraux. On lui avait apprêté une vieille carriole, et des charrettes pour son état-major. Il arrive un de ses grands officiers qui donne ordre au colonel Boissy de prendre le commandement de la place et de réunir tous les traînards; la garde nationale arrivait de toutes parts. Enfin l'Empereur se présente dans une grande cour où nous étions dans l'anxiété. Il demande un verre de vin; on le lui donne sur un grand plat; il le boit, puis nous salue, et part. On ne devait plus jamais le revoir.

Cependant, je dois dire que l'Empereur fut entouré par nous

et contraint de se retirer.

Cependant, je dois dire que l'Empereur fut entouré par nous

et contraint de se retirer.

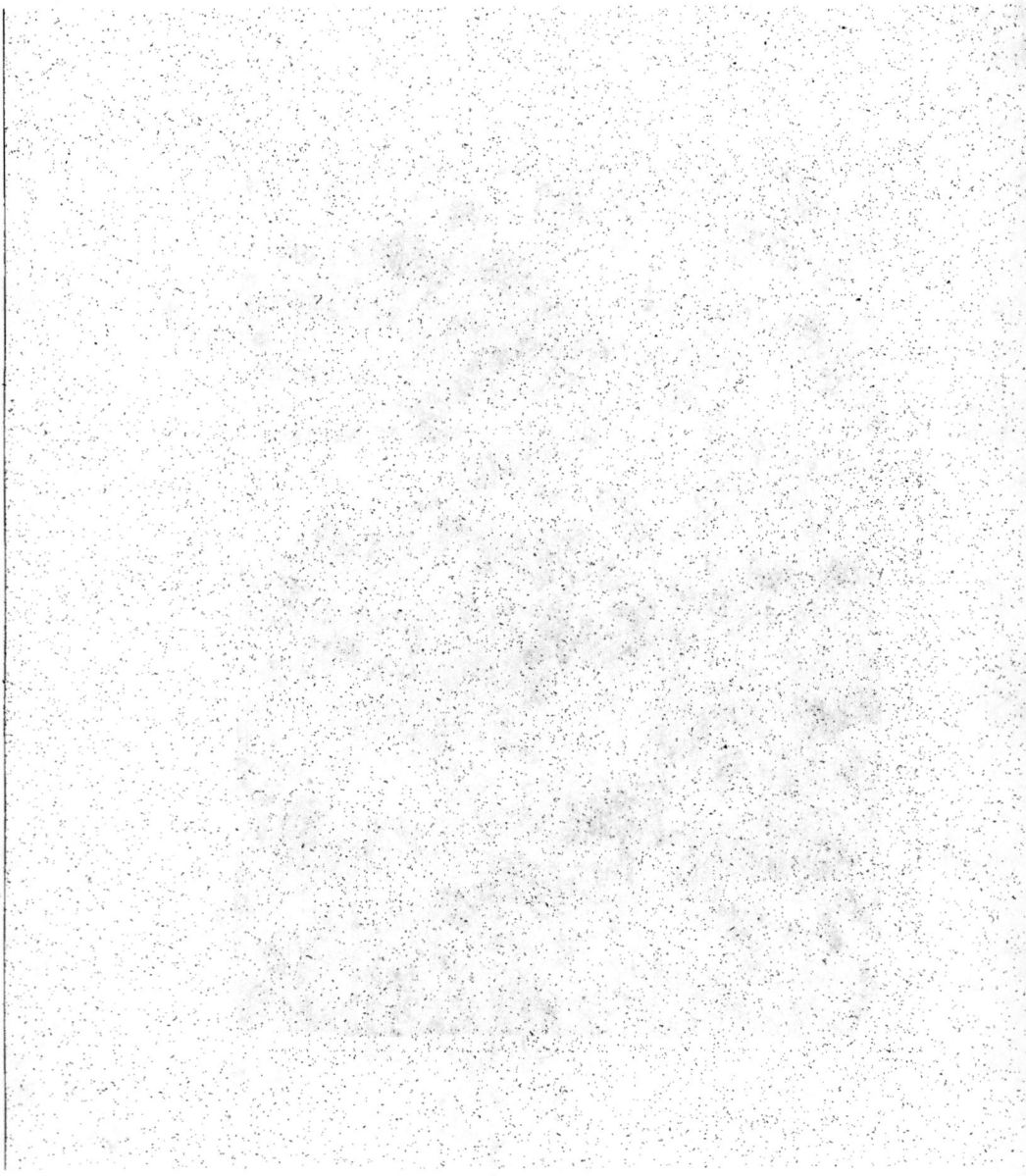

Nous restâmes dans cette cour sans nous parler; nous remontâmes cette
montagne très rapide dans le plus profond silence, anéantis par la faim
et la fatigue; nos pauvres chevaux eurent du mal à la monter, ayant
couru vingt-quatre heures. Hommes et chevaux tombaient de besoin, sans

savoir que devenir. Personne
ne tenant compte de nous, nous
étions bien malheureux.

On réunit un peu de braves soldats qui n'avaient
pas quitté leurs armes, car la plus grande partie les avaient abandonnées
pour se sauver, ne suivant pas les routes et fuyant à travers les plaines. Le
quartier général réuni, le comte Monthyon à sa tête, nous partîmes pour
Avesnes l'oreille basse; nous arrivâmes à marches forcées à la forêt de
Villers-Cotterets. A la sortie de cette grande forêt, nous logeâmes la nuit
chez un médecin. Le comte Monthyon me dit : « Mon brave, il ne faut
pas desseller vos chevaux, car l'ennemi pourrait venir nous surprendre
pendant la nuit; je suis sûr qu'ils sont à notre poursuite; il ne faut pas
nous déshabiller. » Je plaçai tous nos chevaux; heureusement je trouvai du
foin dans cette maison. Les domestiques furent consignés à l'écurie, bride

au bras; j'en mets un en faction pour prévenir le général, et rentre près
de lui. Après avoir soupé, je priai le général d'ôter ses bottes pour se
reposer : « Non! » me dit-il. Je tire un matelas : « Mettez-vous là-dessus,
vous reposerez mieux que sur une chaise. Je vais veiller avec les domestiques. Restez tranquille, je vous préviendrai. » A trois heures du matin,
les Prussiens attaquèrent Villers-Cotterets; ils débouchaient par la grande
route, ayant coupé à droite pour nous enfermer dans la ville. C'est ce
qui nous sauva. Ils tombèrent sur notre parc, et ils firent un carnage
épouvantable. A ce bruit, je fais brider et sortir les chevaux, et cours
prévenir mon général : « A cheval, général! l'ennemi est en ville. »

C'est là qu'il faut voir des domestiques alertes; les chevaux étaient
arrivés aussitôt que moi à la porte. Le général descend l'escalier, et monte
à cheval ainsi que moi : « Par ici, nous dit-il; suivez-moi! »

Il prend la gauche dans une allée à perte de vue qui longe la forêt
et la belle plaine. Avec trois minutes de retard, nous étions pincés. A deux
portées de fusil derrière nous, étaient des pelotons de fantassins qui
posaient des factionnaires partout. Lorsque nous fûmes arrivés au bout de
la grande avenue, le général mit pied à terre pour souffler et délibérer.
Ensuite nous partîmes pour Meaux. La désolation régnait de toutes parts;
nos déserteurs arrivaient, la plus grande partie sans armes; c'était navrant
à voir. Meaux était tellement encombré de troupes, qu'il fallut partir pour
Claye; là nous trouvâmes le pays désert. Tous les habitants avaient
déménagé; c'était comme si l'ennemi y avait passé. Tout le monde rentrait
dans Paris avec ce qu'il avait de plus précieux; les routes étaient encombrées
de voitures; ils avaient tout renversé dans leur maison. L'ennemi n'en aurait
pas fait davantage. Nous arrivâmes aux portes de Paris par la porte
Saint-Denis; toutes les barrières étaient barricadées; la troupe campait
dans la plaine des Vertus et aux buttes Saint-Chaumont; le quartier
général était au village de la Villette, où le maréchal Davout s'établit.

Toute notre armée était donc réunie au nord de Paris, dans cette
plaine des Vertus où le maréchal Grouchy arriva avec son corps d'armée
qui n'avait pas souffert; on nous dit qu'il avait trente mille hommes. Le
grand quartier général était réuni à la Villette, près du maréchal Davout.
Comme j'étais vaguemestre, j'avais le droit de me présenter tous les jours
pour recevoir les ordres et assister aux distributions. Là je voyais arriver
toutes les députations : généraux et matadors en habit bourgeois... De

grandes conférences se tenaient nuit et jour. Je dois dire à la louange des Parisiens que rien ne nous manquait : ils envoyaient de tout, même des cervelas et du pain blanc à l'état-major. Le matin, à quatre et cinq heures, je voyais ces braves gardes nationaux monter sur les murs de clôture de l'enceinte de Paris, prendre à gauche du village pour ne pas se faire arrêter, et se porter sur la ligne pour faire le coup de fusil avec les Prussiens. Tous les jours je voyais ce mouvement. Le 29 ou le 30 juin, je dis à mon domestique : « Donne l'avoine à mon cheval; selle-le; je vais voir les gardes nationaux. » Je pars bien armé; j'avais deux pistolets dans les fontes. Ils étaient carabinés; il fallait un maillet pour les charger et portaient la balle loin; ils m'avaient coûté cent francs.

Sur le terrain de cette plaine des Vertus, j'avais la vieille garde à ma droite, et les gardes nationaux à ma gauche. J'arrive près de nos derniers factionnaires, qui étaient en première ligne, l'arme au bras. Je leur parlai; ils étaient furieux de leur inaction : « Point d'ordres! disaient-ils; les gardes nationaux font le coup de fusil, et nous, nous avons l'arme au bras. Nous sommes trahis, capitaine. — Non, mes enfants, vous recevrez des ordres; prenez patience. — Mais on nous défend de tirer. — Dites-moi, mes braves soldats, je voudrais passer la ligne. Je vois là-bas un officier prussien qui fait ses embarras; je voudrais lui donner une petite correction. Si vous me permettez de passer, ne craignez rien de moi, je ne passe point à l'ennemi. — Passez, capitaine. »

Je vois derrière moi quatre beaux messieurs qui m'abordent; l'un d'eux vient près de moi et me dit : « Vous venez donc sur la ligne en amateur? — Comme vous, je pense. — C'est vrai, me dit-il; vous êtes bien monté. — Et vous de même, monsieur. » Les trois autres appuyèrent à droite : « Que fixez-vous là, me dit-il encore, sur la ligne des Prussiens? — C'est l'officier là-bas, qui fait caracoler son cheval; je voudrais aller lui faire une visite un peu serrée; il me déplaît. — Vous ne pouvez l'approcher sans danger. — Je connais mon métier, je vais le faire sortir de sa ligne et le faire fâcher, si c'est possible. S'il se fâche, il est à moi. Je vous prie, monsieur, de ne pas me suivre; vous dérangeriez ma manœuvre. Retirez-vous plutôt en arrière. — Eh bien, voyons cela. »

Je pars bien décidé. Arrivé au milieu des deux lignes, il voit que je marche sur lui; il croit sans doute que je passe de son côté, et sort de sa ligne pour venir au-devant de moi. A cent pas des siens, il s'arrête et m'attend. Arrivé à distance, je m'arrête aussi, et, tirant mon pistolet, je lui fais passer ma balle près des oreilles. Il se fâche, me poursuit; je fais demi-tour; il ne poursuit plus et s'en retourne. Je fais alors mon à-gauche et fonds sur lui. Me voyant derechef, il vient sur moi; je lui envoie mon second coup de pistolet. Il se fâche plus fort, il me charge. Je fais demi-tour et je me sauve. Il me poursuit à moitié de la distance des deux lignes, en furieux. Je fais volte-face, et fonds sur lui; il m'aborde et m'envoie un coup de pointe. Je relève son sabre par-dessus sa tête, et, de la même parade, je lui rabats mon coup de sabre sur la figure de telle sorte que son nez fut trouver son menton. Il tomba raide mort.

Je saisis son cheval, et revins fier vers mes petits soldats, qui m'entourèrent. Le bel homme qui suivait tous mes mouvements vint au galop au-devant de moi : « Je suis enchanté, dit-il, c'est affaire à vous; vous savez vous y prendre; ce n'est pas votre coup d'essai. Je vous prie de me donner votre nom. — Pourquoi faire, s'il vous plaît? — J'ai des amis à Paris, je voudrais leur faire part de cette action que j'ai vue. A quel corps appartenez-vous? — A l'état-major général de l'Empereur. — Comment vous nommez-vous? — Coignet. — Et vos prénoms? — Jean-Roch. — Et votre grade? — Capitaine. » Il prit son calepin et écrivit. Il me dit son nom : *Boray* ou *Bory*. Il prit à droite du côté des buttes Saint-Chaumont où se trouvait la vieille garde, et moi, je rentrai au quartier général avec mon cheval en main, bien fier de ma capture. Tout le monde de me regarder; un officier me demande d'où vient ce cheval : « C'est un cheval qui a déserté, et qui est passé de notre côté; je l'ai agrafé en passant. — Bonne prise, » dit-il.

Arrivé à mon logement, je fis donner l'avoine à mes chevaux, et vérifiai ma capture : je trouvai un petit portemanteau avec du beau linge, et les choses nécessaires à un officier. Je fis desseller ce cheval et je le vendis; comme j'en avais trois, cela me suffisait. Je fus à l'état-major prendre un air de bureau; je trouvai beaucoup de monde près du maréchal : les uns sortaient, les autres arrivaient; toute la nuit ce ne fut que conférences. Le lendemain, 1er juillet, nous eûmes l'ordre de nous porter au midi de Paris, derrière les Invalides, où l'armée se réunit dans de bons retranchements. Je m'y rendis après avoir été prendre les ordres de mon général; il me fit partir avec son aide de camp et ses chevaux : « Partez, dit-il, Paris est rendu; l'ennemi va en prendre possession. Ne perdez point de temps; tous les officiers doivent sortir de Paris; vous seriez arrêtés. Allez rejoindre l'armée qui se réunit du côté de la barrière d'Enfer, et là vous recevrez des ordres pour passer la Loire à Orléans. »

Arrivé à la barrière d'Enfer où l'armée était réunie, je trouvai le maréchal Davout à pied, les bras croisés, contemplant cette belle armée qui criait : « *En avant!* » Lui, silencieux, ne disait mot; il se promenait

le long des fortifications, sourd aux supplications de l'armée qui voulait marcher sur l'ennemi. Le mouvement commença, notre aile droite sur Tours et l'aile gauche sur Orléans. Les ennemis formèrent de suite notre arrière-garde, et ils eurent la cruauté de s'emparer des hommes qui rejoignaient leur corps et de les dépouiller, ainsi que les officiers. A notre première étape, ils nous serraient de si près, que l'armée fit demi-tour, et tomba sur leur avant-garde : on les poursuivit. Ils ne furent plus si insolents, et ne nous suivirent que de loin.

Nous arrivâmes dans Orléans sans être poursuivis; nous passâmes le pont sur la Loire, et on établit le quartier général dans un grand faubourg qui se trouvait presque désert. Les habitants étaient rentrés en ville, et nous manquions de tout. Quand nous fûmes installés, on s'occupa de barricader le pont par le milieu, avec des poteaux énormes et deux portes à résister contre une attaque de vive force; puis on mit la tête du pont dans un état de défense, toute hérissée de pièces d'artillerie. Nous restâmes tranquilles pendant quelques jours; ces deux énormes portes s'ouvraient à volonté pour aller aux vivres; nous fûmes obligés d'aller en ville pour en chercher. Nous trouvâmes une pension à l'entrée de la grande rue, et tous les jours il fallait faire ouvrir les portes, mais cela ne dura pas longtemps. On voyait le grand maréchal derrière ses batteries, les bras derrière le dos, bien soucieux. Personne ne lui parlait. Ce n'était plus ce grand guerrier que j'avais vu naguère sur le champ de bataille, si brillant; tous les officiers le fuyaient.

Un matin donc, comme à l'ordinaire, nous partîmes à neuf heures pour nous rendre à notre pension pour déjeuner. Arrive le traiteur qui nous dit : « Je ne puis vous servir. J'ai ordre de me tenir prêt à recevoir les alliés qui sont aux portes et vont faire leur entrée; les autorités leur ont porté les clefs de la ville. » Au même instant, on crie : « *Aux cosaques!* » Nous sortîmes le ventre creux; à peine dans la rue, nous vîmes la cavalerie qui marchait en bataille au petit pas, et une foule immense de peuple de tout sexe, hommes et femmes. Ce coup d'œil faisait frémir. Toutes les dames, richement vêtues, avec de petits drapeaux blancs d'une main et le mouchoir blanc de l'autre, formaient l'avant-garde en criant : « Vivent nos bons alliés! » Mais la foule fut pressée par cette cavalerie contre le pont et passa nos portes. Puis l'ennemi posa ses factionnaires; les portes se fermèrent, et chacun chez soi, de chaque côté des palissades! Quant aux mouchoirs blancs et aux petits drapeaux, nos soldats s'en emparèrent. Le maréchal ne souffla mot; tout alla le mieux du monde. Peines et plaisirs se passent avec le temps.

Nous reçûmes l'ordre de porter le quartier général à Bourges, et le maréchal Davout s'y installa, mais ce ne fut pas de longue durée.

Le maréchal Macdonald arriva avec un brillant état-major, dont le chef était le comte Hulot, qui n'avait qu'un bras. Je me rendais tous les jours chez le maréchal pour prendre ses ordres, et de là à la poste prendre les dépêches. J'arrivais toujours tard et trouvais le maréchal à table. Il vient un de ses aides de camp qui me demande mon paquet de dépêches : « Je ne vous connais pas, lui dis-je; dites au maréchal que son vaguemestre l'attend à la porte. — Mais le maréchal est à table. — Je vous dis que je ne vous connais pas. » Il va rendre compte au maréchal de ma résistance.

« Faites-le entrer. » Je vais près de lui, chapeau bas; il se lève pour recevoir
son paquet, et me dit : « Vous connaissez votre service, vous avez bien fait
de répondre ainsi à mon aide de camp. Je vous remercie, mon brave, cela
n'arrivera plus.... Vous le ferez entrer toutes les fois qu'il se présentera
avec mes dépêches; il ne doit les remettre qu'à moi. »

Ce fut tous les jours la même répétition en 1815. L'armée fut licenciée
et reformée en régiments qui portaient le nom de chaque département.
J'étais chargé de faire faire toutes les
distributions chaque jour, et pendant
le temps que je restai à Bourges, je fis
distribuer deux cent mille rations par
rang de grade. Je ne pouvais souvent
donner que la demi-ration. Alors il me
fallait des gendarmes pour maintenir
l'ordre.

Le maréchal me garda près de lui
le plus longtemps qu'il put, mais on
lui intima l'ordre de me renvoyer dans
mes foyers à demi-solde. Le 1er janvier
1816, le maréchal me fit appeler :
« Vous m'avez fait dire de venir vous
parler? — Oui, mon brave; je suis
forcé de vous renvoyer dans vos foyers,
à demi-solde. Je regrette sincèrement
de vous faire partir, mais j'en ai reçu
l'ordre. J'ai tardé le plus possible. — Je vous remercie, monsieur le
maréchal. — Si vous voulez rejoindre le dépôt (du régiment) de l'Yonne et
reprendre du service, je vous ferai avoir la compagnie de grenadiers. —
Je vous remercie; j'ai des affaires à terminer à Auxerre, et puis j'ai trois
chevaux dont je voudrais me débarrasser. Je vous demanderai d'aller à Paris
pour les vendre. — Je vous l'accorde avec plaisir. — Je n'ai besoin de
permission que pour quinze jours; mes chevaux sont de prix, je ne les
vendrai bien qu'à Paris. — Vous pouvez partir d'ici. — Je désirerais passer
par Auxerre. — Je vous donne toute permission. »

Le 4 janvier, je partis de Bourges; le 5, j'arrivais à Auxerre avec trois
beaux chevaux. A l'hôtel de ville, je pris mon billet de logement pour cinq

jours au *Faisan*. Là je trouvai une table d'hôte où le marquis de Ganay, colonel du régiment de l'Yonne, prenait ses repas. Je fus invité à sa table pour mes trois francs par dîner; c'était trop cher pour ma petite bourse. Avec soixante-treize francs par mois, on ne peut dépenser quatre-vingt-dix francs pour dîner, sans compter mon domestique et mes trois chevaux. Je ne pus recommencer, et je pris toutes les mesures d'économie. J'écrivis à mon frère à Paris de me faire passer deux cents francs pour nourrir mes chevaux, lui disant qu'aussitôt qu'ils seraient vendus, je lui en donnerais le prix. Je reçus de suite les deux cents francs, et partis pour Ville-Fargeau faire emplette d'une voiture de foin, de paille et d'avoine, car l'auberge m'avait ruiné. En six jours, mes trois chevaux et mon domestique me coûtèrent soixante francs. Je fis une visite à Carolus Monfort, aubergiste à côté de mon hôtel, qui me fit ses offres de service : « Venez chez moi, me dit-il, je vous logerai, vous et vos chevaux, et ne vous demanderai que soixante francs par mois; vos chevaux seront seuls, et vous vivrez à la table d'hôte. — C'est une affaire convenue, lui dis-je, je vais faire venir tous les fourrages chez vous. — Je me rappelle de vous en 1804, vous logeâtes chez mon père. — C'est vrai, mon ami; mais soixante francs c'est bien dur; je n'ai que soixante-treize francs par mois. — Il faut renvoyer votre domestique, mon garçon d'écurie pansera vos chevaux; avec trois francs par mois, vous en serez quitte. — Je vous remercie, lui dis-je, je suis content. » Me voilà donc installé chez cet excellent homme.

Le 7 janvier 1816, je fus chez le général Boudin : « Général, me voilà rentré sous vos ordres. Le maréchal Macdonald m'a donné une permission de quinze jours pour aller à Paris vendre mes chevaux. — Je vous défends de sortir d'Auxerre. — Mais, général, j'ai la permission. — Je vous répète que je vous défends de sortir de la ville. — Mais, général, je n'ai point de fortune. Comment vais-je faire pour les nourrir? — Cela ne me regarde pas. — Quel parti prendre? — Laissez-moi tranquille! Si vous ne pouvez pas les vendre, il faut leur brûler la cervelle. — Non, général, je ne le ferai pas; ils mangeront jusqu'à ma vieille redingote et je ne leur ferai point de mal; j'en ferais plutôt cadeau à mes amis. » Je pris congé, et me retirai bien consterné; mais je ne m'en vantai pas, et gardai le silence le plus absolu. Rentré dans mon logement, je renvoyai de suite mon domestique. Ce n'était que le prélude. Je ne me doutais pas que j'étais sous la surveillance de tous les dévots de la vieille monarchie. Installé chez Carolus Monfort,

je formais le noyau de sa table d'hôte. Le régiment de l'Yonne était caserné
à l'hôpital des fous, porte de Paris; il vint seize ou dix-sept officiers qui
s'arrangèrent pour le prix de la pension, et me voilà doyen de cette table.
Il fallut faire connaissance avec ces nouveaux arrivants. Il se trouvait parmi
eux un vieux capitaine de vieille date, à cheveux gris, qui se mettait toujours
en face de moi à table. Je voyais qu'il désirait faire ma connaissance et
n'avait pas l'air à son aise avec ces jeunes officiers. Parmi eux, un nommé
Tourville, sous-
lieutenant sortant
des gardes du
corps, et un nom-
mé Saint-Léger,
ancien sergent-
major dans la
ligne, qui avait
été trouver le roi
à Gand, se débou-
tonnèrent du beau
rôle qu'ils avaient
joué dans l'affaire
du maréchal Ney;
ils se vantèrent
d'avoir été tra-
vestis en vétérans
pour le fusiller au

Luxembourg. Je ne me possédais plus. J'étais prêt à sauter par-dessus
la table. Je me retins, me disant : « Je vous pincerai au premier jour. »
    Le vendredi, Mme Carolus Monfort nous sert un plat de lentilles pour
légumes; voilà mes antagonistes qui jettent feu et flamme, ils voulaient
prendre le plat et le faire passer par la croisée. Je leur dis doucement :
« Messieurs, il faut voir ce que décide votre vieux capitaine. Je m'en
rapporte à lui. » Le vieux capitaine goûte les lentilles : « Mais, messieurs,
elles sont bonnes. — Nous n'en voulons pas. — Eh bien, leur dis-je, si je
vous faisais faire le tour de la ville avec un fouet de poste? Ça ne vous
va pas? il faudrait pourtant en passer par là. Vous m'avez compris, ça
suffit! je vous attends sous l'orme. » Mais j'attendis en vain; j'avais affaire

à des plats d'étain qui ne peuvent supporter le feu. Le vieux capitaine me serra la main.

Tous les jours, j'allais au café Milon passer mes soirées, et voir faire la partie des vieux habitués. Je fis connaissance de M. Ravenot-Chaumont. Cet excellent homme me prit en amitié. Après avoir pris sa demi-tasse de café, il me disait : « Allons, capitaine, faire notre petite promenade. » Nous sortions par la porte du Temple, nous allions par des sentiers détournés contempler les vignes. Je me croyais seul avec mon ami, mais pas du tout! nous aperçûmes un homme couché à plat ventre sous les pampres de vigne, qui nous écoutait parler. La police était alors contre moi; je ne tardai pas longtemps à en sentir les premières étincelles. Je fus invité à passer à l'hôtel de ville pour me présenter devant le maire, M. Blandavot, grand et aimable magistrat. Je n'ai qu'à me louer de son accueil, toujours bienveillant. « Vous êtes dénoncé, me disait-il, il faut faire attention; vous avez tenu des propos contre le gouvernement. — Je vous jure sur l'honneur que c'est faux. Je renie la dénonciation et le dénonciateur; faites-moi me justifier devant l'infâme; mettez-moi en présence de lui. Je ne vous demande ni grâce ni protection; si je suis coupable, faites-moi arrêter, vous êtes le maître. — Allez, je vous crois, faites attention. »

Les amateurs de beaux chevaux venaient voir les miens. Enfin un nommé Cigalat, vétérinaire, me fit vendre mon beau cheval de bataille neuf cent vingt-quatre francs au fils Robin, de la poste aux chevaux. Il m'en avait coûté dix-huit cents; il fallut passer par là. Il m'en restait encore deux. Lorsque le 60ᵉ (de l'Yonne) eut l'ordre de partir d'Auxerre·pour prendre garnison à Auxonne, je reçus une lettre du chirurgien-major : « Mon brave capitaine, vous pouvez amener vos deux chevaux. Je les crois vendus si le prix vous convient (douze cents francs et quatre-vingts francs pour le voyage). Si cela vous arrange, vous nous trouverez à Dijon. Nous sommes là pour le passage de la duchesse d'Angoulême; le major en prend un, le commandant l'autre. Vous descendrez au *Chapeau-Rouge*; c'est là qu'ils logent. »

Comment faire pour aller à Dijon? Si je le demande, on me dira : « Je vous défends de sortir de la ville. » Diable! mon coup serait manqué.... Il faut partir à trois heures du matin. Je ne dormis pas, comme si j'allais faire une mauvaise action. Le lendemain, j'étais à huit heures à l'hôtel du *Chapeau-Rouge*. A onze heures, le régiment de l'Yonne rentrait de faire la conduite à la duchesse; j'avais eu le temps de faire rafraîchir mes chevaux.

On annonce mon arrivée à ces messieurs; ils viennent. Le gros major me voyant, dit : « Le maître de ces chevaux n'est donc pas venu? — Vous me prenez, sans doute, pour un domestique, vous vous trompez; je suis le propriétaire de ces chevaux. Je n'ai pourtant pas la figure d'un domestique. Je suis décoré, et je l'ai été avant vous, ne vous déplaise. Lequel de ces deux chevaux prenez-vous? — Le cheval normand. — Je vous le donne, je veux six cents francs et les quatre-vingts francs promis. — Je vais vous faire un bon. »

Le lendemain, à Auxerre, personne ne s'était aperçu de mon absence.

Je me retirai chez le père Toussaint-Armansier, place du Marché-Neuf. Là ma pension et mon logement ne me coûtaient que quarante-cinq francs par mois, avec un petit pot-au-feu d'une livre et demie pour deux jours. J'allais au café Milon regarder les habitués faire leur partie, sans jamais prendre une tasse de café. De là je sortais toujours, avec mon ami Chaumont-Ravenot, faire notre promenade habituelle; puis je rentrais au café pour en sortir à dix heures. Voilà la vie que je menais pendant tout le temps que je restai garçon. Je ne passais pas plus de quinze jours sans être dénoncé. Puis cela se ralentit. Le commissaire de police était interrogé pour rendre compte de ma conduite; je puis dire à sa louange que je lui dois ma liberté. C'est lui qui répondait de moi tout le temps de ma surveillance, il me suivait de l'œil sans jamais me parler.

La duchesse d'Angoulême vint à passer à Auxerre et l'on fit tous les préparatifs pour la recevoir. Des hommes de la marine, tous habillés de blanc, étaient commandés pour dételer ses chevaux sous la porte du Temple. Moi, je reçus l'ordre de me porter en grand uniforme à la porte du Temple pour me placer à la portière de droite de la princesse, sabre au poing. Je m'y rendis; les ordres ne sont pas des invitations, il faut obéir.

Arrivé à mon poste, je me plaçai près de la portière, et mes dindons habillés de blanc traînaient la voiture au petit pas.... Moi, avec ma figure antique, je ne soufflais mot. Elle pouvait se vanter, si elle m'avait connu, que je ne l'aurais pas laissé insulter; j'ai toujours respecté le malheur. Arrivée sur la place Saint-Étienne, la voiture s'arrêta près de la cathédrale, et le clergé, avec la croix et le grand crucifix portés par l'abbé Viard et M. Fortin, vicaire, se présentèrent à la portière de gauche. L'abbé Viard présentait son crucifix, et ce pauvre Fortin, la tête penchée sur l'épaule de l'abbé Viard, pleurait de bon cœur. Ça coulait sur ses grosses joues si fort qu'il me donnait presque l'envie d'en faire autant. Comme c'était amusant pour moi! Lorsque toutes les bénédictions furent terminées, la voiture de la princesse, traînée par les ânes du port, fit son entrée dans la cour de la préfecture. Au pied du perron, elle fut reçue par les autorités, et monta d'un pas lent les degrés; elle était pâle, maigre et soucieuse. On l'introduisit dans une grande salle qui pouvait contenir trois cents personnes; là un trône était préparé pour la recevoir. Ma mission remplie, je me réunis au corps des officiers en demi-solde pour aller faire notre visite à cette princesse, fille du malheureux Louis XVI. Notre tour arrive, nous sommes annoncés et formons le cercle dans cette salle immense; elle ne nous adressa pas un mot, elle avait l'air rechigné.

En ce temps-là, il nous fut enjoint de chercher des établissements, ce qui voulait dire : « Vous êtes répudiés. » Tous les officiers qui ne purent rester en ville se sauvèrent dans les campagnes, pour vivre à la table des laboureurs, moyennant trois cents francs de pension par an. Moi, je pris de suite mon parti. J'allais à Mouffy m'installer pour un mois, mettre mes morceaux de vigne en bon état, me disant que si j'y dépensais mes économies, je pourrais toujours vivre avec mes soixante-treize francs par mois. Comme mes deux hommes de journée, je faisais trembler le manche de ma pioche. Dans un mois, mes petits morceaux de vigne étaient dans l'état parfait. Je ne le cédais pas à mes deux vignerons, je leur montrais que le soldat pouvait reprendre la charrue. Mes pauvres mains avaient de fortes ampoules, mais je me déchaînais contre l'ouvrage, disant : « J'ai passé par de plus grosses épreuves. Je vous ferai voir, mes enfants, que la terre doit nourrir son maître. »

Je m'en revins à Auxerre pour des affaires plus sérieuses. Je m'étais dit : « Il faut prendre un parti, il faut te marier; tu ne peux plus rester garçon, maintenant qu'il t'est permis de former un établissement. Mais avant

Je reçus l'ordre de me porter en grand uniforme

pour me placer à la portière de droite de la princesse.

Je reçus l'ordre de me porter en grand uniforme

pour me placer à la portière de droite de la princesse.

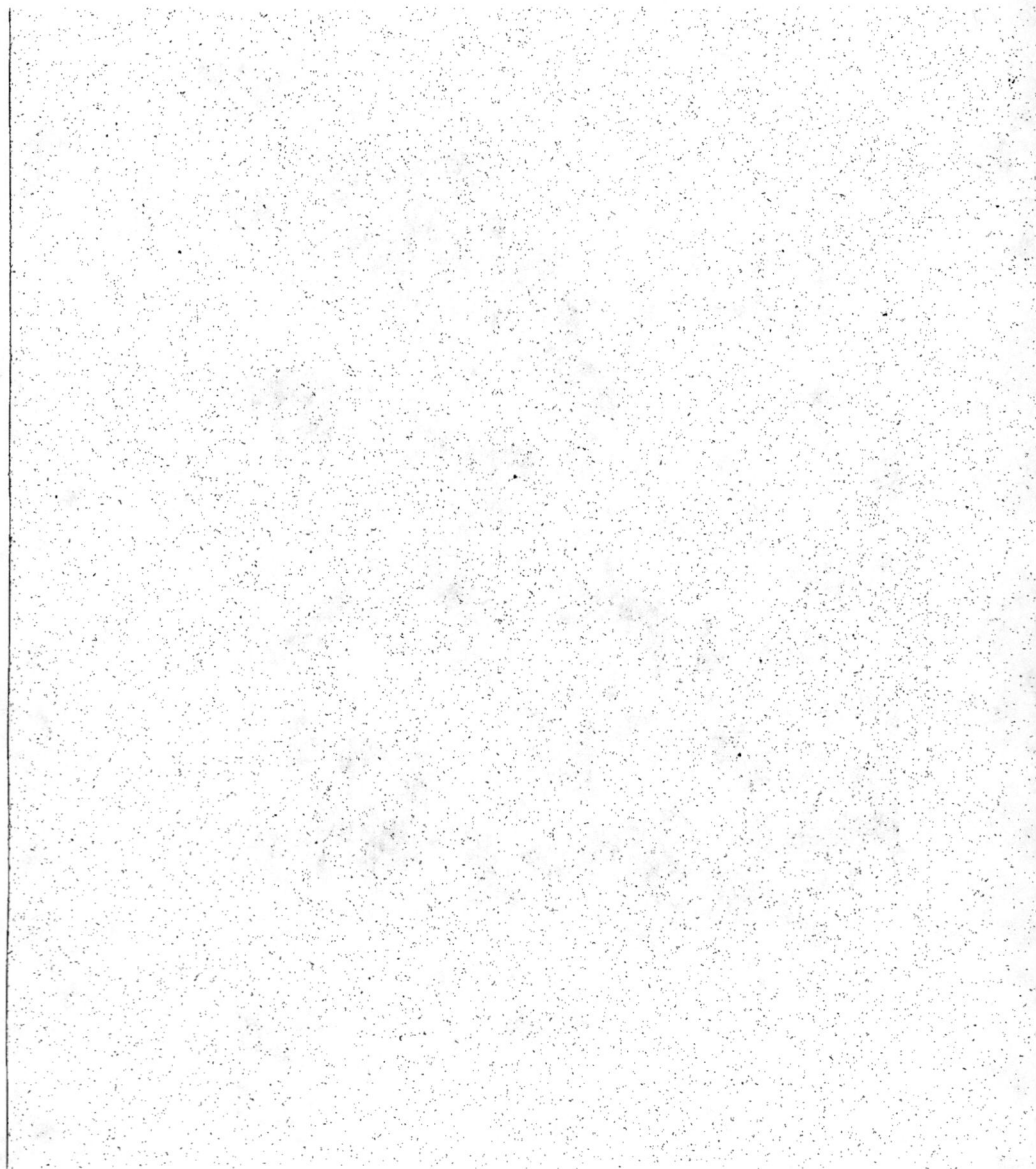

tout il faut la trouver. A qui me confier ? » Je fus faire visite à M. More, qui
était un de mes dignes amis; je le fréquentais depuis 1814, et j'étais toujours
bien reçu. Il avait une parente pour fille de boutique, qu'il appelait toujours
ma cousine; je l'avais distinguée à cause de son activité au commerce, mais
je ne disais mot. Cette aimable demoiselle trouva un petit fonds de commerce,
et, sans rien dire de ses intentions à ses parents, elle en devint propriétaire.
Je l'avais perdue de vue. Passant chez M. Labour, confiseur, pour lui

faire visite, Mme Labour
me dit : « Connaissez-
vous un capitaine décoré
qui demeure à Champ?
— Non, madame. — C'est
qu'il désirait se marier
avec une demoiselle de
nos amies qui était chez
M. More depuis onze ans,
et qui vient de s'établir à
son compte. — Et où est-
elle établie? — Au coin
de la rue des Belles-Filles;
elle a payé le fonds et la
maison tout au comptant,
avec un bon mobilier. —
Eh bien, madame, je ne
connais ce capitaine que

pour l'avoir vu aux grandes cérémonies; je ne puis vous en donner de
renseignements positifs. » Je pris congé : « Ah! me dis-je, on veut me
souffler cette demoiselle. Il ne faut pas perdre de temps. »

Le même jour je vais chez Mlle Baillet; c'était son nom de famille :
« Mademoiselle, je désirerais avoir du café et du sucre. — Volontiers,
monsieur, dit-elle. — Je voudrais avoir le café frais moulu. — Je vais vous
en moudre; combien en voulez-vous? — Une livre me suffit. » Et voilà que
je lui fais tourner son moulin.

Cette opération finie, et mes deux paquets attachés, je paye : « Je n'en
ai pas pris beaucoup? — Tant pis, monsieur. — Ce n'est pas cela que je
désirais; c'est à vous que je veux parler. — Eh bien, parlez, je vous écoute.

— Je viens vous demander votre main pour moi. Je fais ma commission moi-même, sans préambule et sans détour; je ne sais pas faire de phrases; c'est en franc militaire que je vous demande. — Eh bien, je vous réponds de même : Cela se peut. — Eh bien, mademoiselle, votre heure, s'il vous plaît, pour parler de cette sérieuse affaire ? — A six heures. »

A six heures précises, je me présente : « Vous n'avez pas la permission? — Je vais la demander, mais il faut convenir de nos faits et de nos fortunes. Pour avoir la permission, il faut que ma future apporté en dot douze mille francs. — Je puis le prouver, dit-elle, y compris ma maison et mon mobilier. Ainsi nous sommes d'accord. — Pour moi, je n'ai rien que quelques arpents de terre et des vignes, mais je ne dois rien. Toutes mes petites économies sont enfouies dans la réparation de mes vignes; je ne croyais pas me marier sitôt. — Eh bien, demandez votre permission, je vous donne ma parole. — Et moi, mademoiselle, je vous donne la mienne. Demain, je ferai ma demande au général. » Je fus bien accueilli du général : « Je vais faire partir votre demande de suite et je vais l'apostiller — Je vous remercie, général. »

Huit jours après, j'avais ma permission; je cours chez Mlle Baillet : « Voilà ma permission, il faut prendre jour pour passer le contrat. Si vous êtes en règle, nous pouvons fixer le jour de notre mariage. — Vous allez bien vite; il faut que j'en fasse part à mes parents. — Prenez tout le temps nécessaire, et puis nous fixerons l'époque que vous voudrez. » Nous fixâmes le 10 pour le contrat, et le 18 pour notre mariage. Le contrat fut passé; M. Marais fut mon témoin, et M. Labour celui de ma future. Ma dot en espèces était des plus minces. Je lui dis : « J'ai pour toute fortune quatre francs cinquante centimes; vous aurez la bonté de faire le reste. Je vous offre une montre à répétition, une belle chaîne et deux couverts d'argent. Pour ma garde-robe, elle ne laisse rien à désirer : quarante chemises, et le reste à proportion, plus soixante-treize francs par mois, cent vingt-cinq francs par an de la Légion d'honneur, et quatre feuillettes de vin. Mais je ne dois pas un sou. — Eh bien, monsieur, nous ferons comme nous pourrons. » Tout fut convenu; je fus de suite chez M. Rivolet le prier de me prêter quatre-vingts francs pour acheter un châle, que je portai aussitôt à ma future; elle fut enchantée. J'allai ensuite chez M. More lui faire part de mon mariage : « Avec qui vous mariez-vous? — Avec votre cousine, Mlle Baillet. — C'est elle que je vous aurais choisie, mon brave; je vous offre mes services. — Je pourrais en avoir besoin. — Comptez sur moi. »

Je passai aussi chez M. Labour : « C'est vous qui êtes cause de mon mariage avec votre amie; vous m'avez donné l'éveil. Sans vous, on aurait pu me la souffler. — Combien nous sommes heureux de vous en avoir parlé! » Ce n'était pas tout cela qui me tourmentait le plus : il fallait aller à confesse. Je prends des renseignements : « Il faut vous adresser à M. Lelong, me dit-on, c'est un brave homme. »

Je vais de suite chez lui : « Monsieur, lui dis-je, je vous ai choisi pour me marier. — Mais êtes-vous confessé? — Pas du tout, c'est pour cela que je viens près de vous. Que peut-on demander à un militaire? J'ai fait mon devoir. — Eh bien, je vais faire le mien. » Il met ses deux genoux sur le bord d'une chaise, marmotte une petite prière, et, quittant sa chaise, il me donne sa bénédiction (qui en valait bien une autre), avec mon billet de confession : « Vous direz à l'abbé Viard que c'est moi qui vous marie. Qui épousez-vous? — Mlle Baillet. — Ah! me dit-il, j'ai fait mes études avec son père; est-elle confessée? — Non, monsieur. — Envoyez-la-moi. — Ça suffit. Je désirerais être marié le 18, à quatre heures du matin. — L'église ne s'ouvre qu'à cinq heures, mais je prendrai les clefs à quatre heures et demie, et je serai à la porte. — Je vous remercie; je vais vous envoyer ma future de suite. — Je l'attends. »

Je sautai de joie d'être débarrassé de cela. Je vais chez ma future : « Mademoiselle, je suis confessé; M. Lelong vous attend. — Eh bien, j'y vais. — C'est chez lui qu'il faut aller. C'est un vieil ami de votre père, il me l'a dit. — Eh bien, restez près de ces demoiselles; je ne serai pas longtemps. » Tout fut terminé en une demi-heure, et le lendemain nous portâmes nos trois francs à l'abbé Viard.

J'avais tout prévu pour partir; j'avais loué une voiture à quatre places

qui nous attendait porte Champinot, au sortir de l'église. A six heures,
nous étions en voiture après avoir pris la tasse de café. Personne n'était
levé dans le quartier; c'était comme un enlèvement. J'avais prévenu à
Mouffy que je mènerais mon épouse le 18, qu'on m'attende, moi quatrième,
avec un bon pot-au-feu; que je me chargeais du reste. Je pris un pâté de
trois francs, et nous voilà partis dîner à Mouffy.

Le lendemain, nous fûmes à Coulanges dîner chez M. Ledoux, qui nous
attendait avec un dîner de cérémonie; sa demoiselle était fille de boutique
de mon épouse. Nous revînmes à Auxerre à neuf heures du soir. Je peux
certifier que, y compris la voiture, pour frais de noce, j'ai dépensé vingt
francs en deux jours. On ne peut pas être plus modeste. Personne dans
le quartier ne se doutait de rien. Le lendemain, je me lève à cinq heures
pour ouvrir ma boutique, et les voisins, me voyant si matin, disaient :
« L'amoureux est bien matinal. » Le lendemain, même répétition; ils ne se
doutaient pas que je fusse marié.

Le dimanche, nous fûmes faire nos visites. Partout, des reproches
de ne pas les avoir invités à la célébration de notre mariage : « Ne m'en
voulez point, je ne le pouvais. Il aurait fallu que je vous renvoyasse au
sortir de l'église, ne pouvant vous recevoir; vous êtes trop nombreux,
je ne vous demande que votre amitié. » Les dames disaient : « Si nous
avions assisté seulement à la bénédiction! — Il était trop matin pour
vous déranger. » C'était partout les mêmes reproches. La famille était
si nombreuse, que nous en eûmes pour trois jours. Ces pénibles visites
terminées, je pris de suite le collier; je me multipliai : à quatre heures du
matin sur pied pour faire notre petit ménage, je mettais la main à tout
avec mon aimable épouse. Nous n'avions pas les moyens d'avoir une
domestique, mais seulement une femme de ménage à trois francs par mois.
Je pris donc la serpillière pour brûler mon café; mais, comme j'étais en
disponibilité, il me fut défendu de la porter. Il fallut se résigner.

J'allai chez M. More le prier de m'ouvrir un crédit en épiceries : « Je
vous donnerai tout ce dont vous aurez besoin. — Mais pas de billets! tout
sur ma bonne foi, je prendrai seulement un livret. — Tout ce que vous
voudrez. — Eh bien, commençons aujourd'hui. Je ne prends pas tout chez
vous; il faut que M. Labour me fournisse aussi certains objets, tels que
de l'huile, du chocolat et des cierges. — Tout ce que vous voudrez est à
votre service. »

Mes emplettes se montaient à mille francs; il voulait m'en faire prendre davantage : « Si j'en ai besoin, je reviendrai. » Je fus chez M. Labour lui faire pareille demande : « Vous trouverez chez moi tout ce dont vous aurez besoin, avec un livret seulement. — C'est entendu; je partage ma pratique entre vous et M. More. — C'est juste, c'est de droit. — Voyons, commençons! Voilà la note que ma femme m'a donnée; mettez toutes ces marchandises sur mon livret. La recette du premier mois sera pour M. More et le mois suivant sera pour vous. Cela vous arrange-t-il? — Tout m'arrange avec vous. » Sa note montait à huit cents francs.

Tout cela placé, il fallut retourner. M. More donna un petit mouvement à son bonnet de coton en me voyant entrer : « Voilà une note. — C'est très bien, mon brave; vous aurez cela ce soir. » J'en fis autant chez M. Labour. Les quatre notes réunies se montaient à trois mille cinq cents francs; c'était effrayant pour moi, mais ma chère épouse me disait : « Sois sans inquiétude, nous nous tirerons d'affaire avec du travail et une sévère économie; nous viendrons à bout de tout. » Que j'étais heureux d'avoir trouvé un pareil trésor!

Lorsque nous fûmes bien organisés, les acheteurs arrivèrent de toutes parts, et la vente allait on ne peut mieux : quinze cents francs par mois. J'étais content de pouvoir porter mille francs à M. More et cinq cents francs à M. Labour; je renouvelais nos marchandises avec joie.

J'étais toujours tourmenté par l'inquiétude des dénonciations. Lorsque je voyais un agent de police, je croyais que c'était pour moi, et souvent je ne me trompais pas. Mon épouse me dit : « Mon ami, il faut chercher si tu pourrais trouver un jardin pour te désennuyer. — Je le veux bien, » lui dis-je. Je me mets à la recherche; j'en parle à M. Marais, qui me dit : « Je vous trouverai cela; il n'en manque pas. » Il vint me trouver : « J'ai votre affaire près de chez moi, sur la promenade. Allez trouver le père Chopard, tonnelier, marchand de sabots, il veut vendre son jardin. » Je vais trouver Chopard : « Vous voulez vendre votre jardin? — Oui, monsieur. — Voulez-vous me le faire voir? — De suite, monsieur. — Allons-y. S'il me convient et que le prix ne soit pas trop élevé, je vous l'achèterai. »

Visite faite, je dis : « Combien en voulez-vous? — Douze cents francs. — Si vous voulez venir chez moi, vous prendrez ma femme pour qu'elle le voie. Si ça lui convient, nous pourrons nous arranger. » Ma femme y va et dit : « Il nous convient, tu peux l'acheter. » Je vais trouver ces pauvres gens, et termine le marché pour douze cents francs. Ah! que j'étais heureux d'avoir un jardin! C'était un désert, mais en un an il changea de face; j'y dépensai six cents francs; j'y faisais trembler la pioche et la bêche; j'en fis mon champ d'asile[1].

Dans mon jardin, j'étais à l'abri des espions; j'en fis mes délices, celles de ma femme; je lui dois ma belle santé. J'abandonnai tout le monde (je dois dire que je voyais des persécuteurs partout). Depuis trente ans que je cultive mon champ de retraite, je n'ai pas passé deux jours sans aller le voir, et par tous les temps, toujours accompagné de ma femme.

Lorsque tout fut terminé, on vint me visiter; on venait voir le vieux grognard, toujours habit bas et pioche à la main, qui était heureux d'avoir un coin de terre. En 1818, je fis dans mes vignes de Mouffy une bonne récolte; je vendis pour mille francs de vin, qui bouchèrent un trou de mes dettes. Comme j'étais fier de porter, avec ma recette du mois, deux mille francs à M. More et à M. Labour! Mais les espions étaient toujours à ma poursuite. A la fin de septembre 1822, à dix heures du matin, un bel homme se présente chez moi, assez bien vêtu : redingote bleue, pantalon *idem*, beaux favoris noirs. Un coup de sabre lui prenait depuis l'oreille jusqu'à la bouche; il avait tout à fait l'air d'un militaire. Je ne pus m'empêcher de le faire entrer dans ma petite chambre : « Donnez-vous la peine de vous asseoir; vous prendrez bien un verre de vin? » Ma femme dit : « Si vous voulez, je vais vous donner un bouillon? — Ce n'est pas de refus, » dit-il.

Après s'être rafraîchi, il me fit voir une liste de tous les officiers qui restaient en ville : « Qui vous a donné cette liste? — Je ne le connais pas. — Avez-vous trouvé quelque chose? — Oh! oui, » me dit-il. Je dis à ma femme : « Donne-lui trois francs. — De suite, mon ami. »

Je lui demandai d'où il venait : « Je viens de la Grèce. » Et il tire de

---

1. Il n'était question alors que de la colonie fondée sous ce nom au Texas par des vieux soldats de l'Empire, sous la conduite du général Lallemand.

sa poche des papiers; il me lit les noms des principaux chefs qui commandaient
en Grèce : « Pourquoi avez-vous été là-bas? Permettez-moi de vous faire
cette question. — C'est mon commandant qui m'a emmené avec lui. — Et
pourquoi êtes-vous revenu? — C'est que j'ai vu empaler mon commandant;
cela m'a fait si peur, que j'ai quitté de suite le pays. — Qu'allez-vous faire?
— J'ai des protec-
teurs au ministère
de la guerre. » Je
congédiai mon in-
dividu, qui se ren-
dit de suite à la
mairie pour me
dénoncer.

Je ne tardai
pas à être appelé
devant le maire.
A midi, l'agent de
police me prévint
que j'étais attendu.
J'y vais sans faire
de toilette, en cas-
quette : « Que me
voulez-vous, mon-
sieur le maire? —
Vous êtes dénoncé.
— Je proteste; je
ne vous demande
ni grâce ni protec-
tion, je suis innocent. Je connais l'infâme; il a un coup de sabre sur la
figure; il m'a dit qu'il venait de Grèce. Je lui ai donné trois francs, un
bouillon et deux verres de vin. Il n'y a que lui qui a pu me dénoncer! Si
vous voulez le permettre, je vais aller chez le général. — Il le sait. —
Déjà! C'est à dix heures que l'infâme est sorti de chez moi; il va vite,
il fait du chemin en deux heures. Voulez-vous me permettre d'aller
m'expliquer auprès du général? — Allez, vous viendrez me rendre compte
de ce qu'il vous aura dit. — Ça suffit. »

J'arrive rue du Champ; je trouve le général en grande robe de chambre dans son salon, près d'un bon feu : « Mon général, je vous salue. — Bonjour, monsieur. — Je ne suis pas *monsieur*, général. Je suis le capitaine Coignet qui viens d'être encore dénoncé, mais cette fois je connais le scélérat; c'est un mouchard de Paris. Il s'est présenté chez moi avec une liste de tous les officiers en demi-solde; je voudrais bien connaître celui qui se permet de donner tous nos noms : il aurait ma vie ou j'aurais la sienne. Car je lui ai donné trois francs, deux verres de vin, un bouillon, et pour récompense de mon obole, il est venu me dénoncer comme un lâche. Vous devez l'avoir gardé, je pense, pour nous mettre en présence devant vous. Si vous l'avez fait partir, il est temps que cela finisse. Voilà six ans passés que je suis sous votre surveillance sans l'avoir mérité. Aujourd'hui, général, c'est ma mort ou ma liberté que je viens vous demander, vous êtes maître de choisir. Je ne vous demande pas de grâce, je vous jure sur l'honneur que je suis innocent, et ma parole doit vous suffire. Voilà mon dernier mot ! Je viendrai demain à trois heures pour savoir ce que vous aurez décidé. Vous êtes maître de me faire arrêter. Si vous me permettez de me retirer, je prends mon fusil, je parcours les rues, et si je trouve l'infâme, je crie aux citoyens : « Rangez-vous, que je tue ce chien enragé ! » — Allons, capitaine, calmez-vous. — Général, si votre mouchard ne vous dit pas la vérité, faites-lui donner cent coups de bâton, et vous ne serez plus trompé. — Vous pouvez vous retirer. »

Il vint me conduire jusqu'à la porte; j'avais frappé juste. Le lendemain, à trois heures moins un quart, j'étais sur le pas de ma porte, attendant l'heure de partir chez le général; arrive M. Ribour : « Capitaine, je viens vous dire que toutes les dénonciations ont été brûlées devant moi; elles se montaient à quarante-deux. Vous pouvez parler, dire tout ce que vous voudrez; vous ne serez plus dénoncé. »

Le 8 mai, la grêle ravagea mon jardin; je perdis ma petite récolte. Ceux qui furent préservés de ce fléau firent du bon vin à Auxerre; j'en fis dix-huit feuillettes dans mes petites vignes de Mouffy, qui me sauvèrent pour l'année 1822. En 1823-1824, je fis une moyenne récolte, mais en 1825 je fis d'excellent vin. J'en vendis pour me liquider avec MM. More et Labour, et il me resta trois cents francs, que j'employai de suite en épiceries, sans en prendre un sou de plus. Rentré chez moi, je dis à mon épouse : « Je suis le plus heureux des hommes; je ne dois plus rien, et

voilà pour trois cents francs de bonne épicerie qui ne doit rien à personne. »
Le roi n'était pas plus content. Ma petite maison se maintenait : je renonçai
tout à fait au monde; je partais dans l'été avec mon épouse à trois heures
du matin; je revenais du jardin à six, ouvrir ma petite boutique, et
repartais de suite. A neuf, je revenais déjeuner.

Voilà la conduite que j'ai toujours tenue pendant trente ans avec mon
épouse chérie. Que la terre qui la couvre soit légère ! Elle a fait du bien
aux pauvres toute sa vie; tous les lundis, elle distribuait plein une sébile
de gros sous, et tricotait des bas aux aveugles. Elle s'était imposé douze
francs par mois. Je lui disais : « C'est bien lourd, ma chère amie. — Cela
nous portera bonheur. » J'ai toujours continué, mais j'en ai perdu deux
qui m'ont allégé de six francs par mois.

Tous les quinze jours, ma femme avait des pauvres à sa table. J'ai
réformé tout cela depuis que je suis seul; je me réserve seulement de porter
moi-même l'obole que mon épouse avait contracté l'habitude de donner à
ses pauvres. Toutes ses volontés sont sacrées pour moi; elle m'a prié par
un écrit qui est dans mon secrétaire, sans date ni signature, de faire cent
francs à son frère Baillet, qui est à Paris. Cela est payé tous les trois mois
sur ma pension, ainsi que soixante-douze francs pour ses pauvres, ce qui
me fait une somme de cent soixante-douze francs par an.

J'ai été entraîné dans ce pénible souvenir, qui ne se trouvera peut-être
pas à son lieu et place. Maintenant je reviens à mon sujet. Les années
1826 à 1829 se passèrent sans événements pour moi; l'accomplissement de
mes trente ans de service était échu; il y avait longtemps que je l'attendais.
J'avais quinze ans onze mois neuf jours de grade de capitaine; mes services
se montaient pour trente ans à 1200 francs; pour douze campagnes, à
240 francs; pour six mois, à 10 francs; total : 1450 francs. Je reçus ma
retraite le 23 août 1829, date de l'accomplissement de mes trente ans de
service. Un ami partit pour Paris et s'occupa de moi près de son cousin,
M. Martineau des Chesnez, chargé du personnel au ministère de la guerre.
Je reçus cette belle retraite rue des Belles-Filles; il se trouvait du monde
quand je reçus ce brevet de pension se montant à 1450 francs au lieu de
930 francs que j'attendais. Je fis une exclamation de joie en disant : « Tant
mieux ! mes pauvres en profiteront. » Je tins parole, je doublai mes aumônes;
il y avait dans mon quartier la veuve d'un militaire qui avait deux garçons

et une fille, je mis les deux garçons en classe qui me coûtèrent quatre-vingts francs par an; je leur donnais toute ma défroque. Je peux en citer un, il se nomme Choude; il fit tant de progrès, qu'il entra au petit séminaire d'Auxerre; maintenant il est curé dans une campagne. Je ne l'ai pas revu, mais j'ai fait le bien et cela me suffit.

L'année 1830 amena une grande agitation en France. Toutes les têtes étaient échauffées contre les vieilles monarchies, on voulait les chasser pour la dernière fois. Paris se souleva; c'est toujours lui qui donne le branle aux révolutions. Paris changerait de gouvernement aussi souvent que nous changeons de chemise. Du reste Auxerre était aussi en mouvement ; c'était tout feu. Heureusement que ça ne dépassait pas les portes de la ville. Ils se contentaient de faire leurs petits rassemblements à la porte du Temple, à l'hôtel de ville, à la préfecture, sur la route de Paris pour arrêter les dépêches. Ils se donnaient bien garde de dépasser la montagne Saint-Siméon, mais ils escortaient la malle-poste. Ah! les bons défenseurs de la patrie! Je les regardais en dessous, et suivais tous leurs mouvements.

On se dépêcha de rétablir l'ordre, on forma de suite la garde nationale, les élections eurent lieu le plus promptement possible. Je me trouve très surpris de me voir nommé porte-drapeau sans ma permission. La loi était pour moi : j'étais libre d'être de la garde nationale ou non; on m'apporte ce brevet de porte-drapeau : « Mais qui vous a permis de me nommer sans mon aveu? — Tout le monde vous a porté; vous êtes nommé à l'unanimité; vous ne pouvez refuser. — Vous êtes donc les maîtres? Qui est votre chef de bataillon? — C'est M. Turquet. — Vous avez fait un bon choix, je vous rendrai réponse demain. Si j'accepte votre drapeau, je serai à l'hôtel de ville à midi. »

Je consultai mon épouse : « Il ne faut pas refuser, dit-elle. — Mais c'est une dépense énorme, et un fardeau bien lourd pour moi. — Ne refuse pas, je t'en prie, ils croiraient que tu leur en veux. — Ils m'ont pourtant bien fait souffrir avec leurs dénonciations; ils mériteraient que je les envoie promener. — Non, me dit-elle, ne pense plus à cela. — Mais cela va nous gêner, il me faut deux cents francs. — Ne recule pas, je t'en prie. »

A midi je leur portai ma réponse : « Voilà notre porte-drapeau! crient-ils. — Vous n'en savez rien, messieurs, je suis mon maître, et non pas vous. Vous n'avez aucun droit sur moi; la loi est là. Si vous croyez me faire plaisir en me donnant un fardeau si lourd, vous vous trompez, mais je le porterai.

— Nous vous donnerons un aide. — Et cette dépense qu'il faut que je fasse!
Vous êtes riches, vous autres, mais moi pas. — Allons, mon brave, vous êtes
des nôtres. — Je vous promets de me mettre de suite en mesure. Mais je
ne vois pas votre maire, il faut le faire rentrer à son poste; les moutards
l'ont chassé; ce n'est pas à nous à faire justice. S'il ne convient pas, il sera
remplacé. Il faut de suite nommer un officier de planton chez le préfet pour
le protéger; les moutards lui mettent la baïonnette
sur la poitrine pour lui faire donner les dépêches. »

Tous mes avis furent suivis. L'autorité reprit
son cours et le maire revint à son poste. La garde
nationale fut convoquée pour
se rendre à l'Arque-
buse au nombre de
quinze à dix-huit
cents hommes,
tous en blouse
(les tailleurs n'eu-
rent pas de bon
temps). Je reçus
l'ordre de m'y
rendre pour être
reçu. On avait
improvisé un dra-
peau pour faire
les premières pro-
clamations. Tous
les jours on me promenait dans toutes les rues avec mon pénible fardeau.

Mais ce fut bien pis plus tard. La ville fit faire un drapeau qui coûtait
six cents francs, il était magnifique; la draperie était aussi large que la grande
voile d'un vaisseau de 74; il me bouchait la figure. J'en pliais dessous; quand
je rentrais, tous mes habits étaient trempés. Comme c'était amusant pour un
vieux capitaine qui avait assez de son épée! Ils me tenaient des deux heures
à parcourir toute la ville, puis arrivés à l'hôtel de ville, il fallait le reporter
chez le commandant Turquet, sur le port. Si on l'avait gardé, je les aurais
remerciés. Je faisais plus que mes forces; je le donnai un jour à M. Mathieu
pour le descendre; il ne put le porter à son terme.

Heureusement la reine en avait brodé un, dit-on, pour la garde nationale d'Auxerre; il fut apporté par le duc d'Orléans. Toute la garde nationale des campagnes arriva pour cette grande cérémonie. Le prince descendit au *Léopard,* et il fallut une garde d'honneur : les pompiers, les chasseurs, les grenadiers et le drapeau (c'était de rigueur). Il fallut passer la nuit, les pieds dans l'eau, et avoir pour corps de garde l'écurie. Personne ne tint compte de nous; nous passâmes la nuit à grelotter, couchés sur le fumier. Voilà la prévoyance des autorités d'Auxerre pour les citoyens. Si un bataillon de troupe de ligne avait été à notre place, les chefs ne les auraient pas laissés dans un pareil état. Le lendemain, il fallut reporter le drapeau à l'hôtel de ville; je profitai de cette occasion pour passer chez moi, et déjeuner le plus vite possible pour rejoindre mon poste. J'eus tout le temps de me reconnaître; il fallut placer tous les gardes nationaux des campagnes dans la grande allée de l'Éperon, à droite. Lorsque tous furent placés, on fut prévenir le duc d'Orléans; je fus à mon poste pour recevoir le drapeau. Le prince arrive à cheval, le portant lui-même; il s'arrête devant moi. Je lui dis : « Prince, vous remettez ce drapeau dans les mains du soldat qui a été décoré le premier, le 14 juin 1804, au dôme des Invalides, par les mains du premier Consul. »

Le prince répondit : « Tant mieux, mon brave! c'est une raison de plus pour qu'il soit bien défendu. » Ces paroles et les miennes furent consignées dans le journal. Je portai ce drapeau pendant trois ans, et je puis dire que j'ai souffert! Tous les fourriers et caporaux m'écrasaient les pieds, étant pris de vin les trois quarts du temps. Heureusement, on me donna un aide nommé Charbonnier, ancien gendarme décoré. Sans lui, je n'aurais pas pu faire mon temps.

. Le duc d'Orléans, rentré à son hôtel, prit des informations sur mon compte. Le lendemain, nous fûmes lui faire la conduite avec le drapeau. Arrivé à Paris, il rendit compte de sa mission et parla de moi. Le roi voulut éclaircir cette affaire, fit demander mes états de service au ministère de la guerre, et trouva que j'avais fait toutes les campagnes. Il envoya à la chancellerie pour s'assurer si réellement j'avais été décoré le premier ainsi que je l'avais dit à son fils. Tout lui fut affirmé. Il vit que j'avais été nommé officier de la Légion d'honneur le 5 juillet 1815 par le gouvernement provisoire. J'ignorais que j'avais intéressé le duc d'Orléans en ma faveur; je ne le sus qu'en 1847.

Je lui dis :

« Prince, vous remettez ce drapeau dans les mains du soldat

qui a étédécoré le premier, le 14 juin 1804,

au dôme des Invalides par les mains du premier Consul. »

Je lui dis :

« Prince, vous remettez ce drapeau dans les mains du soldat

qui a été décoré le premier, le 14 juin 1804,

au dôme des Invalides par les mains du premier Consul. »

Le 31 janvier de cette année, je reçus une lettre, mais quelle est ma surprise de voir sur l'adresse : *A M. le capitaine Coignet, officier de la Légion d'honneur!* Je me dis : « Ils se moquent de moi, ils me dorent la pilule. »

Je décachette la lettre ainsi conçue : « Monsieur, vous avez été nommé le 5 juillet 1815 par le gouvernement provisoire, puis le 28 novembre 1831 par le roi, officier de la Légion d'honneur. Par conséquent, vous n'avez pas droit aux cent francs; vous êtes porté pour deux cent cinquante francs, qui vous seront payés annuellement.

Signé : « Le Secrétaire général de la Légion d'honneur,
                                « Vicomte de SAINT-MARS. »

Me voilà donc nommé pour la troisième fois. Mais qui a pu me faire nommer par le gouvernement provisoire ? Me creusant la tête dans mes vieux souvenirs, je me suis rappelé la plaine des Vertus, le 30 juin, et le bel officier supérieur qui a pris mes nom et prénoms. C'est peut-être lui; il m'a pourtant dit son nom quand il m'a vu couper le nez à cet officier prussien. Ah! je le tiens. Il se nomme Bory de Saint-Vincent. Quel bonheur pour moi de pouvoir citer un pareil homme!

Je reçus mon brevet et des lettres de tous ceux qui s'intéressaient à moi : le comte Monthyon, M. Larabit, ma belle-sœur Baillet, supérieure de la succursale des orphelines de la Légion d'honneur, rue Barbette.

Le 16 août 1848, anniversaire de ma naissance, je fus frappé du plus grand malheur; je perdis ma compagne chérie après trente ans de jours fortunés; je restai seul, accablé de douleur. Que vais-je devenir à soixante-douze ans? Je ne puis rien entreprendre; mes petites occupations ne pouvaient me tirer de mes ennuis profonds. Il y avait longtemps que je me creusais la tête de tous mes anciens souvenirs qui se trouvaient bien loin. « Si je savais écrire, disais-je.... Je pourrais entreprendre d'écrire mes belles campagnes, et l'enfance la plus pénible qu'un enfant de huit ans a pu endurer. Eh bien, Dieu viendra à mon aide. » Ma résolution bien prise, j'achetai du papier et tout ce qu'il fallait; je mis la main à l'œuvre. Le plus difficile pour moi était de n'avoir point de notes ni aucun document pour me guider. Que de veilles et de tourments je me suis donnés pour pouvoir me retracer tout le chemin parcouru pendant ma carrière militaire! Il n'est pas possible de se faire une idée de ma peine pour arriver à me reconnaître. Si j'ai atteint mon but, je me trouverai bien récompensé, mais il est temps que je finisse. Ma mémoire est bien affaiblie. Ce n'est pas l'histoire des autres que j'ai écrite, c'est la mienne, avec toute la sincérité d'un soldat qui a fait son devoir et qui écrit sans passion.

Maintenant qu'il me soit permis de parler aux pères de famille qui me liront. Qu'ils fassent tous leurs efforts pour faire apprendre à leurs enfants à lire et à écrire, et pour les amener au bien; c'est le plus bel héritage, et il est facile à porter. Si mes parents m'avaient gratifié de ce don précieux, j'aurais pu faire un soldat marquant. Il y avait chez moi courage et intelligence. Jamais puni, toujours présent à l'appel, infatigable dans toutes les marches et contremarches, j'aurais pu faire le tour du monde sans me plaindre. Pour faire un bon soldat, il faut : courage dans l'adversité, obéissance à tous ses chefs, sans exception de grade. Qui fait aussi le bon soldat, c'est le bon officier. Je termine mes souvenirs le 1ᵉʳ juillet 1850.

Fait par moi,

Jean-Roch COIGNET.

PIÈCES JUSTIFICATIVES

GRAND ÉTAT-MAJOR GÉNÉRAL

RELEVÉ des services militaires de Coignet (Jean-Roch), capitaine à l'état-major général, né à Druyes, département de l'Yonne, le 16 mars 1776, retiré à Auxerre, chef-lieu dudit département de l'Yonne.

Entré au service comme soldat dans le 1er bataillon auxiliaire de Seine-et-Marne, le 6 fructidor an VII (23 août 1799).

	ANS	MOIS	JOURS
Incorporé dans la 96ᵉ demi-brigade, le 21 fructidor an VII (8 septembre 1800)	1	»	12
Entré dans la garde, le 2 germinal an XI (23 mars 1803)	2	6	15
Caporal, le 14 juillet 1807	4	3	21
Sergent, le 18 mai 1809	1	10	4
Lieutenant dans la ligne, le 13 juillet 1812	3	1	25
Capitaine à l'état-major général, le 14 septembre 1813	1	2	1
Rentré dans ses foyers, en vertu de la lettre du duc de Tarente au maréchal de camp chef de l'état-major général, datée de Bourges, le 31 octobre 1815, ci	2	1	16
Total effectif des années de service	16	2	4

NOTA. — Le service effectif sera à ajouter à la suite du présent état, à compter du 31 octobre 1815, date de la lettre de M. le maréchal de camp, chef de l'état-major général, comte HULOT, qui ordonna la rentrée dans ses foyers.

Collationné, conforme à l'original à nous représenté et à l'instant retiré, par nous, maire de la ville d'Auxerre, le 2 décembre 1816.

Signé : LEBLANC.

	ANS	MOIS	JOURS
Campagnes en Italie, an VIII et an IX.	2	»	»
Ans X, XI, XII, XIII et XIV, à l'armée d'observation de la Gironde, aux armées d'Espagne et Portugal et armée d'Angleterre.	5	»	»
1806 et 1807, en Prusse et en Pologne.	2	»	»
Années 1808, 1809, 1810, 1811, 1812, 1813 et 1814, et subséquentes, en Prusse, Pologne, Espagne, Allemagne, Russie, Saxe et Pologne, et à l'armée du Nord.	7	»	»
TOTAL DES CAMPAGNES	16	»	»

Légionnaire, le 25 prairial an XII (14 juin 1804).

RÉCAPITULATION

	ANS	MOIS	JOURS
SERVICES EFFECTIFS.	16	2	4
CAMPAGNES DE GUERRE.	16	»	»
TOTAL GÉNÉRAL DES SERVICES, JUSQUES ET Y COMPRIS LE 31 OCTOBRE 1815.	32	2	4

Pour copie conforme :

Le Sous-Inspecteur aux revues,

Signé : LUCET.

Le 2 décembre 1816.

2. Cailles

Le 6 fructidor deux gandarmes se presentes pour
me donner une feuille de route pour partire le 10 fructidor
pour fontaine f Blot je fit desuite mes prepartifes pour
partire. lon voulait me fere remplace je les remerciais en pleurant
de leurs bont sentiment amon egart je vous promait que
je reviendre avec un fusit dargant ou je sere tuer.
Auer, mes adieux furt triste je fut comblé degard par tous
le mondes, mon petit paquet sous le brat et conduit
un bout de chemin et bien embrasé je viens couche
a raudait premiere etapes militaire je fut cherche
mon bilet de logement que je presente a monle qui ne
fait pas atansion a mois je sort et vait achetes un pot
aufeut, que le boucher me mit dant la main je fut
bluet de voire cette viande dant le creuf de ma main
y je le presente a ma bourgoise pour quelle ai la complasance
de me la faire et je vait lui cherche des legumes et lon
finit par mettre mon petit pot aufeut et le soit je les
bonnes grales de mes autes qui voulures bien madrese
la parole

REPRODUCTION EN FAC-SIMILÉ D'UNE PAGE DES CAHIERS DU CAPITAINE COIGNET.

CAPITAINE COIGNET.   37

TABLE

GRAVURES HORS TEXTE

TABLE DES MATIÈRES

SIXIÈME CAHIER

SEPTIÈME CAHIER

HUITIÈME CAHIER

NEUVIÈME CAHIER

PIÈCES JUSTIFICATIVES

8360. — BOURLOTON. — Imprimeries réunies, A, rue Mignon, 2, Paris.

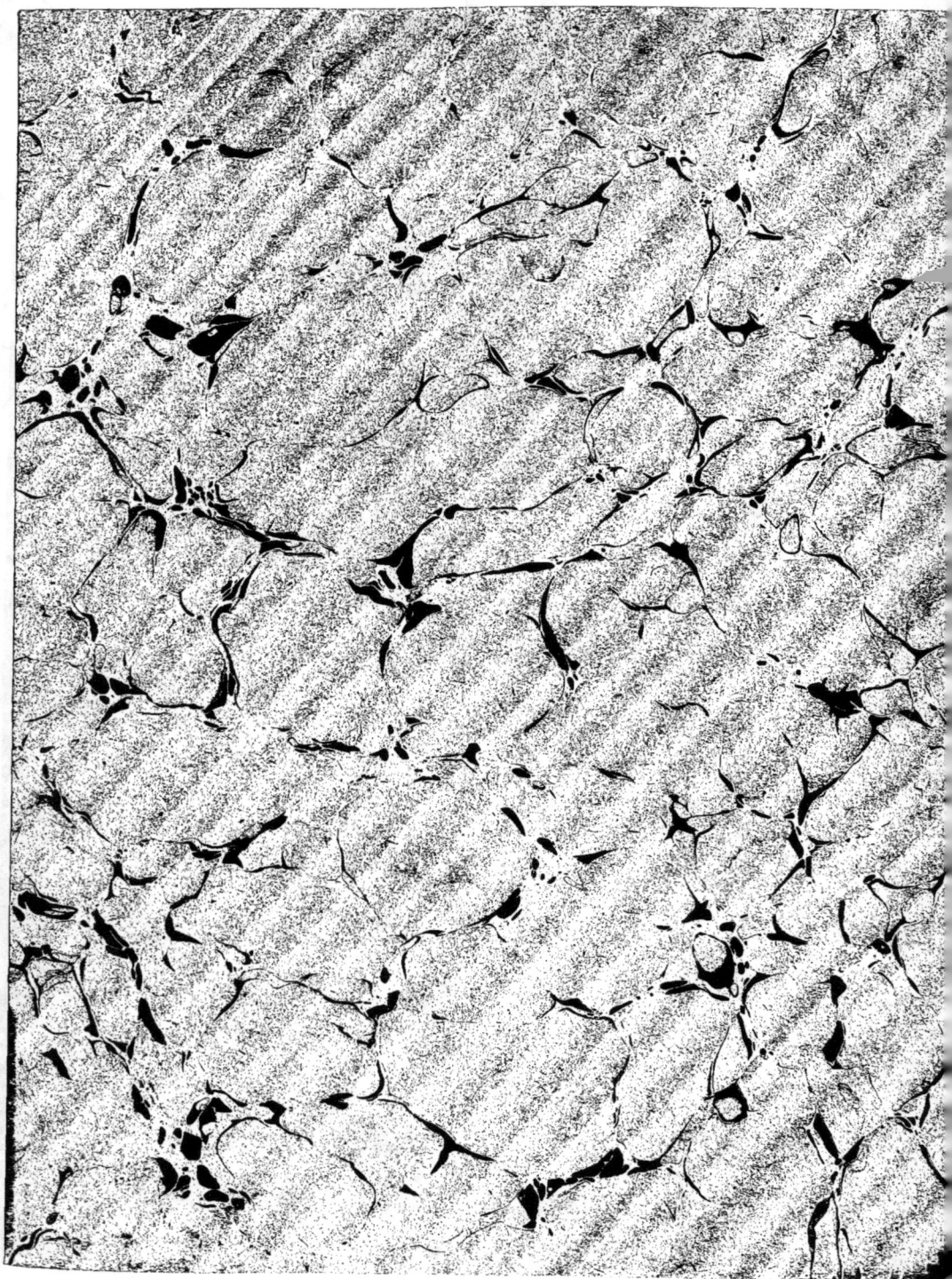

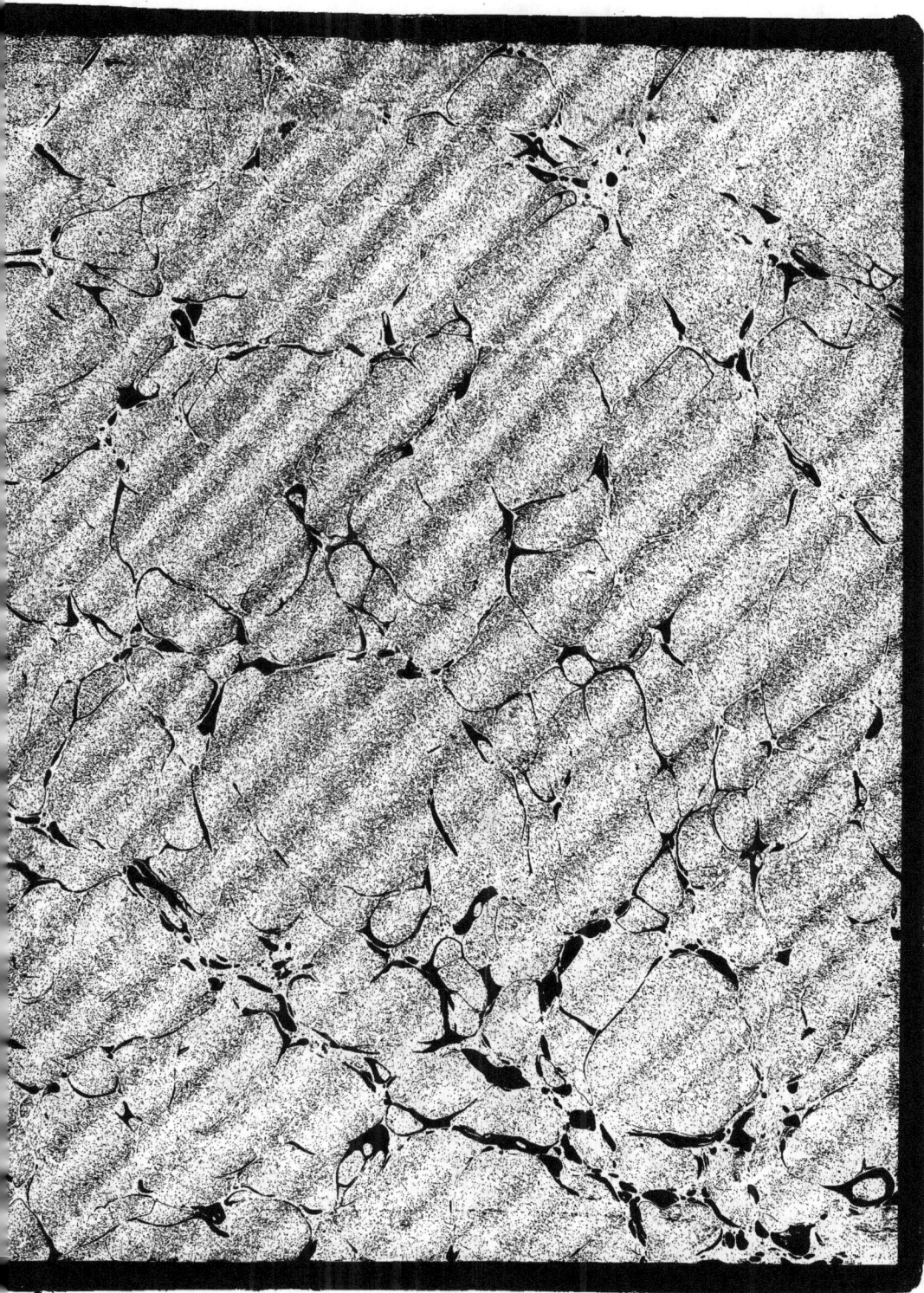

www.ingramcontent.com/pod-product-compliance
Lightning Source LLC
Chambersburg PA
CBHW071617270326
41928CB00010B/1663